Cornelius Hartz & Marco Mewes

Glücksorte für Filmfans

Filmluft schnuppern & Glamour spüren

Dieses

Glücksbuch

ist für

Liebe Glücksuchende,

das Kino ist seit jeher ein ganz besonderer Glücksort. Es ist einer der klassischen Orte für das erste Date, für den Ausflug mit Freundinnen oder einfach zum Abschalten und Genießen. So viel Auf und Ab die Filmbranche in den vergangenen Jahrzehnten auch erlebt hat: Das Kino ist und bleibt für die wahren Filmfans ein unverzichtbarer Fixpunkt. Inzwischen haben sich TV-Serien allerdings immer mehr zu einer Kunstform entwickelt, die dem Kinofilm Konkurrenz macht – ähnlich aufwendig (und teuer) produziert, aber mit „längerem Atem“, was die Erzählstruktur angeht. In diesem Glücksorte-Band soll beides seinen Platz finden: Kino und TV. Wir haben uns auf die Suche gemacht nach den schönsten Kinos, haben Filmmuseen und -festivals besucht und uns Drehorte bekannter Filme und Serien angeschaut, immer auf der Suche nach dem Glück. Und das haben wir an 80 „Film-Orten“ in Deutschland, Österreich und der Schweiz gefunden. Bleibt uns nur, Ihnen viel Spaß beim Schmökern zu wünschen, und: Film ab!

Cornelius Hartz & Marco Mewes

Deine Glücksorte …

… noch mehr Glück für dich

Der Klassiker

1 Der Zoo Palast in Berlin

Kaum ein Kino in Deutschland ist so legendär wie der Zoo Palast, das Filmtheater, in dem „Metropolis" und „M – Eine Stadt sucht einen Mörder" ihre Uraufführung erlebten. Wobei das so nicht ganz stimmt: Im November 1943 wurde das erste Kino an dieser Stelle, das 1915 als „Palasttheater am Zoo" eröffnet und dann von der Ufa erworben und als „Ufa-Palast am Zoo" auf 1740 Plätze ausgebaut worden war, bei einem Luftangriff vollständig zerstört. 1955 erfolgte der Abriss, doch schon 1957 erstrahlte das Kino als „Zoo Palast" in neuem Glanz: in ebenjenem Gebäude mit der markanten mit hellen Keramikfliesen verkleideten Fassade, das uns heute so vertraut ist. Im selben Jahr startete auch die Berlinale (Glücksort 5), und der Zoo Palast fungierte bis 1999 als zentrales Wettbewerbskino. In dieser Zeit erfolgten mehrere Umbauten – ursprünglich mit zwei Sälen ausgestattet, hatte das Kino zeitweise sogar neun Säle und über 2500 Plätze. Seit dem letzten Umbau im Jahr 2013 sind es sieben Säle mit einer Gesamtkapazität von knapp 1600 Plätzen, und seither ist auch die Berlinale dahin zurückgekehrt, wo alles anfing.

TIPP

Wer im Zoo Palast eine Loge bucht, wird direkt am Platz vom Servicepersonal bedient – ein Erlebnis der Extraklasse.

Die Keramikfassade des Zoo Palasts steht inzwischen unter Denkmalschutz. In den Fünfzigern prangten daran riesige handgemalte Filmplakate, heute wird sie bei besonderen Gelegenheiten mit bunten Scheinwerfern angestrahlt. Aber auch im Inneren kann sich das Kino sehen lassen. Insbesondere Saal 1 mit seinen 773 Plätzen transportiert einen mit rotem Samt und Rüschenvorhang direkt zurück in die Fünfziger, nur dass die Sessel heute bequemer sind als damals und man deutlich mehr Beinfreiheit genießt. Etwas ganz Besonderes sind auch die beiden Clubkinos mit je 39 Plätzen, die man für eigene Veranstaltungen und private Filmvorführungen mieten kann: Sie verfügen über eine eigene Bar, und dank der Bücherregale an den Wänden kommt man sich vor, als säße man mitten im Wohnzimmer. Puschenkino de luxe!

- Zoo Palast Berlin, Hardenbergstraße 29 a, 10623 Berlin
  www.zoopalast.premiumkino.de
- ÖPNV: diverse S-/U-Bahnen, Busse und Trams, Haltestelle Zoologischer Garten

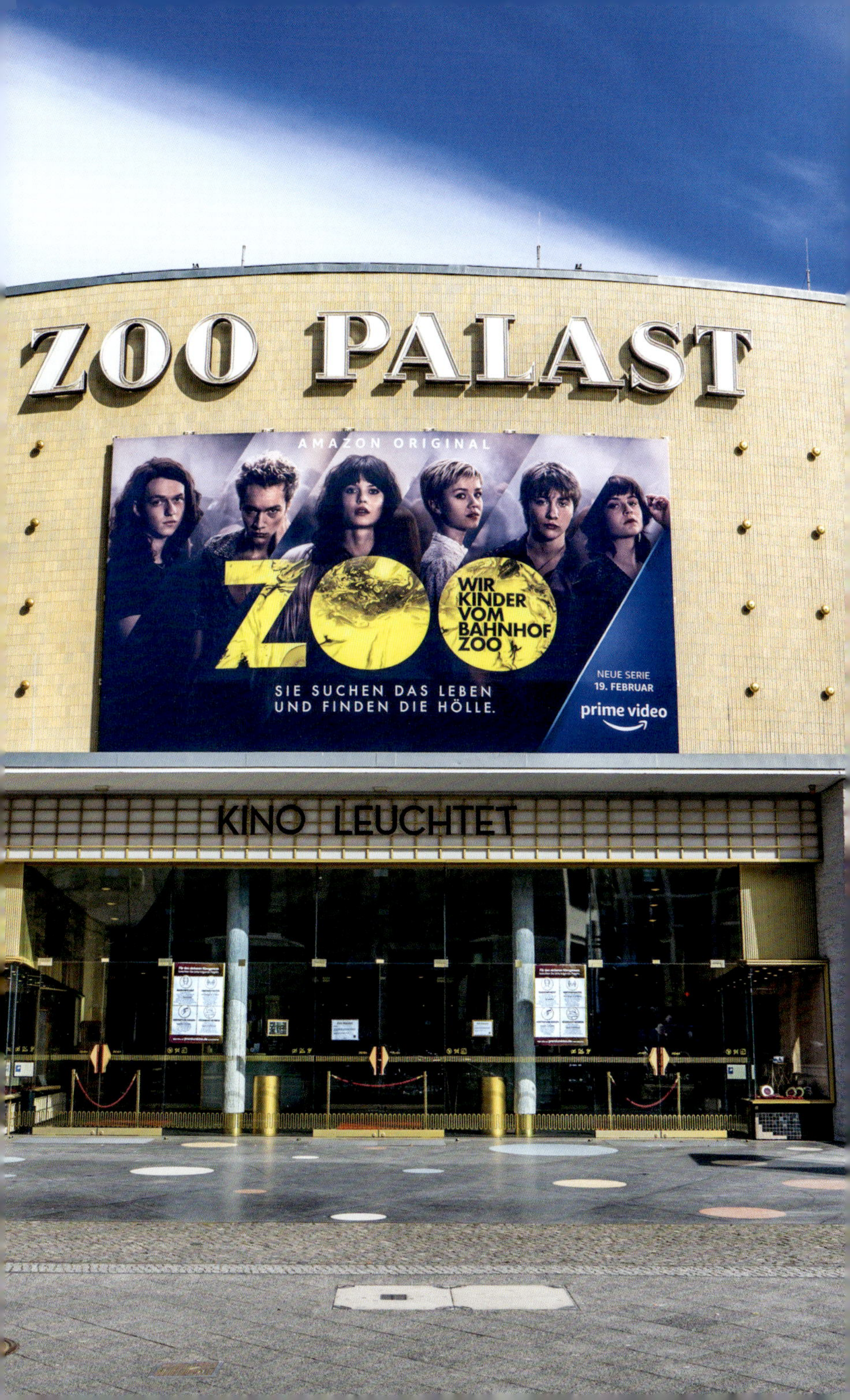
ZOO PALAST
AMAZON ORIGINAL
ZOO
WIR KINDER VOM BAHNHOF ZOO
SIE SUCHEN DAS LEBEN
UND FINDEN DIE HÖLLE.
NEUE SERIE
19. FEBRUAR
prime video
KINO LEUCHTET

Von AGFA bis ZDF

2

Das 3F-Museum in Deidesheim

Gegenüber dem historischen Rathaus des pfälzischen Deidesheim an der Deutschen Weinstraße befindet sich auf zwei Stockwerken eines der interessantesten Museen zur technischen Geschichte des bewegten Bildes: das 3F-Museum, das einen Abriss der gesamten Entwicklung von Fotografie, Film- und Fernsehtechnik (daher „3F“) bietet, von der Camera Obscura (Glücksort 55) bis hin zur Digitalkamera. Den Grundstock für das Inventar des Museums bildeten einst rund 800 Geräte, die ein Chemiker und ein Drogist aus Ludwigshafen gesammelt hatten. Als der damalige Bürgermeister von Deidesheim im Jahr 1982 davon erfuhr, dass die beiden Räumlichkeiten suchten, um ihre Sammlungen der interessierten Öffentlichkeit zu präsentieren, bot er ihnen einen Teil des Gebäudes der Stiftung Bürgerhospital an. Trotzdem war noch einiges an Arbeit nötig, bis das Museum seine Pforten öffnen konnte – die Räume mussten hergerichtet und Gelder aufgetrieben werden, ein Trägerverein wurde gegründet. Nach acht Jahren war es dann endlich so weit. Bei der Eröffnung hieß die Einrichtung noch „Museum für Film- und Fototechnik“, im Zuge der Vergrößerung der Ausstellungsfläche im Jahr 2000 wurde sie in „Deutsches Film- und Fototechnik Museum“ umgetauft, und seit 2018 heißt sie „3F – Deutsches Museum für Foto-, Film- und Fernsehtechnik“ oder kurz: 3F-Museum.

TIPP

Jedes Frühjahr werden auf der Filmbörse in der Stadthalle Kameras, Filme und Kino-Memorabilia gehandelt.

Heute werden den Besuchern auf 400 Quadratmetern Fläche weit über 5000 Exponate präsentiert. Dass die Sammlung immer größer und vielfältiger wurde, hat das 3F-Museum neben Spenden von Privatpersonen auch diversen Institutionen wie dem ZDF und dem SWF sowie Unternehmen wie Kodak und AGFA zu verdanken, die dem Haus ausgemusterte Geräte gestiftet haben. Die engagierten Ehrenamtlichen des Trägervereins des Museums kümmern sich mit viel Tatkraft und Hingabe um das Inventar und sorgen dafür, dass alles historisch eingeordnet und ins rechte Licht gerückt wird.

- 3F-Museum, Weinstraße 33, 67146 Deidesheim
www.3f-museum.de
- ÖPNV: ab Neustadt/Weinstraße Zug bis Bahnhof Deidesheim

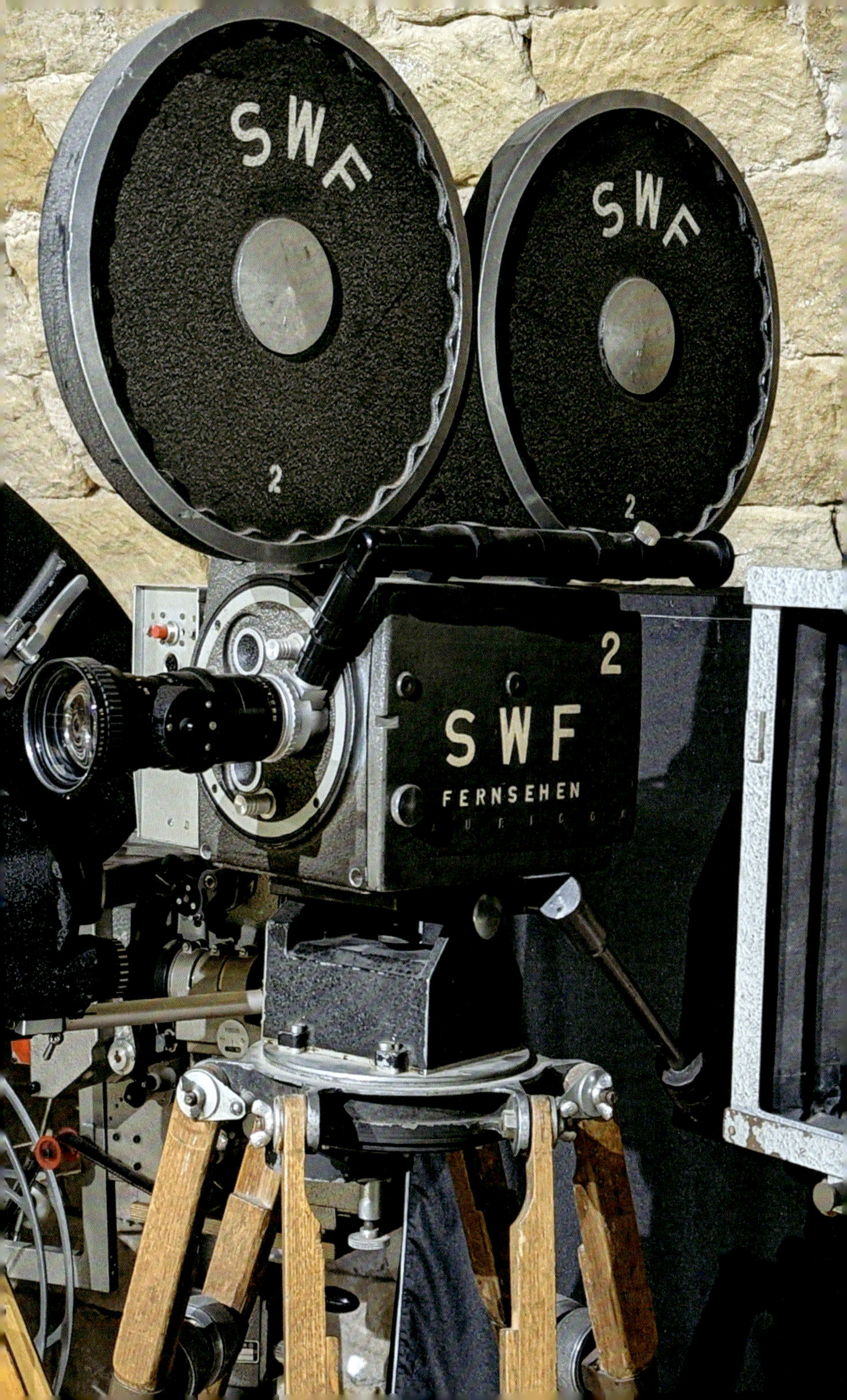
SWF
2
SWF
2
2
SWF
FERNSEHEN

Nordisch by Culture

3 Nordische Filmtage in Lübeck

Obwohl es so viele verschiedene Filmfestivals gibt, finden sich erstaunlich wenige darunter, die ihr Angebot nach einem regionalen Thema zusammenstellen. Zu den bekanntesten und wichtigsten dieser Kategorie zählen die jährlichen Nordischen Filmtage in Lübeck, die sich fünf Tage lang ganz der Präsentation von Werken nordeuropäischer Filmschaffender widmen. Entsprechend bunt ist das Programm des seit 1956 laufenden Festivals: Egal ob Spiel-, Dokumentar- oder Kurzfilm, egal ob Kinder- oder Jugendfilm oder sogar Serien, hier findet alles seinen Platz, solange die Regisseure, Film- und Serienmacher Geschichten aus dem Norden und Nordosten erzählen – Norwegen, Dänemark, Schweden, Finnland, das Baltikum und natürlich der norddeutsche Raum von Borkum bis Usedom finden hier als Herkunftsregionen Platz auf der Leinwand. Den oft noch unbekannten norddeutschen Filmemachern wird mit dem „Filmforum" eine eigene Bühne geboten, darüber hinaus gibt es auf dem Festival aber zahlreiche Beiträge von oft bekannten Namen zu entdecken, und Starregisseure wie Lasse Halmström, Bille August oder Aki Kaurismäki präsentierten hier ihre Debütwerke. In heutigen Zeiten, in denen Filme und nicht zuletzt Serien aus Europas Norden und Nordosten für immer mehr Furore sorgen und sich immer größerer Beliebtheit erfreuen – oft bilden sie die Vorlage für internationale Remakes und nehmen dadurch Einfluss auf den globalen Markt –, gewinnt auch das Festival immer mehr an Attraktivität und Bedeutung.

Freunde des nordischen Films werden um einen Besuch des Festivals nicht herumkommen, und alle, die generell nach interessanten Geschichten und Konflikten abseits von Hollywood-Mainstream und europäischem Arthouse suchen, werden hier mit Sicherheit fündig. Denn die nordischen Werke sind nicht zuletzt deshalb so beliebt, weil sie Film- und Serienfans eine klare steife Brise in die heimische Stube tragen. Und auf keinem deutschen Festival weht der Wind so frisch aus Nord-Nordost wie hier.

- CineStar Filmpalast Stadthalle (Hauptspielstätte), Mühlenbrücke 11, 23552 Lübeck, Tel. (04 51) 70 30 200, www.nordische-filmtage.de
- ÖPNV: Bus 1, 2, 4, 6, 7, 9, 15, 16, 17, Haltestelle Stadthalle Lübeck

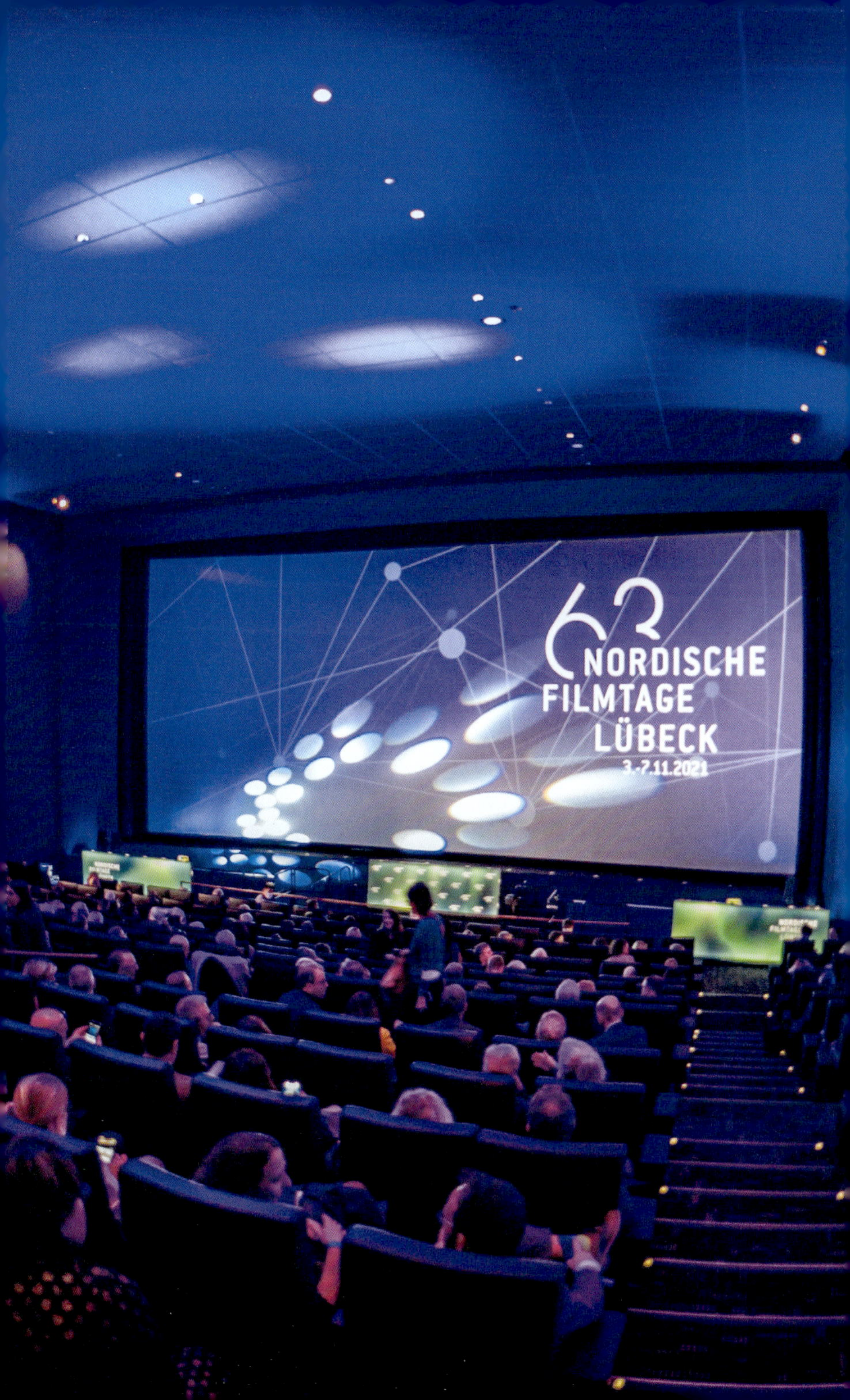
62
NORDISCHE
FILMTAGE
LÜBECK
3.-7.11.2021

OP ruft Dr. Brinkmann

4

Die Schwarzwaldklinik im Glottertal

Nachdem das ZDF am Dienstag, dem 22. Oktober 1985, die erste Folge seiner neuen Serie ausgestrahlt hatte und 61 Prozent der Zuschauer eingeschaltet hatten, war sich die seriöse Presse sofort einig: „Die Schwarzwaldklinik" war absoluter Schund. Der SPIEGEL erschien am folgenden Montag mit Gaby Dohm, Klausjürgen Wussow und Sascha Hehn auf dem Titel, die Schlagzeile: „Operation Kitsch". Im Artikel war von einer „grausigen Mediziner-Saga" die Rede: „Und gelegentlich, wenn sogar Majestät Brinkmann – der Arzt am Schneideweg – entmutigt in die Bauchhöhle blickt, ist auch Freund Hein zu Gast im Klinikum." Für Millionen Zuschauerinnen jedoch war Professor Brinkmann „der Arzt, von dem die Frauen träumen" (Hörzu), und die Einschaltquote gab ihnen recht.

TIPP

In Grafenhausen-Rothaus kann man das Wohnhaus von Professor Brinkmann besuchen, dort ist das Heimatmuseum Hüsli untergebracht.

„Die Schwarzwaldklinik" ist inzwischen eine echte Kultserie. Heute staunt man allein über die hochwertige Produktion – 11 Millionen Mark gab das ZDF für die erste Staffel aus, damals eine enorme Summe. Und bei allen Kitsch-Vorwürfen sind Herbert Lichtenfelds Drehbücher gut geschrieben. Abgesehen davon trat bei der „Schwarzwaldklinik" alles als Gaststar auf, was in der Schauspiellandschaft der Achtziger Rang und Namen hatte, von Wolfgang Kieling über Witta Pohl bis Günter Strack. Für manche wie Oliver Korittke begann dort die Karriere, für Gert Fröbe endete sie – der 75-Jährige hatte hier kurz vor seinem Tod seinen letzten Auftritt.

Das Klinikgebäude, das schon im Vorspann der Serie zu sehen ist und zu dem nach wie vor die Fans pilgern, ist der Carlsbau im Glottertal. 1985 war dort noch die Kurklinik der Landesversicherungsanstalt Württemberg untergebracht, seit 2014 residiert im Carlsbau die Thure-von-Uexküll-Klinik, eine Fachklinik für psychosomatische Medizin und Psychotherapie. Immerhin kann man als „Schwarzwaldklinik"-Fan den Bau von außen bewundern. Und sich an viele schöne Momente einer unvergessenen TV-Serie erinnern.

● Thure-von-Uexküll-Klinik, Sanatorium 1, Badstraße 2, 79286 Glottertal
● ÖPNV: ab Bahnhof Denzlingen Bus 7205, Haltestelle Sonne

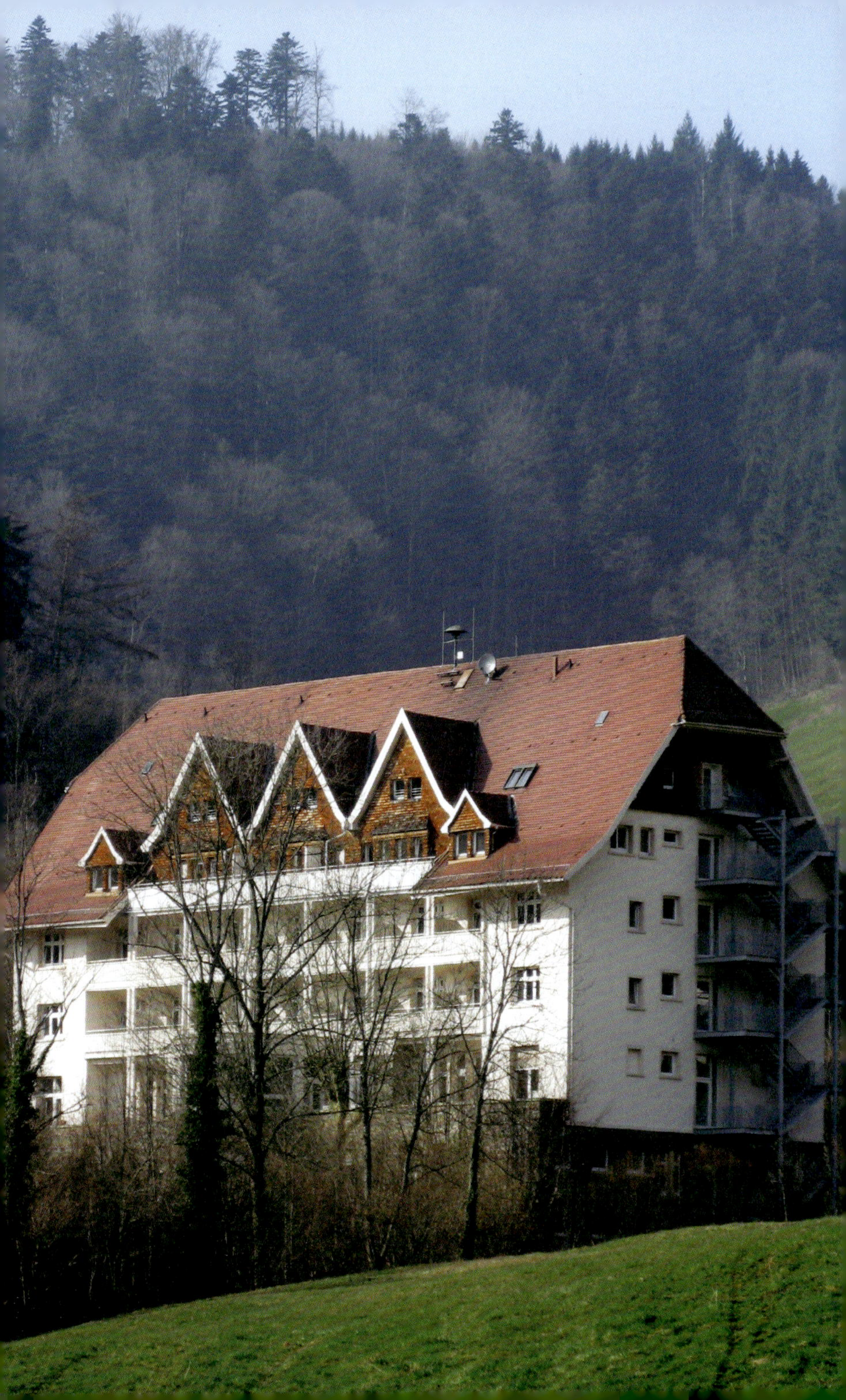

Die Bären sind los!

5 Internationale Filmfestspiele Berlin

Was haben Patricia Highsmith, Roland Emmerich und Meryl Streep gemeinsam? Sie alle waren Vorsitzende der Jury bei den Internationalen Filmfestspielen Berlin, kurz: der Berlinale. 1951 wurde sie erstmals veranstaltet, Eröffnungsfilm war Alfred Hitchcocks „Rebecca“ von 1940, der hier seine Deutschlandpremiere feierte. Die deutschen Kinos hatten nach dem Zweiten Weltkrieg viel aufzuholen – auch aus diesem Gedanken heraus wurde das „deutsche Cannes“ aus der Taufe gehoben.
Der Goldene Bär ist bis heute der prestigeträchtigste deutsche Filmpreis. Zwei Goldene Bären werden vergeben: für den besten Langfilm und für den besten Kurzfilm. Der Silberne Bär war ursprünglich die Auszeichnung für den zweitbesten Langfilm, 1957 wurde daraus der Sonderpreis der Jury, der heute Großer Preis der Jury heißt und als zweitwichtigste Auszeichnung des Festivals gilt. Inzwischen gibt es ganze acht Silberne Bären, die auch die Leistungen von Regie, Darstellerinnen und Darstellern und das beste Drehbuch würdigen. Das ist aber längst nicht alles: Neben den Silbernen Bären werden auf der Berlinale noch 28 weitere Auszeichnungen verliehen, sechs Stück von der international besetzten Berlinale-Jury, der Rest von diversen Organisationen, Stiftungen, Zeitschriften etc. Letztere reichen vom Preis der Gilde Deutscher Filmkunsttheater über den Femina-Film-Preis bis hin zum Berlin Today Award für Kurzfilme über Berlin.
Die rund 20 Filme, die im Hauptwettbewerb laufen, dürfen noch nicht außerhalb des Produktionslandes gezeigt worden sein, daher kann das Publikum hier immer wieder ein paar brandneue Perlen entdecken. Daneben läuft die Reihe „Panorama“, die weitere neue Filme präsentiert. Aber auch Klassiker-Fans kommen auf ihre Kosten, da zusätzlich zum Wettbewerb jedes Jahr zwei Retrospektiven laufen, eine zu bedeutenden Filmschaffenden und eine zu einem speziellen Thema wie „Weimarer Kino – neu gesehen“ oder „European 60s. Revolte, Phantasie & Utopie“. Für Filmfans ist Berlin im Februar ein absolutes Muss!

- Theater am Potsdamer Platz (Hauptspielstätte), Marlene-Dietrich-Platz 1, 10785 Berlin, www.berlinale.de
- ÖPNV: U-Bahn U1, U2, S-Bahn S2, Haltestelle Potsdamer Platz

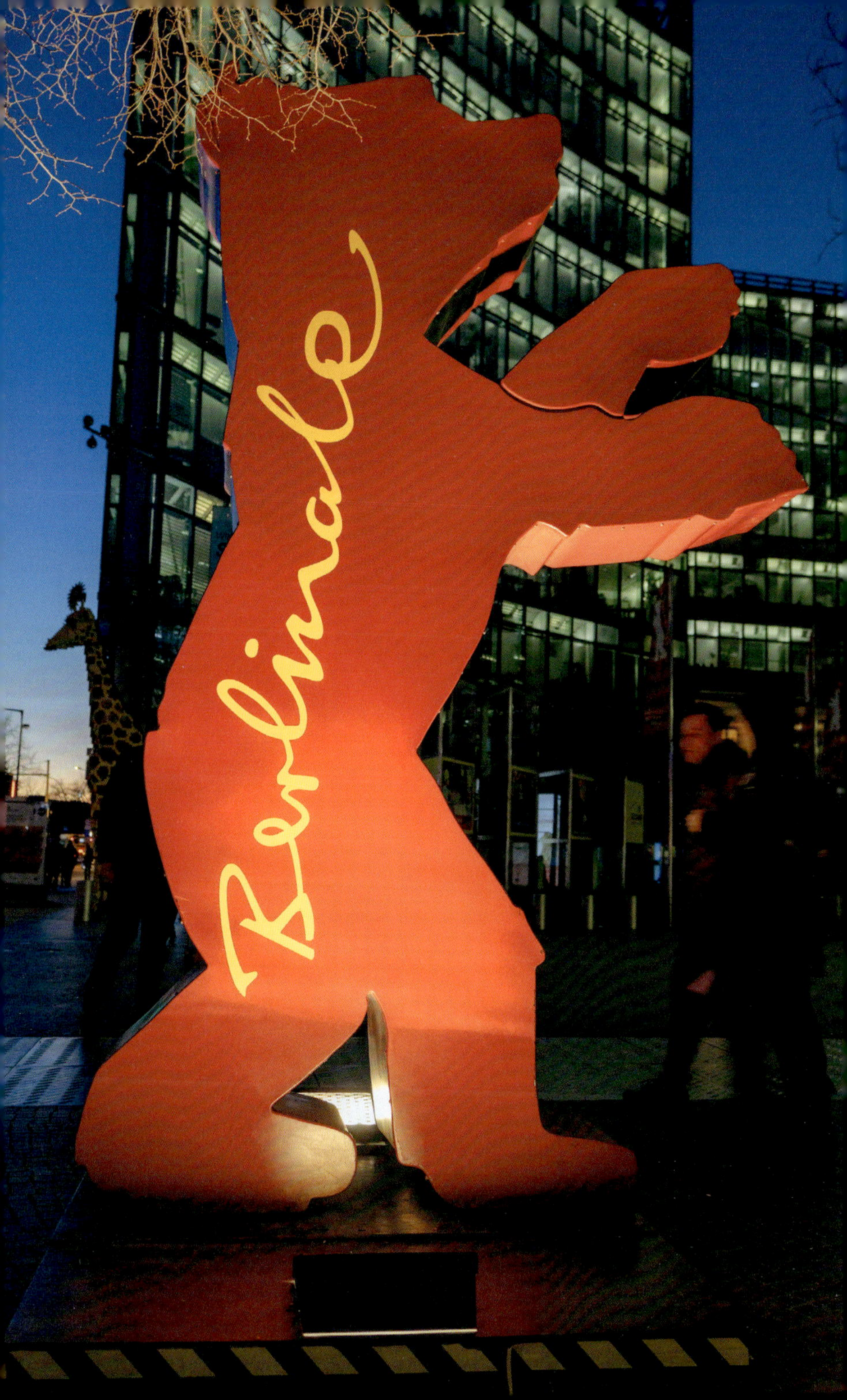
Berlinale

Das beste Museum im Stall

6

Das Filmmuseum Potsdam

Wenn es eine Art historisches Epizentrum des deutschen Films gibt, dann dürften das wohl die Filmstudios in Potsdam-Babelsberg sein. Und das Filmmuseum Potsdam lädt uns auf einen Besuch mit einem einmaligen Blick in dieses Epizentrum ein. Der malerische barocke Marstall des Potsdamer Stadtschlosses mit seinen leuchtenden Farben sieht zwar wie ein Museum aus, aber nicht unbedingt wie eines für Filmgeschichte. In dem 1685 als Orangerie errichteten Bau würde man klassische Statuen und Gemälde erwarten. Stattdessen befindet sich hier das wohl älteste Filmmuseum des Landes. 1981 als Filmmuseum der DDR gegründet, trägt es seit 1990 seinen heutigen Namen und wird inzwischen vom Land Brandenburg geführt. Eng verbunden mit der Filmuniversität Babelsberg Konrad Wolf, konzentriert es sich vor allem auf die lange und wechselhafte Geschichte des Filmstudios, das als das erste der Welt gilt. So gibt es die Dauerausstellung „Traumfabrik – 100 Jahre Film in Babelsberg", die in Themenräumen die Filme von UFA, DEFA und dem Studio Babelsberg von der Idee und dem Drehbuch über Kostüme, Maske, Ausstattung und Besetzung bis zu Dreharbeiten, Schnitt, Marketing und Aufführung vorstellt und interaktiv erlebbar macht. Dazu kommen Wechselausstellungen im Obergeschoss, die jeweils einen konkreten Schwerpunkt beleuchten, sowie eine kostenlose Foyerausstellung, die den legendären „Bioscop"-Projektor sowie wechselnde Objekte von besonderer Bedeutung präsentiert.

TIPP

Über die Onlineplattform Kino2online lassen sich Filme des Museumsarchivs online ausleihen und streamen.

Fast täglich bietet außerdem das Kino im Marstall historische Spiel- und Dokumentarfilme, Kinderfilme und aktuelle Produktionen an. Die monatlich gezeigten Stummfilme werden live an einem weiteren ausgesuchten Ausstellungsstück begleitet: Die 1929 gebaute Welte-Kinoorgel aus dem Luxor-Kinopalast in Chemnitz wurde 1993 restauriert und wieder in Betrieb genommen. Dabei machte man ihr Innenleben durch eine Glasscheibe sichtbar, was ein ganz besonderer Anblick ist.

- Filmmuseum Potsdam, Breite Straße 1A, 14467 Potsdam, Tel. (03 31) 2 71 81 12 www.filmmuseum-potsdam.de
- ÖPNV: S-Bahn S1, S7, Tram 91, 92, 93, 96, 98, 99, Haltestelle Bahnhof Potsdam

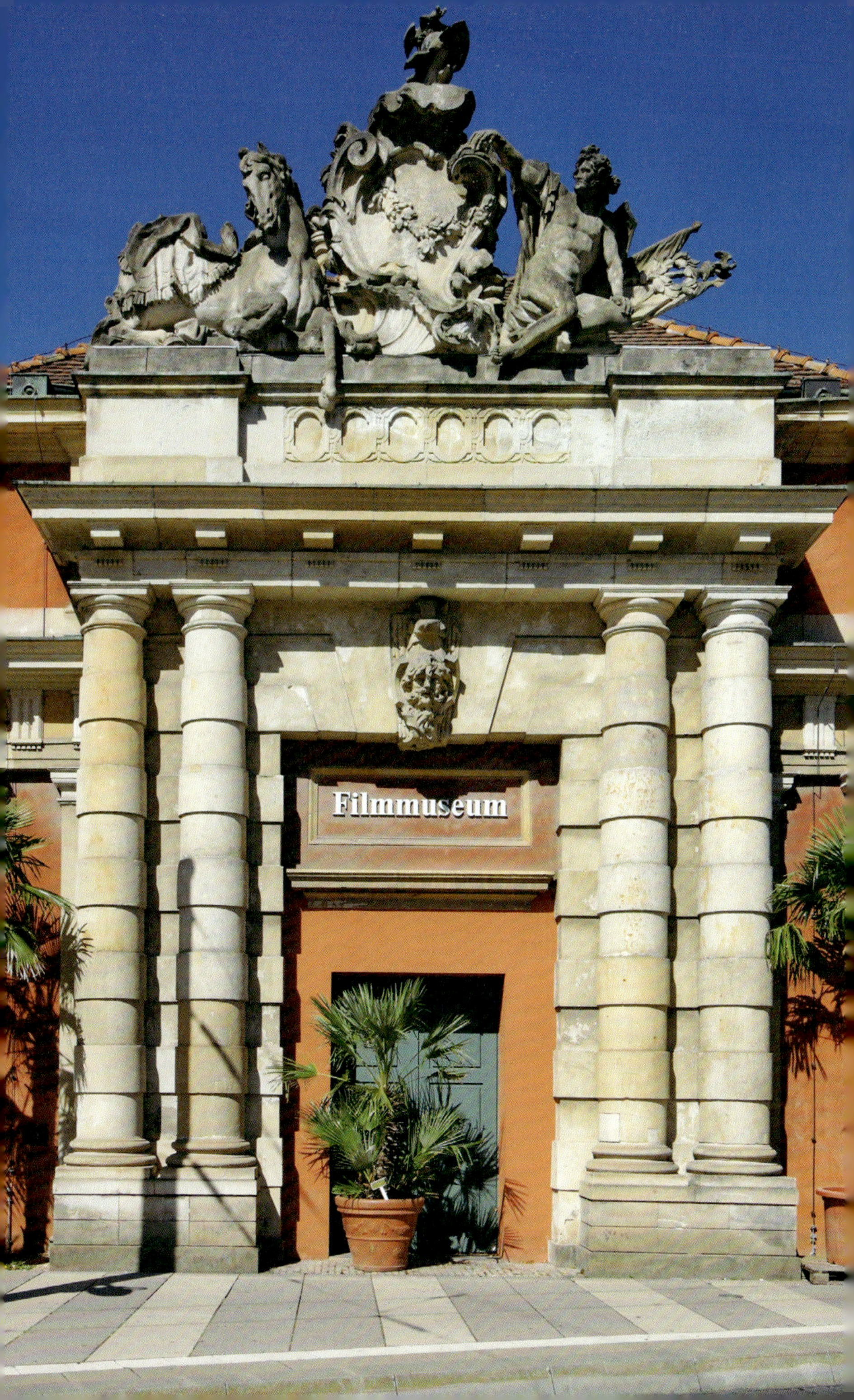
Filmmuseum

Creatures of the Night

7 „The Rocky Horror Picture Show“ in München

„Michael Rennie was ill the day the Earth stood still / But he told us where we stand …“ Als Kinozuschauer 1975 erstmals rote Lippen auf einem schwarzen Hintergrund sahen und Patricia Quinn (alias Magenta) den Song „Science Fiction/Double Feature“ singen hörten, war das Echo gelinde gesagt verhalten. Obwohl das Musical „The Rocky Horror Show“ seit 1973 in mehreren Städten rund um die Welt gelaufen war, geriet die Filmversion zum Flop. Niemand wollte die schrille Satire auf den klassischen Horrorfilm sehen, und bald verschwand der Streifen aus den Kinos. Das Blatt wendete sich im Jahr darauf, als sich eine eingeschworene Gemeinde zu später Stunde im Waverly Theater in New York zusammenfand, um sich „The Rocky Horror Picture Show“ anzuschauen – immer und immer wieder! Bald kamen Rituale auf, die den Kult bis heute begleiten: Die Zuschauer verkleideten sich, Luftschlangen wurden geworfen, Wasserpistolen gezückt, und bestimmte Dialogzeilen wurden durch laute Zwischenrufe kommentiert oder umgedeutet.

Am 24. Juni 1977 kam der Kult in Deutschland an: Seit diesem Tag läuft „The Rocky Horror Picture Show“ ununterbrochen jeden Freitag und Samstag in den Münchener Museum Lichtspielen (selbstverständlich in der Originalversion, denn die deutsche Synchronfassung ist miserabel). Obwohl der Film dort schon so lange läuft, ist er immer noch gut besucht, also sollte man rechtzeitig online Tickets buchen. Die Platzwahl ist frei. Wer nichts dabeihat, um sich an den Ritualen zu beteiligen, kann an der Kinokasse ein „Mit-Mach-Package“ erwerben. Auf der Papiertüte ist detailliert aufgeführt, was man wann zu rufen oder zu werfen hat. Und anders als in anderen Kinos oder Theatern, die ihr Reinigungspersonal schonen möchten, darf man bei der Hochzeitsszene sogar Reis werfen. 30 Jahre nach seiner Premiere erfuhr der Film übrigens auch von offizieller Seite eine späte Würdigung: 2005 wurde „The Rocky Horror Picture Show“ als „bedeutendes Werk der Filmgeschichte“ in die US-amerikanische National Film Registry aufgenommen.

- Museum Lichtspiele, Lilienstraße 2, 81669 München, Tel. (0 89) 48 24 03
www.museum-lichtspiele.de
- ÖPNV: S-Bahn S1, S2, S3, S4, S6, S7, S8, Bus 132, Tram 16, 18, 37, Haltestelle Isartor

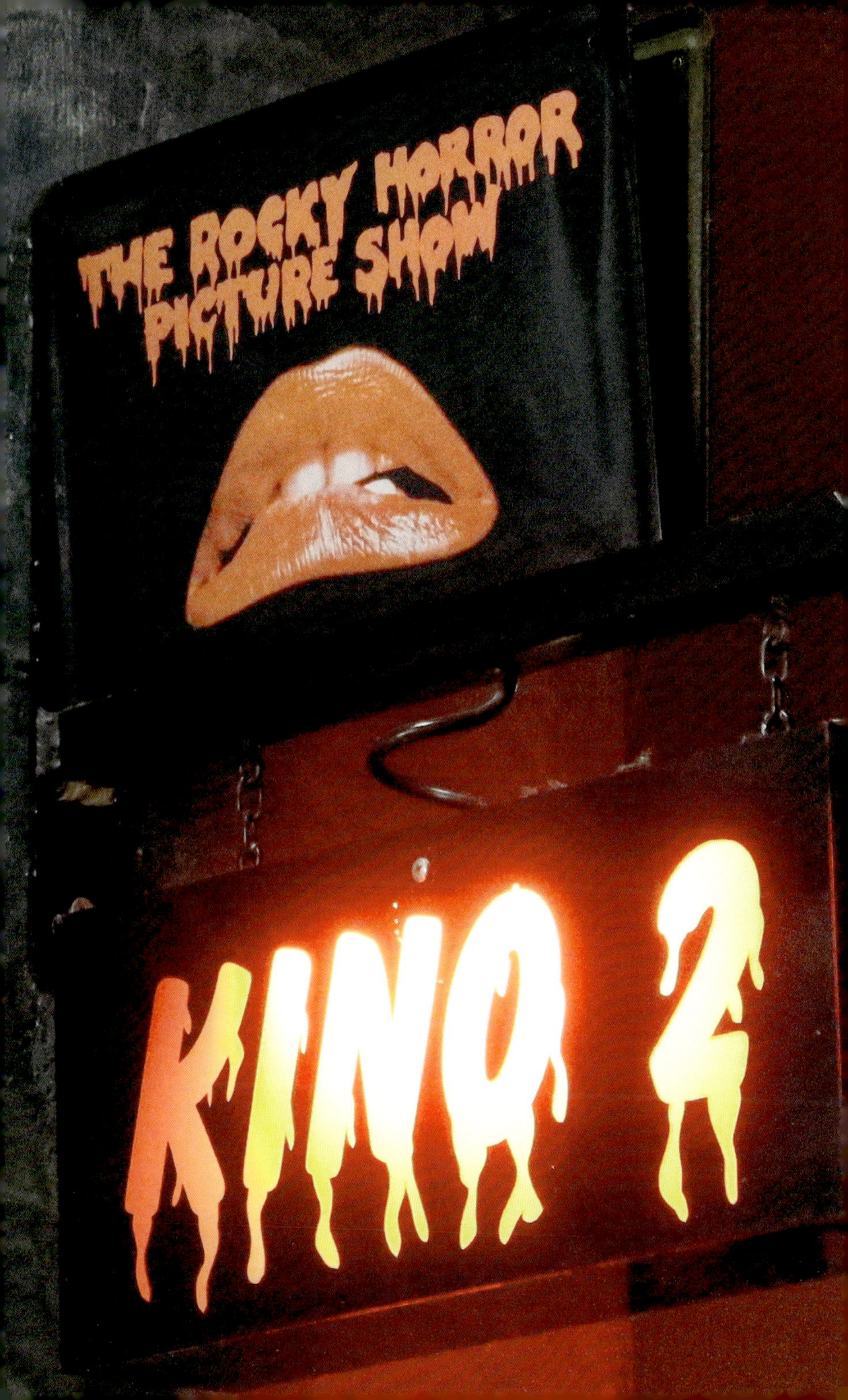
THE ROCKY HORROR
PICTURE SHOW
KINO 2

Koflers Erinnerungen

8 Kleines Filmmuseum in Gamlitz

Der Kameramann und Regisseur Karl Kofler (1940–2020) zählte zu den renommiertesten Filmschaffenden Österreichs. Er arbeitete viel für den ORF, war aber auch ein gefragter Spiel- und Dokumentarfilm-Kameramann. Bekannt wurde er vor allem durch seine Zusammenarbeit mit Robert Dornhelm, dessen Debütfilm „The Children of Theatre Street" 1978 nicht zuletzt dank der innovativen Kameraarbeit für den Oscar als bester langer Dokumentarfilm nominiert wurde. Auch bei Dornhelms Komödie „Echo Park" (1986) mit Tom Hulce stand Kofler hinter der Kamera. Außerdem drehte er mit Maria Schell, Liza Minelli, Peter Fonda, Senta Berger und Tom Waits. Eine ganz besondere Verbindung hatte Kofler aber zu Grace Kelly. „The Children of Theatre Street" war der letzte Film, an dem sie mitwirkte, wenn auch nur als Erzählerin. Aber sie planten gemeinsam die lang erwartete Rückkehr der ehemaligen Diva ins Filmgeschäft, zwei gemeinsame Projekte waren konkret angedacht. Kurz vor ihrem tragischen Unfalltod mit 52 Jahren kündigte Kelly noch an, ihren guten Bekannten Karl auf dessen Weingut besuchen zu wollen. Leider wurde nichts mehr daraus.

TIPP
Der Rundwanderweg durch die Katastralgemeinde Gamlitz führt durch herrliche Wiesen und Weingärten.

Ebendort, auf dem Weingut Kofler im Grubtal bei Gamlitz in der Südsteiermark, 40 Kilometer südlich von Graz, richtete Kofler auf dem Dachboden des alten Wohnhauses 2011 ein Museum ein, das sich ganz bescheiden „Kleines Filmmuseum" nennt. Alte Filmplakate an den Wänden versetzen einen direkt zurück in die goldenen Zeiten des österreichischen Kinos, die Vitrinen sind voll mit Kameras und diverser anderer Filmtechnik aus sechs Jahrzehnten, alle von Kofler selbst gesammelt. Auf 3 Millionen Euro bezifferte Kofler bei der Eröffnung den Wert seiner Sammlung. Sogar einen kleinen Kinosaal mit zwölf Stühlen gibt es samt einem Archiv mit 200 Filmen, darunter natürlich viele, bei denen Kofler hinter der Kamera stand. Das Museum öffnet immer von Mai bis Oktober seine Pforten, für eine Führung sollte man sich telefonisch anmelden.

- Kleines Filmmuseum, Weingut Kofler, Grubtal 35, A-8462 Gamlitz, Tel. +43 (34 53) 39 01 , www.weingut-kofler.at
- ÖPNV: ab Ehrenhausen Bus 219, Haltestelle Aflenz an der Sulm – Kapelle, von dort 2,7 km Fußweg

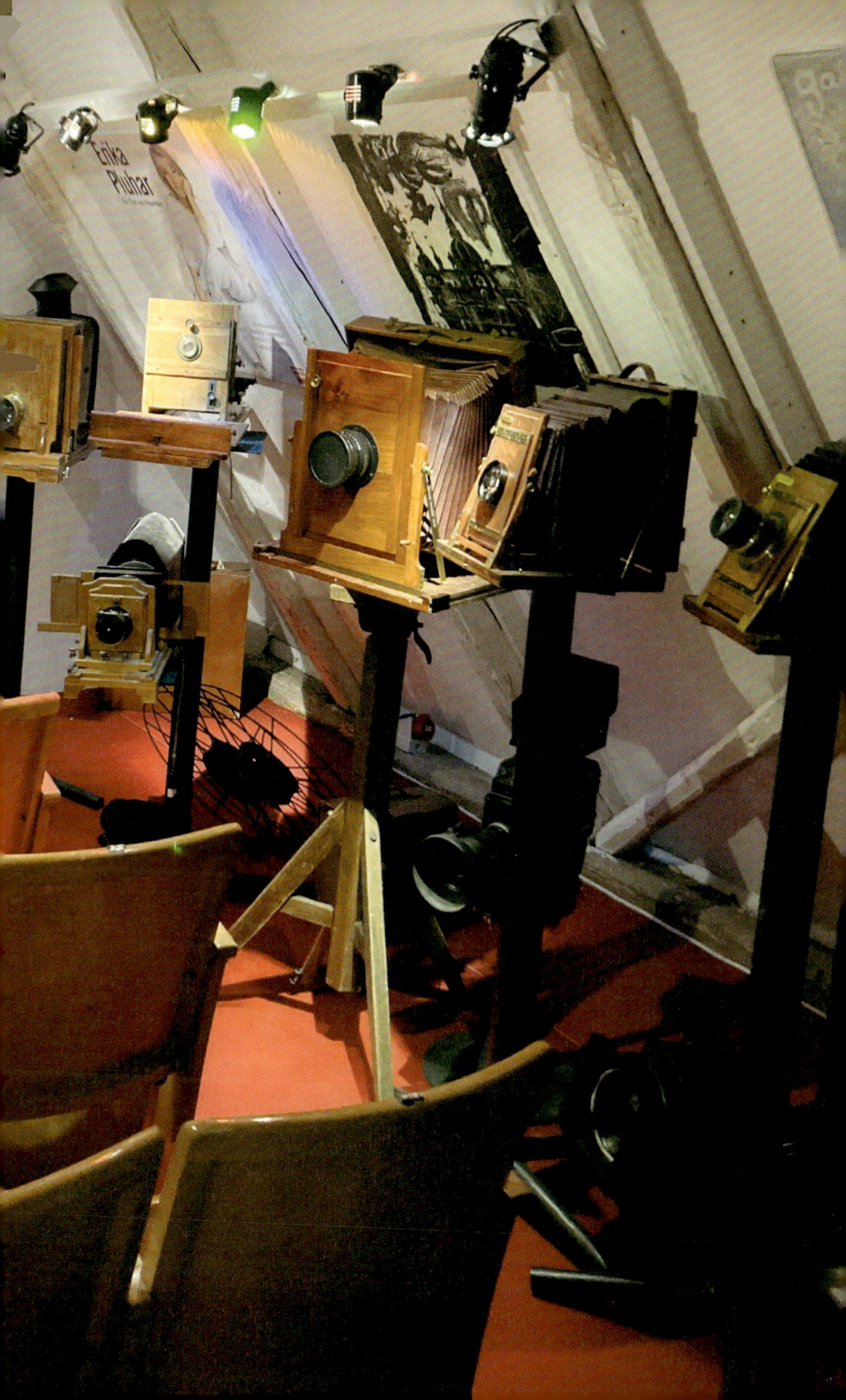
Erika
Pluhar

Filmpalast de luxe

9

Die Lichtburg in Essen

Quizfrage: Was haben „Zwölf Uhr mittags", „Conan der Barbar", „Die Supernasen" und „Die Brücke am Kwai" gemeinsam? Antwort: Alle feierten ihre deutsche Erstaufführung in der Lichtburg in Essen, in dem mit 1250 Plätzen größten Kinosaal Deutschlands. Als die Lichtburg am 18. Oktober 1928 eröffnet wurde, waren es sogar 2000 Polstersitze, und die verfügten über eine bahnbrechende Neuheit: eine elektronische Meldeanlage, die der Kasse anzeigte, welche Plätze noch frei waren. Eine weitere Besonderheit war die größte Kinoorgel Europas, die so fortschrittlich war, dass sie sogar Verkehrslärm und Donnergrollen nachahmen konnte. Daneben zeichnete ein eigenes Stummfilmorchester für die Begleitmusik verantwortlich. Eigentlich schade, dass man beides, Orchester und Orgel, schon ein Jahr später nicht mehr brauchte, als der Tonfilm Einzug hielt. Beeindruckend blieb die Lichtburg trotzdem, schon wegen des enormen Kinosaals und seiner imposanten Kuppel mit 20 Metern Durchmesser.

Im Zuge der Wirtschaftskrise der 1930er-Jahre schwanden die Besucher, und im Zweiten Weltkrieg brannte das Kino nach einem Bombenangriff aus. Doch nach dem Krieg wurde die Lichtburg renoviert, und nach der feierlichen Wiedereröffnung 1950 mauserte sie sich schnell zu einem der wichtigsten deutschen Premierenkinos. Selbst Stars wie Buster Keaton, Zarah Leander, Romy Schneider und Gary Cooper, die hier über den roten Teppich schlenderten, staunten über den gewaltigen Saal, der heute wie damals eher an ein Opernhaus erinnert als an ein Lichtspielhaus. So etwas gab es sonst höchstens in Amerika.

Nicht nur wegen ihrer Größe überlebte die Lichtburg als eines der wenigen Traditionshäuser des Ruhrgebiets das Kinosterben der Siebziger- bis Neunzigerjahre: Seit damals werden nicht nur Filme gezeigt, sondern es gaben und geben hier immer wieder internationale Stars Konzerte, von Louis Armstrong bis Kraftwerk. Doch in erster Linie ist diese Essener Institution nach wie vor ein Kino, und hier einen Film zu genießen, ist ein überwältigendes Erlebnis.

- Lichtburg, Kettwiger Straße 36, 45127 Essen, Tel. (02 01) 23 10 23
www.filmspiegel-essen.de/kinos/lichtburg
- ÖPNV: diverse Zug- und Buslinien, Haltestelle Essen Hauptbahnhof

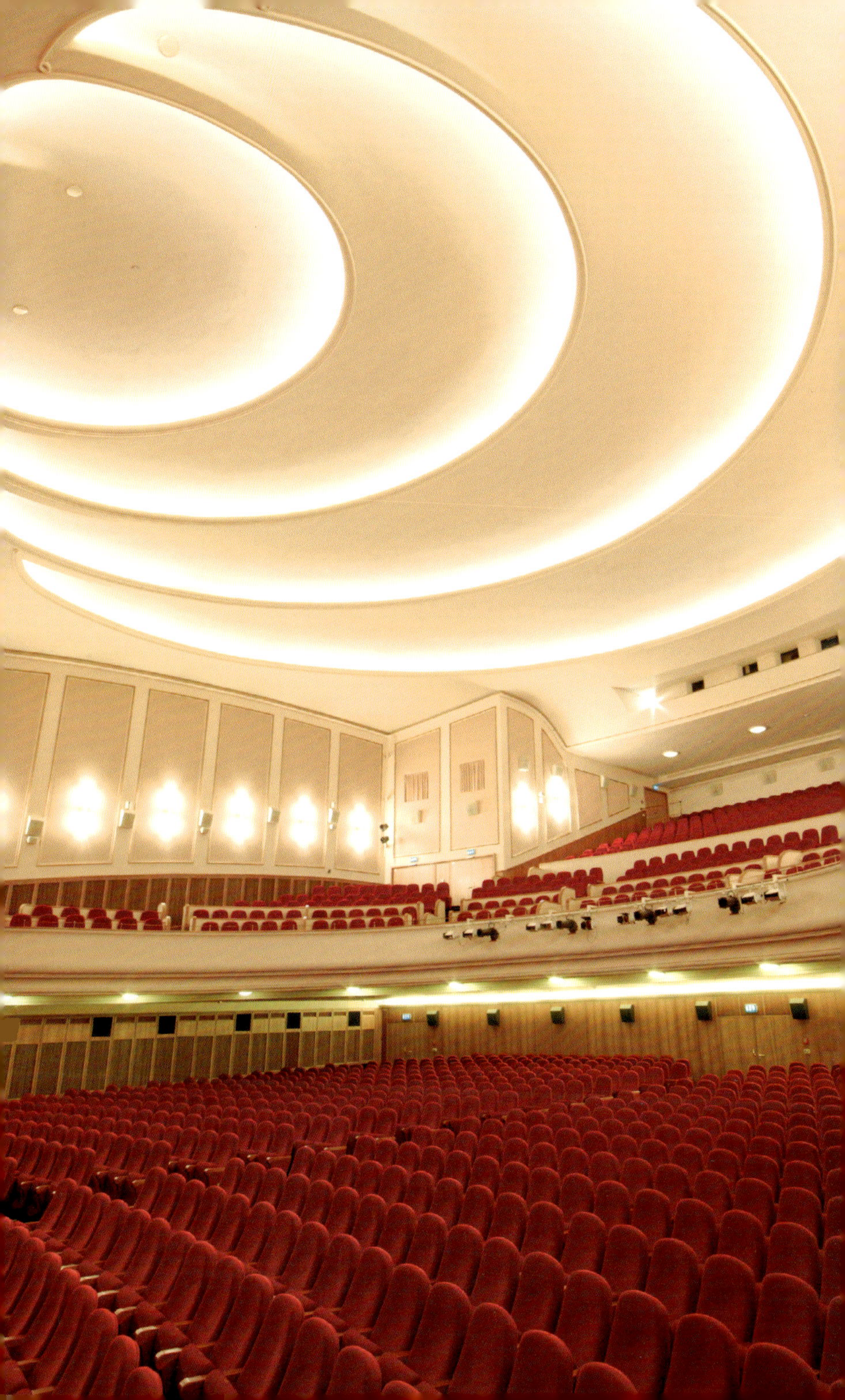

Glücksort für Hartgesottene

10

Das HARD:LINE Film Festival in Regensburg

Neben dem Mainstream-Kino gibt es immer noch die Filme, in denen es neben der Unterhaltung und der Freude am filmischen Erzählen auch darum geht, Grenzen zu erweitern und auszuloten. Und um dieses „extreme Kino" zu feiern, entstand im Jahr 2013 das HARD:LINE Film Festival in Regensburg. „Extremes Kino" bedeutet nach eigener Auffassung: Filme der Subkultur, die abseits vieler Normen liegen, also fantastische Filme aus den Bereichen Horror, Splatter, Sci-Fi und Thriller. Filme über Tod und Sterben, Angst, das Fremde, das Bedrohliche, das Böse und auch das Unangepasste, mit oft derben, manchmal unangenehmen Bildern (egal, ob auf der Leinwand oder nur in der Vorstellung des Publikums). Die ersten Jahre erkundete das Festival daher noch die Grenzen dieser Subkultur, die Schwelle ins „Extreme". Podiumsdiskussionen mit Regisseuren, Mitgliedern der FSK, der BPjM und Experten für Gewalt in Medien waren Teil des Programms. Inzwischen liegt der Fokus des Festivals eher darauf, die Vielseitigkeit, Ausdruckskraft und die verschiedenen Spielarten des „extremen Kinos" zu zelebrieren.
Fünf Tage lang bietet das Festival allen Freunden von Genrefilmen eine große Auswahl an international erfolgreichen Filmen, Kurzfilmen, Podiumsdiskussionen, Gästen, Konzerten und Partys. Die Studentenstadt Regensburg, das stellen Festivalbesucher von außerhalb schnell fest, genießt nicht nur den Ruf als Stadt mit der höchsten Kneipendichte Deutschlands, sondern besitzt, gemessen an der Einwohnerzahl, auch ungewöhnlich viele Kinos, darunter das Freiluft-Kopfhörerkino im Cinema-Paradiso und die Kinos im Andreasstadel. Zu deren Betreibern gehört auch der Festivalleiter Florian Scheuerer. Aus dessen „Freakwochenende mit Kumpels" ist mittlerweile ein international bekanntes Genrefestival erwachsen, das zudem Teil der Méliès International Festivals Federation ist und in diesem Rahmen den Preis für den besten fantastischen Kurzfilm aus Europa vergibt. Freunde extremen Kinos sind hier also goldrichtig!

● Ostentor Kino (Hauptspielstätte), Adolf-Schmetzer-Straße 5, 93055 Regensburg
www.hardline-filmfestival.com
● ÖPNV: Bus 5, 10, 36, 37, Haltestelle Weißenburgstraße

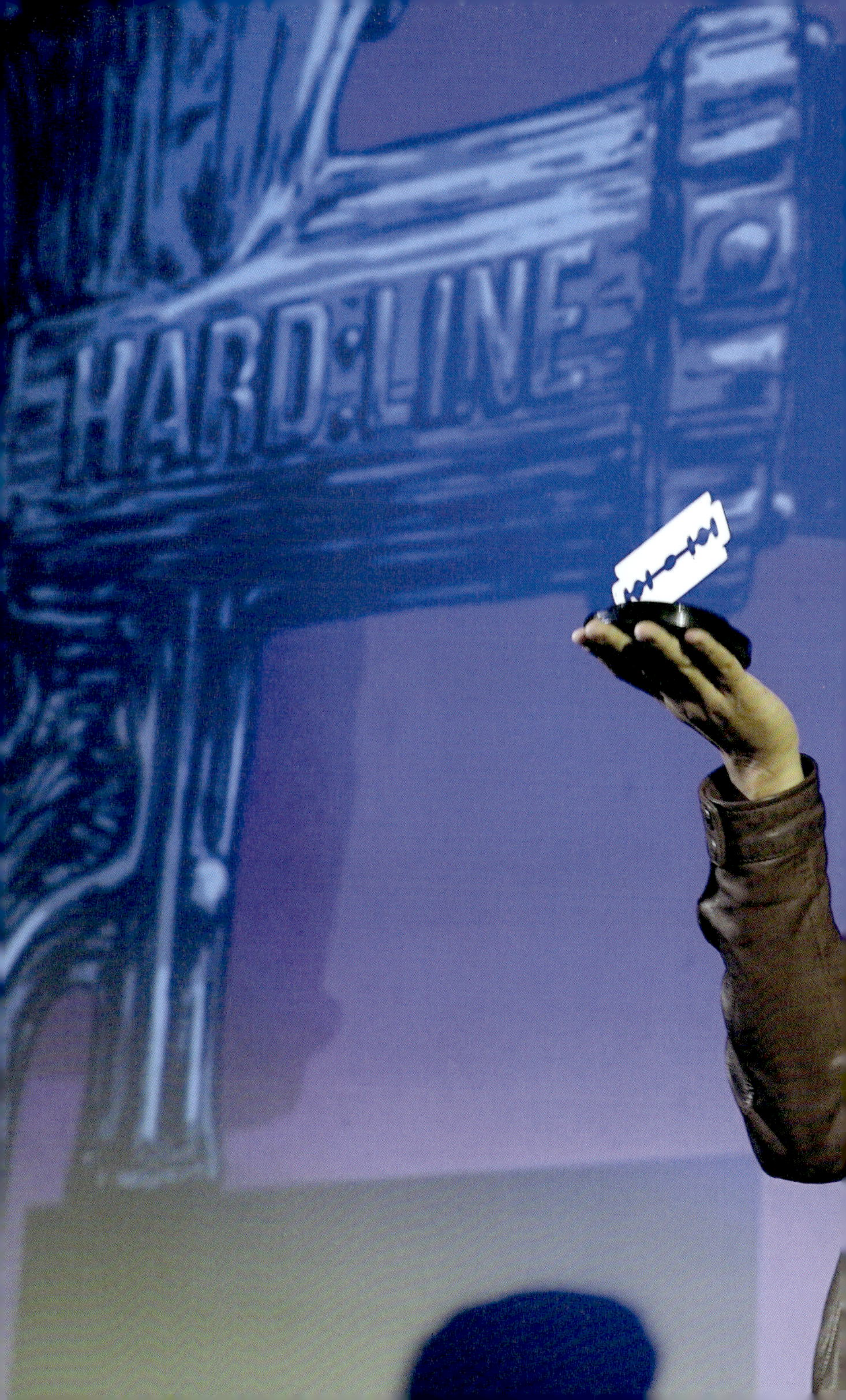
HARD:LINE

Plattfuß unter den Linden

11 Das Bud Spencer Museum in Berlin

Wer ohne Google weiß, wer Carlo Pedersoli war, für den gehört ein Besuch im Bud Spencer Museum zu den Pflichtterminen. Und wer ihn nur unter seinem Künstlernamen kennt, sollte sich dieses Kleinod ebenfalls nicht entgehen lassen.

Egal ob Mücke, Bambi, Plattfuß, Banana Joe oder Dampfhammer: Carlo Pedersoli alias Bud Spencer (1929–2016) hatte viele Namen, und nirgendwo war der Italiener so populär wie in Deutschland. Zur Hochzeit der Italo-Western schwappten um 1970 herum auch die ersten Filme mit „Buddy“ in die deutschen Kinos und wurden dank der berühmten „Schnodderdeutsch“-Dialoge von Rainer Brandt und der launigen Spielfreude der Protagonisten zu absoluten Straßenfegern: „Vier Fäuste für ein Halleluja“ ist mit über 12 Millionen Besuchern immer noch in den Top 10 der erfolgreichsten Filme in deutschen Kinos.

Inzwischen sind drei Generationen von Filmfans mit dem Superstar aufgewachsen – erst im Kino und später im Fernsehen –, können Dialoge mitsprechen und genießen noch heute, nach über 50 Jahren, die Streifen an entspannten Nachmittagen auf der Couch. Kurz: Bud Spencer (der Name entstand durch eine Dose „Budweiser“ und Pedersolis Bewunderung für Spencer Tracy) ist Kult.

Kein Wunder also, dass Pedersolis Familie, die bis heute engen Kontakt zu den Fans pflegt, zahlreiche Exponate aus dem Privatleben des Stars bereitgestellt hat, die man im Bud Spencer Museum bestaunen kann. Dazu gehören nicht nur Originalrequisiten (darunter zwei Autos), Kostüme oder Plakate der Filme, sondern auch Stücke aus den zahlreichen anderen Berufslaufbahnen des Tausendsassas, denn Perdersoli war auch Erfinder, Olympiaschwimmer, Sänger, Fabrikant und Besitzer einer Fluglinie. Das Museum bietet außerdem Mitmachaktionen, eine Kinolounge mit Filmausschnitten, zahlreiche Fotopoints und natürlich jeden Samstag kultige Filmabende. Wer Carlo Pedersoli also nicht immer nur vom Sofa aus huldigen will, kann ihn hier einmal ganz aus der Nähe erleben – und das ohne die Gefahr, eine Schelle zu bekommen.

- Bud Spencer Museum, Unter den Linden 10, 10117 Berlin
  www.budspencer-museum.com
- ÖPNV: U-Bahn U5, Haltestelle Unter den Linden; diverse S-/U-Bahnen, Busse und Trams, Haltestelle Friedrichstraße

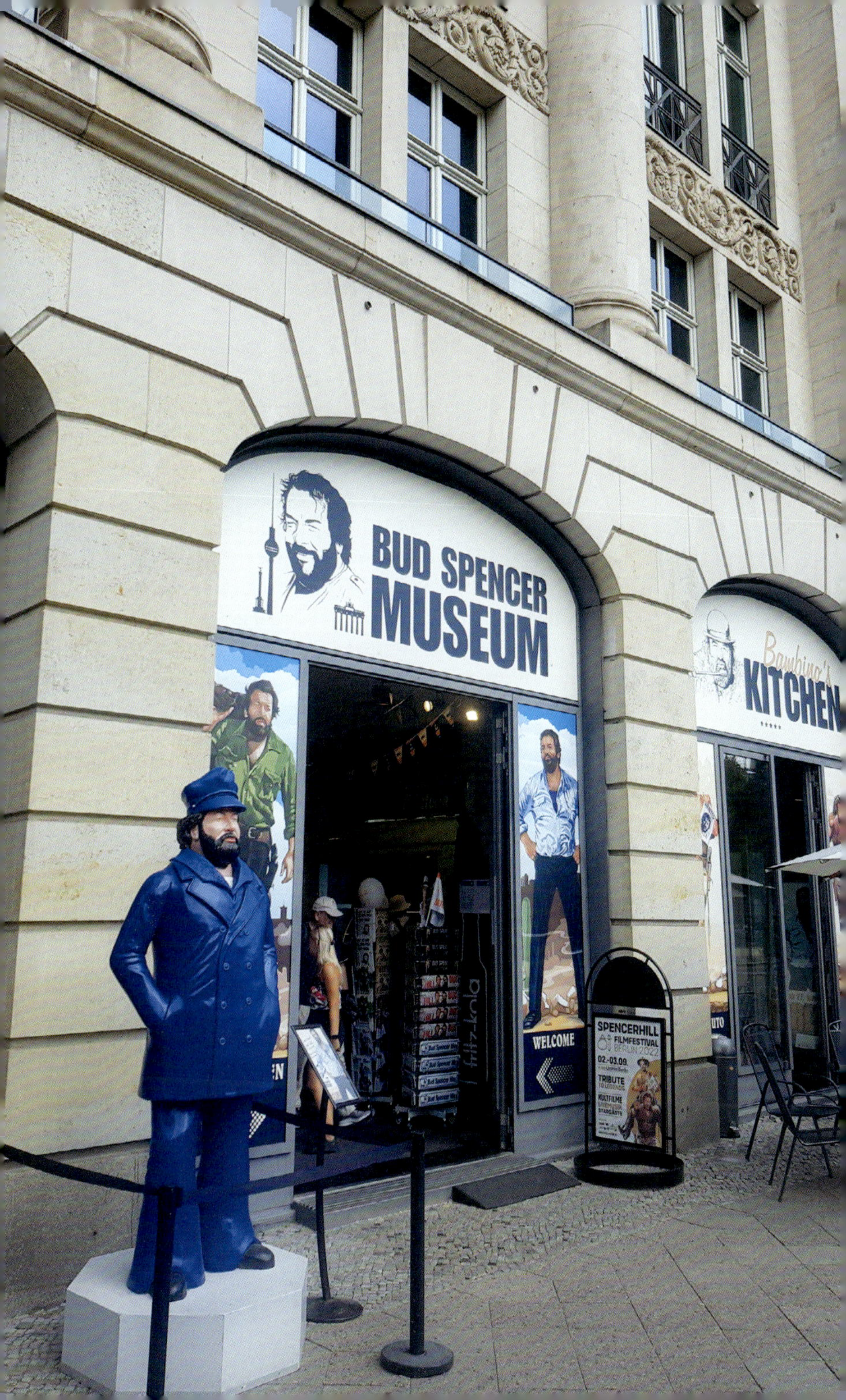
BUD SPENCER
MUSEUM
Bambino's
KITCHEN
WELCOME
SPENCERHILL
FILMFESTIVAL
BERLIN 2022
02.-03.09.
TRIBUTE
KULTFILME
STARGÄSTE

Lecker Torte beim Doktor

12 Das Landarzthaus in Boren

Mit 22 Staffeln war „Der Landarzt" eine der langlebigsten und beliebtesten Serien des ZDF-Vorabendprogramms. Erfunden hat sie der legendäre „Schwarzwaldklinik"- und „Traumschiff"-Autor Herbert Lichtenfeld. Ab 1986 spielte Christian Quadflieg den namensgebenden Landarzt Dr. Mattiesen, der von Hamburg ins fiktive Deekelsen zog, um die Arztpraxis seines verstorbenen Vaters zu übernehmen. 1992, zu Beginn der vierten Staffel, starb Dr. Mattiesen den Serientod, sein Nachfolger Dr. Teschner (Walter Plathe) hielt bis 2009 durch, dann übernahm Dr. Bergmann (Wayne Carpendale) die Praxis in dem Haus in Lindau-Boren, das längst überregional als „Landarzthaus" bekannt war. Bis zum Serienende 2013 blieben die Fans 297 Folgen lang bei der Stange. Das lag neben den guten Drehbüchern auch an Gaststars wie Gerda Gmelin, Evelyn Hamann, Gerhard Olschewski, Gisela Trowe und natürlich Heinz Reincke. Bis zum Ende war die Serie außerordentlich erfolgreich, selbst 2021 kamen die Wiederholungen noch auf 7 % Marktanteil bei den 14- bis 49-Jährigen – überdurchschnittlich für eine ZDF-Serie. Dass „Der Landarzt" (zeitgleich mit „Forsthaus Falkenau") trotzdem abgesetzt wurde, lag daran, dass der Sender neue Formate testen wollte. Durchsetzen konnte sich keiner der Nachfolger.

Gedreht wurde rund um die Schlei im Nordosten Schleswig-Holsteins, die schon damals ein beliebtes Ferienziel war. Auch über zehn Jahre, nachdem die letzte Folge abgedreht war, gibt es das Landarzthaus immer noch: Das hübsche Reetdachhaus, in dem die drei Ärzte ihre Praxis hatten, wurde nach dem endgültigen Ende der Dreharbeiten in ein Café umgewandelt, das sich bis heute großer Beliebtheit erfreut. Und das zu Recht: Hier kommen zu den üblichen Kaffeespezialitäten unerhört leckere hausgemachte Torten und Kuchen auf den Tisch. Im Sommer sitzt man auf der lauschigen Terrasse im Grünen, in der kalten Jahreszeit findet man im Haus ein Plätzchen und kann sich gerahmte Fotos der „Landarzt"-Stars anschauen. Eine schöne Gelegenheit, in alten TV-Erinnerungen zu schwelgen!

- Café Lindauhof, Lindauhof 4, 24392 Boren, Tel. (0 46 41) 37 10
  www.cafe-lindauhof.de
- ÖPNV: ab Lindaunis Bus 610, Haltestelle Lindau-Boren

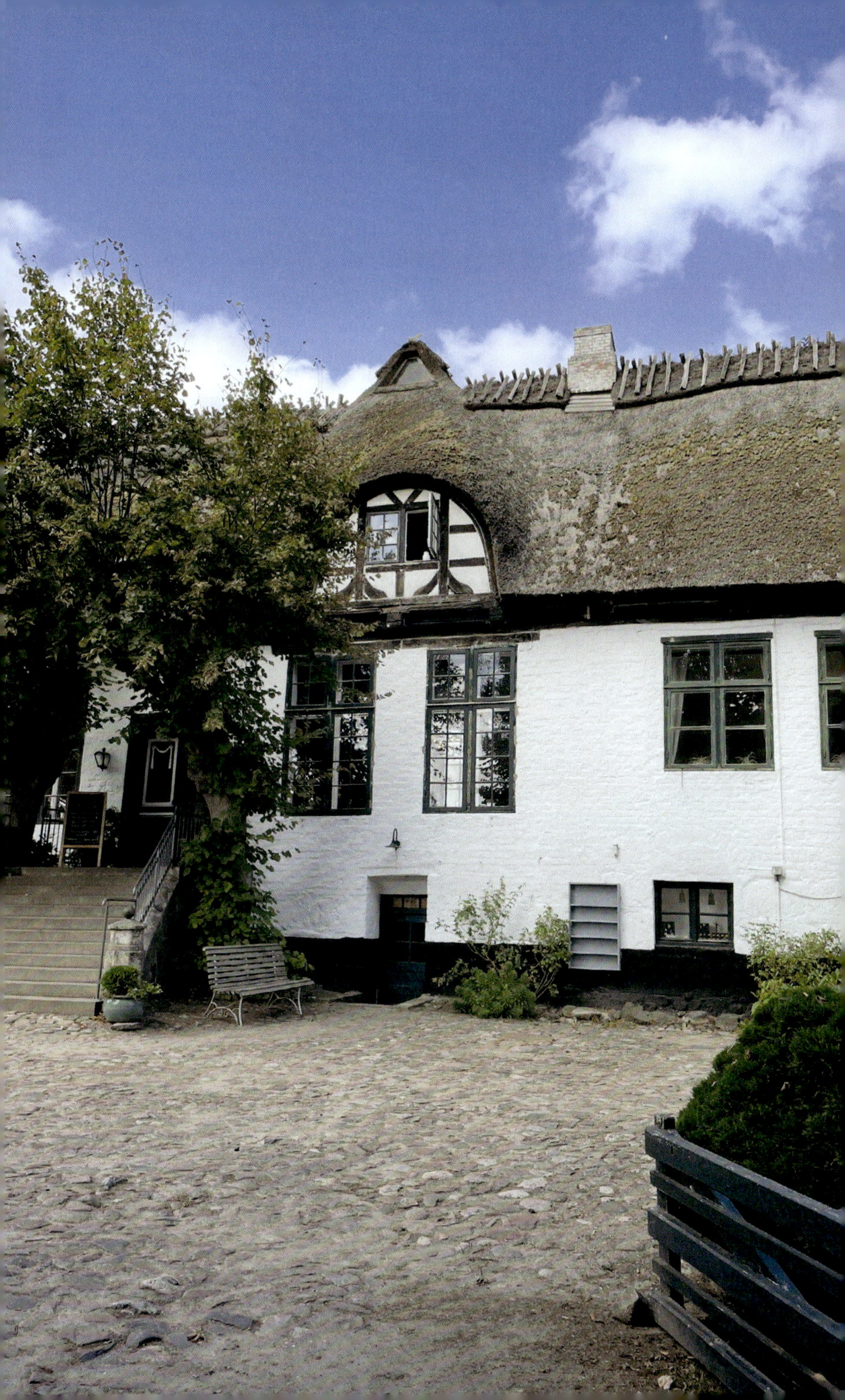

Für Glücksritter

13 Sneak-Preview im Passage Kino in Hamburg

Bei einer Sneak-Preview kauft man sich eine Kinokarte, aber welcher Film läuft, erfährt man erst, wenn die Vorstellung beginnt. Auf jeden Fall ist er noch nicht regulär im Kino angelaufen. Nicht einmal das Genre wird bekannt gegeben, von Comedy bis Horror kann alles dabei sein. Eine Sneak-Preview in besonderem Ambiente, die ausschließlich Filme in der Originalversion zeigt, ist die im Passage Kino in der Hamburger Innenstadt, einem der ältesten Filmtheater Deutschlands. Seit 1910 wurde das Kino mehrfach renoviert und umgebaut. Als die UFA das Haus in den 1970er-Jahren übernahm, wurde im Saal der Balkon geschlossen und in einen zweiten Kinosaal verwandelt – eine Umbaumaßnahme, die sich aufgrund von Neuerungen in der Projektionstechnik leider nicht mehr rückgängig machen lässt. Dennoch ist das Interieur dieses traditionsreichen Kinos immer noch wunderschön. Eine beeindruckende Marmortreppe, die ins obere Stockwerk führt, prägt das Foyer im Art-déco-Stil, wo noch viele bauliche Details aus der Eröffnungszeit erhalten sind.

Traditionsreich ist auch die Sneak Preview, die immer montags um 20:30 Uhr mit einem lustigen Rahmenprogramm beginnt. Unter anderem werden die Gäste mit Knabbereien versorgt, die in die johlende Menge geworfen werden, man kann Preise gewinnen, und es läuft die „Trailershow": mehrere Film-Trailer, die zusammen einen Hinweis darauf geben, welcher Film gleich laufen wird, sei es über einen gemeinsamen Darsteller, ein gemeinsames Thema oder Genre. Mit Glück kann man hier mehrere Monate vor Kinostart einen Blockbuster anschauen, ebenso gut kann es aber auch ein kultiger kleiner Independent-Film sein, den man sonst vielleicht nie zu sehen bekommen hätte. Die meisten Besucherinnen und Besucher der Sneak-Preview sind Stammgäste, die jedes Jahr ihre Dauerkarte erneuern, aber einen Teil der Tickets gibt es im freien Verkauf. Am besten nimmt man sich vorher noch etwas Zeit, um sich in den gemütlichen Ledersesseln im Foyer einen Drink zu gönnen. Und dann kann man nur noch sagen: Prost, auf einen spannenden Abend!

● Passage Kino, Mönckebergstraße 17, 20095 Hamburg, Tel. (0 40) 4 68 66 86 28
www.mysneak.de
● ÖPNV: U-Bahn U3, Haltestelle Rathaus;
Bus 3, 5, 19, Haltestelle Gerhart-Hauptmann-Platz

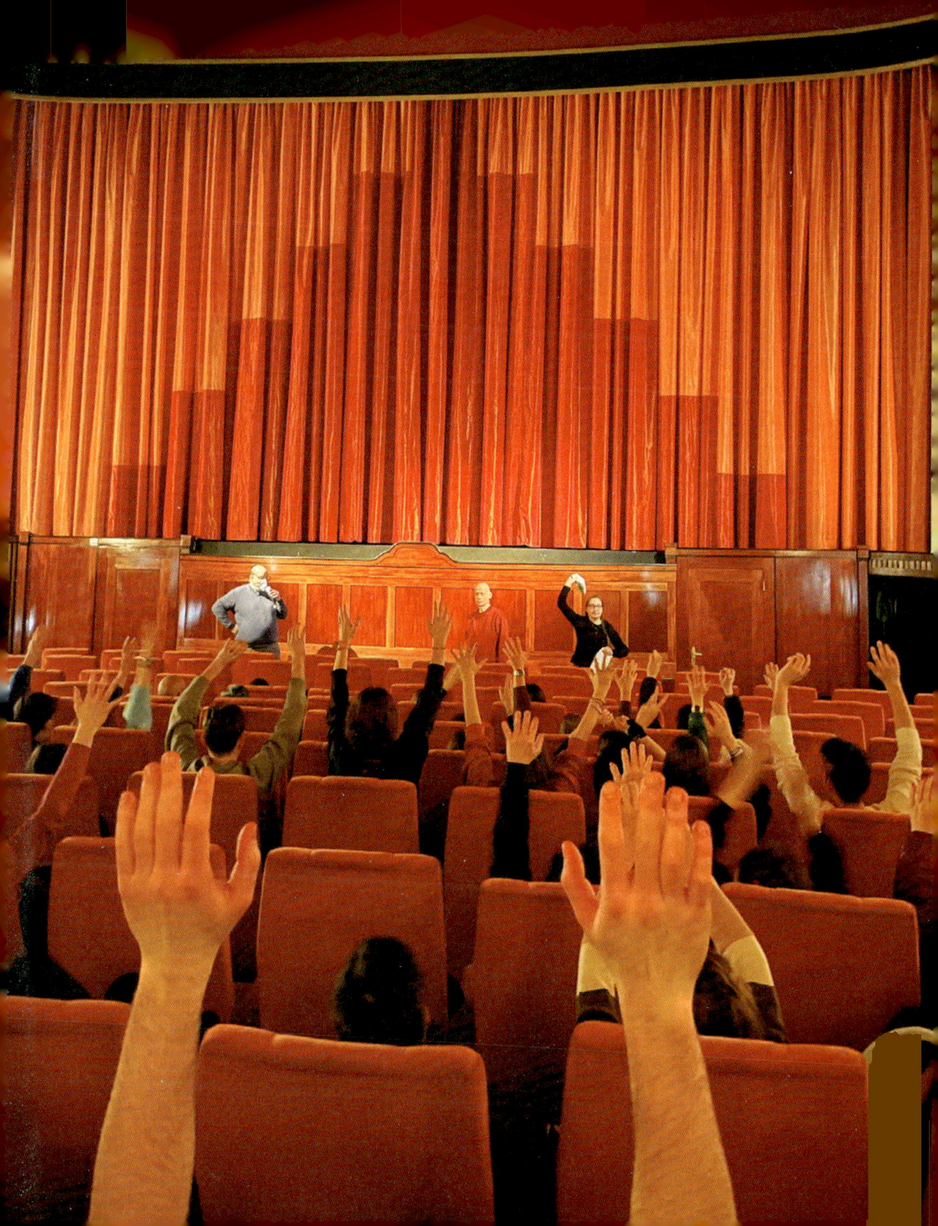

Bond im Schnee

14 Piz Gloria und Spy World auf dem Schilthorn

Das Schilthorn ist ein berühmter Aussichtsgipfel in der Region Jungfrau, dem höchstgelegenen Skigebiet im Berner Oberland. Hier auf 2970 Meter ü. M. befindet sich das Drehrestaurant Piz Gloria, und dieser Name lässt die Herzen von James-Bond-Fans höherschlagen: Hier hatte Blofeld, der Erzfeind von 007, im Bond-Abenteuer „Im Geheimdienst Ihrer Majestät" sein Hauptquartier. Von Oktober 1968 bis Mai 1969 fanden auf dem Schilthorn die Dreharbeiten mit George Lazenby, Telly Savalas und Diana Rigg statt.

Das Drehrestaurant auf dem Gipfel, das damals geradezu als futuristisch galt, und die Seilbahnstation waren gerade erst errichtet worden und durften von EON Productions nach deren Bedürfnissen umgestaltet werden. EON ließ auch einen ursprünglich gar nicht geplanten Helikopterlandeplatz anbauen, der heute als Aussichtsplattform dient. Den Namen Piz Gloria hatte sich 007-Schöpfer Ian Fleming ausgedacht, dessen Romanvorlage 1963 erschienen war. Nach Abschluss der Dreharbeiten behielten die Restaurantbetreiber den Namen kurzerhand bei, obwohl das rätoromanische Wort „Piz" für „Gipfel" eigentlich gar nicht ins Berner Oberland passt, und richtig: In Flemings Vorlage befindet sich Blofelds Hauptquartier im Oberengadin bei Pontresina. Der Drehmechanismus des Restaurants wird mit Sonnenenergie betrieben. Es dreht sich in etwas mehr als einer Dreiviertelstunde einmal um die eigene Achse, sodass alle Gäste die gleiche spektakuläre Aussicht genießen können.

Man kann auf dem Schilthorn aber nicht nur das Restaurant besuchen, sondern auch die Spy World, eine interaktive Ausstellung zu „Im Geheimdienst Ihrer Majestät", in der man viel Wissenswertes zur Produktion vor Ort erfährt. Die Besucher können das Originaldrehbuch bestaunen, in zeitgenössischen Presseberichten stöbern, erhalten jede Menge Hintergrundinformationen von Darstellern und Crewmitgliedern, und das Gehäuse einer ausgemusterten Alouette III der Air Glaciers lädt zum Flug im Hubschraubersimulator ein.

- Piz Gloria, Schilthorn, CH-3825 Mürren
  www.schilthorn.ch
- ÖPNV: Schilthornbahn, Haltestelle Schilthorn

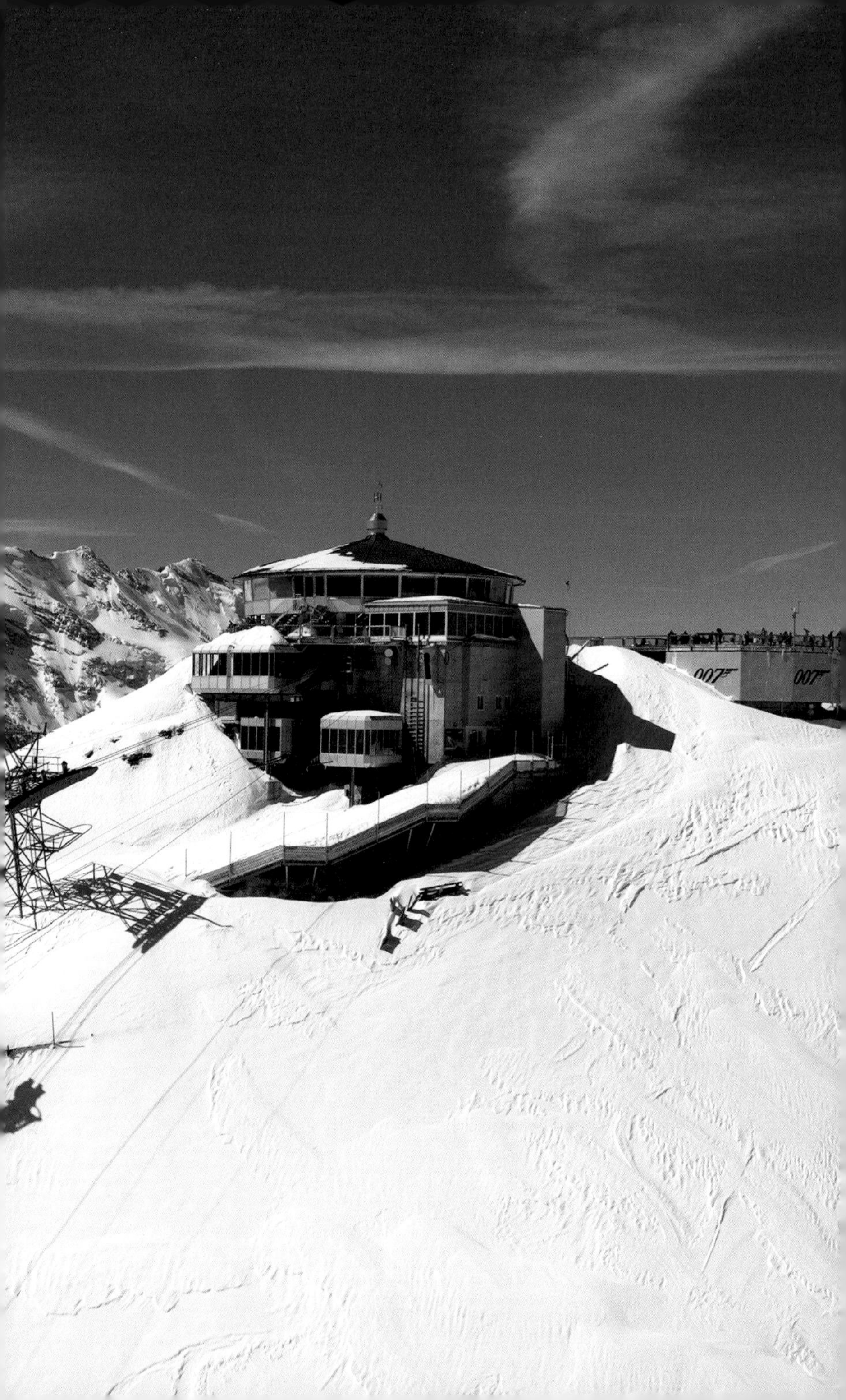
007
007

Protokollierte Welt

15

Die Duisburger Filmwoche

Dokumentarfilme gehören zu den interessantesten Genres, denn anders als fiktive Geschichten erzählen sie auf spannende Art und Weise von der Realität, in der wir leben, und öffnen Fenster zu fremden Biografien, anderen Kulturen und faszinierenden Landschaften. Gleichzeitig haben es Dokumentationen beim Publikum oft besonders schwer. Zumindest erlebt man nur selten, dass eine Dokumentation zum echten Kassenschlager und Kultfilm wird. Auch darum ist die seit 1978 jährlich stattfindende Duisburger Filmwoche ein ganz besonderer Termin, bei dem sich eine Woche lang alles um den Dokumentarfilm dreht. Das Programm entführt in alle Welt und in sämtliche Themen: ein sowjetischer Kurort auf einer Uranmine. Ein Auswanderer aus dem Ruhrpott im ländlichen Japan. Handelsmessen in der senegalesischen Hauptstadt. Oder fünf ungewöhnliche Lebensträume in Armenien. All das waren Themen im Programm des 46. Festivals im November 2022.

Deutschlands ältestes kommunales Kino, das Filmforum Duisburg, gründete das Festival 1977 und versah es mit einem kleinen Kniff: Die Filme sollten nicht nur gezeigt, sondern auch besprochen werden. Seitdem folgt jedem Film eine rund einstündige Gesprächsrunde, in der das Publikum mit den Machern und Beteiligten der Filme diskutieren kann. Diese Gespräche werden protokolliert und die Protokolle selbst zu einem Teil des Festivals, denn sie werden meistens schon am nächsten Tag unter den Besuchern verteilt und sollen so zu Diskussionen zwischen den Filmvorführungen anregen. Diese „Duisburger Protokolle" machen aus einem Festival ein Diskussionsforum, bei dem sich jeder Besucher einbringen kann und soll. Gerade dieser breite Ansatz über die Filme hinaus zur Debatte und Diskussion macht die Duisburger Filmwoche zum idealen Spielplatz für Filmschaffende, Dokumentarfilmer und Filmfreunde, die besonders tief in die filmisch dokumentierte Welt eintauchen wollen.

TIPP

Seit 2011 werden die Duisburger Protokolle digital auf der Seite www.protokult.de veröffentlicht – eine faszinierende Lektüre!

● Filmforum Duisburg, Dellplatz 16, 47051 Duisburg
www.duisburger-filmwoche.de

● ÖPNV: U-Bahn U79, Tram 903, Haltestelle Steinsche Gasse; Bus 926, 926E, 928, 929, Haltestelle Friedrich-Wilhelm-Platz

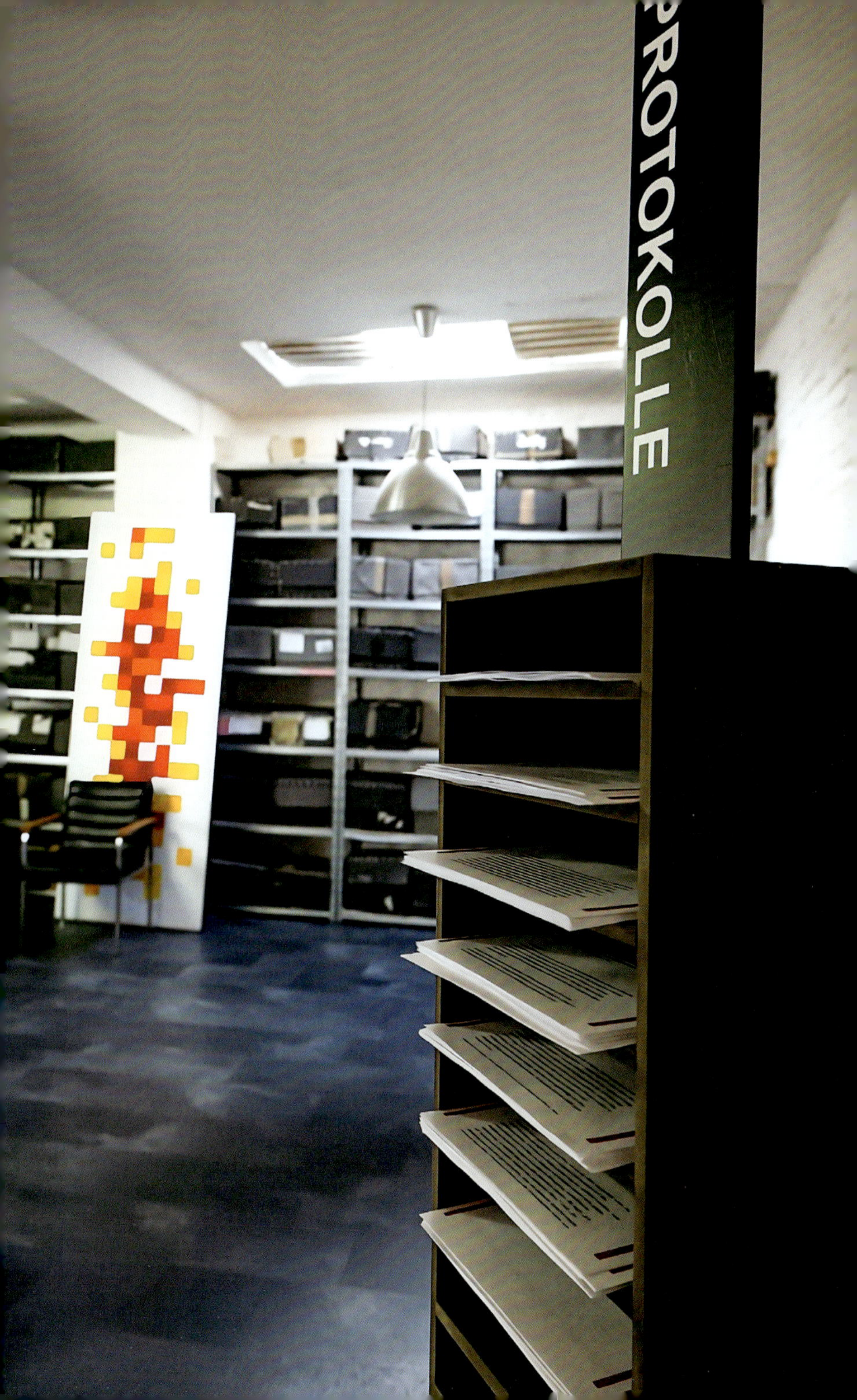
PROTOKOLLE

Kino im Casino

16 Die Cinémathèque suisse in Lausanne

Mit 85.000 Filmen, 2,5 Millionen Fotografien und 500.000 Plakaten ist die 1948 gegründete Cinémathèque suisse eines der bedeutendsten Filmarchive der Welt. Sie bezeichnet sich selbst als „audiovisuelles Gedächtnis der Schweiz", und das ist nicht übertrieben: Filmaufnahmen aller Genres, vom Spielfilm über die Wochenschau bis zum Amateurfilm, sammelt das Archiv. Doch nicht nur Schweizer Filme werden in der Cinémathèque in Penthaz (Kanton Waadt) archiviert, sondern auch ausländische Produktionen, wenn sie von Bedeutung für die Geschichte des bewegten Bildes in der Schweiz sind. Das Schweizer Filmarchiv pflegt eine enge Beziehung zur Universität Lausanne und verfügt über mehrere Lesesäle und einen eigenen Vorführsaal. Es ist zugleich ein Museum, das filmische Erzeugnisse restauriert und bewahrt, und ein Forschungszentrum zur Filmkunst. Mehr als 100 Mitarbeiter sind für das Archiv tätig.

Neben ihren musealen und wissenschaftlichen Aufgaben widmet sich die Cinémathèque suisse aber auch der aktiven Vermittlung dessen, was sie archiviert und erforscht, und dies in Form von täglichen Kinovorführungen. Diese finden im Salle Paderewski und Salle Cinématographe im Casino de Montbenon statt, einem 1908 eröffneten Kultur- und Begegnungszentrum im Stadtkern von Lausanne mit Blick auf die Berge und den Genfersee. Für Galaabende und spezielle Premieren wird das Capitole angemietet, das 1928 eröffnet wurde und über den mit 869 Plätzen größten Kinosaal der Schweiz verfügt. Das öffentliche Programm der Cinémathèque suisse ist extrem vielfältig. Internationale Arthouse-Filme werden genauso gezeigt wie fast vergessene Meisterwerke, moderne Klassiker und kultige Genrestreifen aus aller Herren Länder. Die Vorstellungen laufen stets im Original, ggf. mit französischen Untertiteln. Hin und wieder bespielt das Filmarchiv auch Kinos in anderen Schweizer Städten, zum Beispiel das Zürcher Filmpodium. In den meisten Fällen bekommt man auf diese Weise Filme zu sehen, die man so gut wie nie auf der großen Leinwand genießen kann.

● Casino de Montbenon, Allée Ernest-Ansermet 3, CH-1003 Lausanne
www.cinematheque.ch
● ÖPNV: U-Bahn M1, M2, Haltestelle Lausanne-Flon;
Bus 12, 13, Haltestelle Montbenon

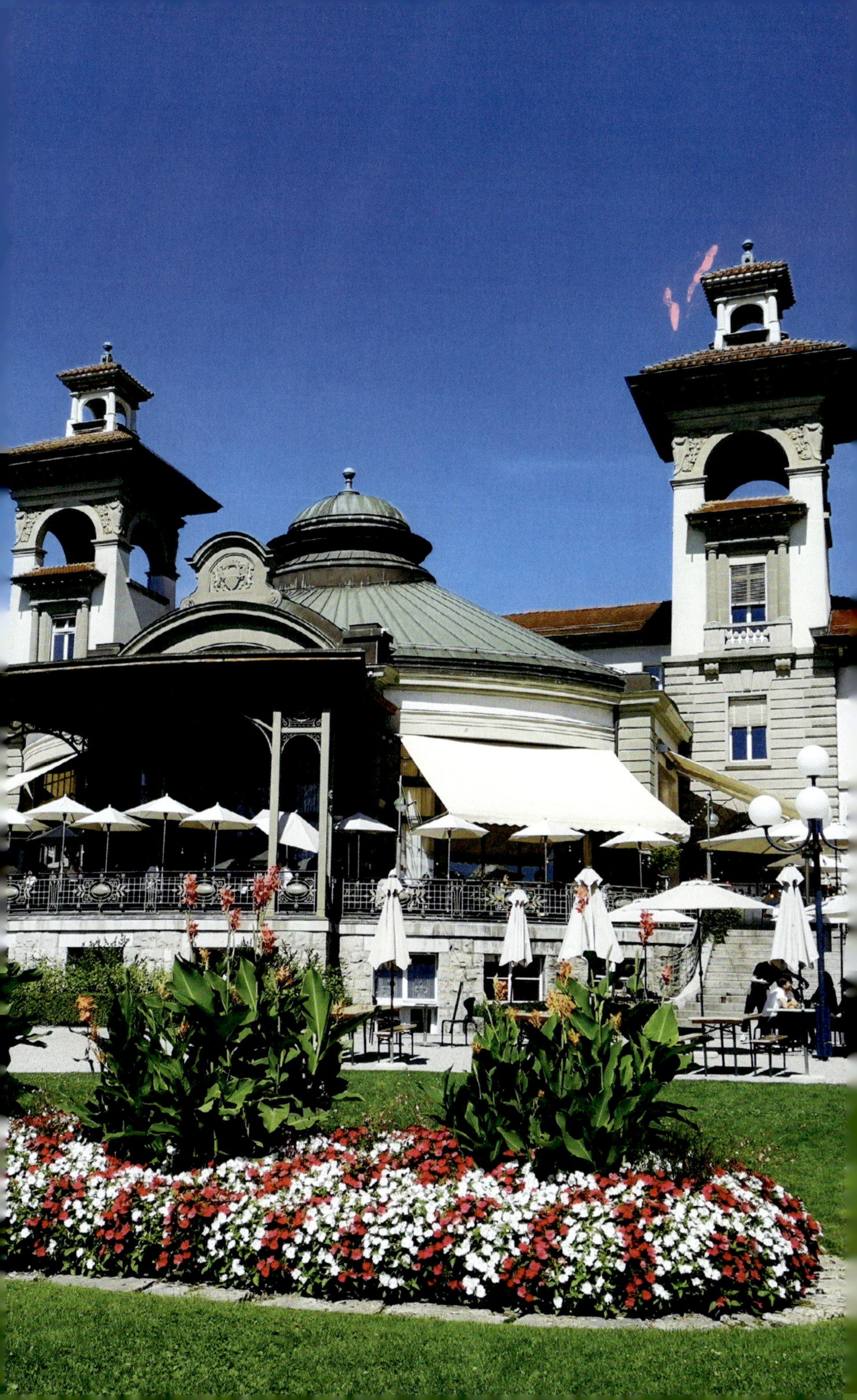

Winnetou und Nasenmann

17 Die Westernstadt Elspe

Das Elspe Festival im gleichnamigen Ortsteil von Lennestadt ist eine der größten Attraktionen des Sauerlands. 180.000 Besucher pro Jahr sehen sich die Freiluft-Inszenierungen der klassischen Wildwest-Stoffe von Karl May an. 1957 wurden die Festspiele eröffnet, um den 20 Jahre älteren Karl-May-Spielen Bad Segeberg Konkurrenz zu machen, und das Konzept ging auf – wohlgemerkt noch bevor Winnetou, Old Shatterhand & Co. zu Leinwandhelden avancierten.

Seit Ende der 1950er-Jahre werden im Wechsel acht Stücke frei nach Karl May aufgeführt, die alle zwischen 1962 und 1968 mit Pierre Brice in der Hauptrolle verfilmt wurden, von „Der Schatz im Silbersee" bis „Im Tal des Todes". Dass es den Organisatoren von Elspe gelang, Brice persönlich ab 1978 für ein paar Jahre als Winnetou-Darsteller zu rekrutieren, war ein echter Coup! Als er 1980 in „Winnetou III" auftrat, kamen über 400.000 Besucher – ein Rekord, der erst 2022 in Bad Segeberg gebrochen wurde, als Alexander Klaws in „Der Ölprinz" Winnetou spielte. In Elspe tritt seit 2012 Jean-Marc Birkholz („Verliebt in Berlin") als Apachenhäuptling auf.

Einer der großen Unterschiede zwischen Elspe und Bad Segeberg ist, dass die hiesige Wildwest-Kulissenstadt nicht jedes Jahr neu aufgebaut wird, sondern ein fester Bestandteil des 120.000 Quadratmeter großen Festivalgeländes ist, wie auch weitere Westernbauten, eine Wildwest-Eisenbahn und eine Festivalhalle. Das kam Helge Schneider gerade recht, als er 1993 hier zusammen mit Ralf Huettner „Texas – Doc Snyder hält die Welt in Atem" drehte, mit Andreas Kunze und Schneiders Bandkollege Peter Thoms als Doc Snyders Widersacher, dem „Nasenmann". Der legendäre Kultfilm entstand komplett in der Westernstadt sowie in der Landschaft und den Wäldern um das Festivalgelände herum. Alle Stunts wurden von Darstellern der Karl-May-Festspiele ausgeführt, und sogar Helmut Körschgen, der in Schneiders nächstem Film, „00 Schneider – Jagd auf Nihil Baxter", groß rauskommen sollte, entdeckte der Allround-Künstler in Elspe: Er war als Parkwächter beim Festival tätig.

- Elspe Festival, Zur Naturbühne 1, 57368 Lennestadt, Tel. (0 27 21) 9 44 40
www.elspe.de
- ÖPNV: ab Lennestadt-Grevenbrück Bus R68, Haltestelle Elspe Freilichtbühne

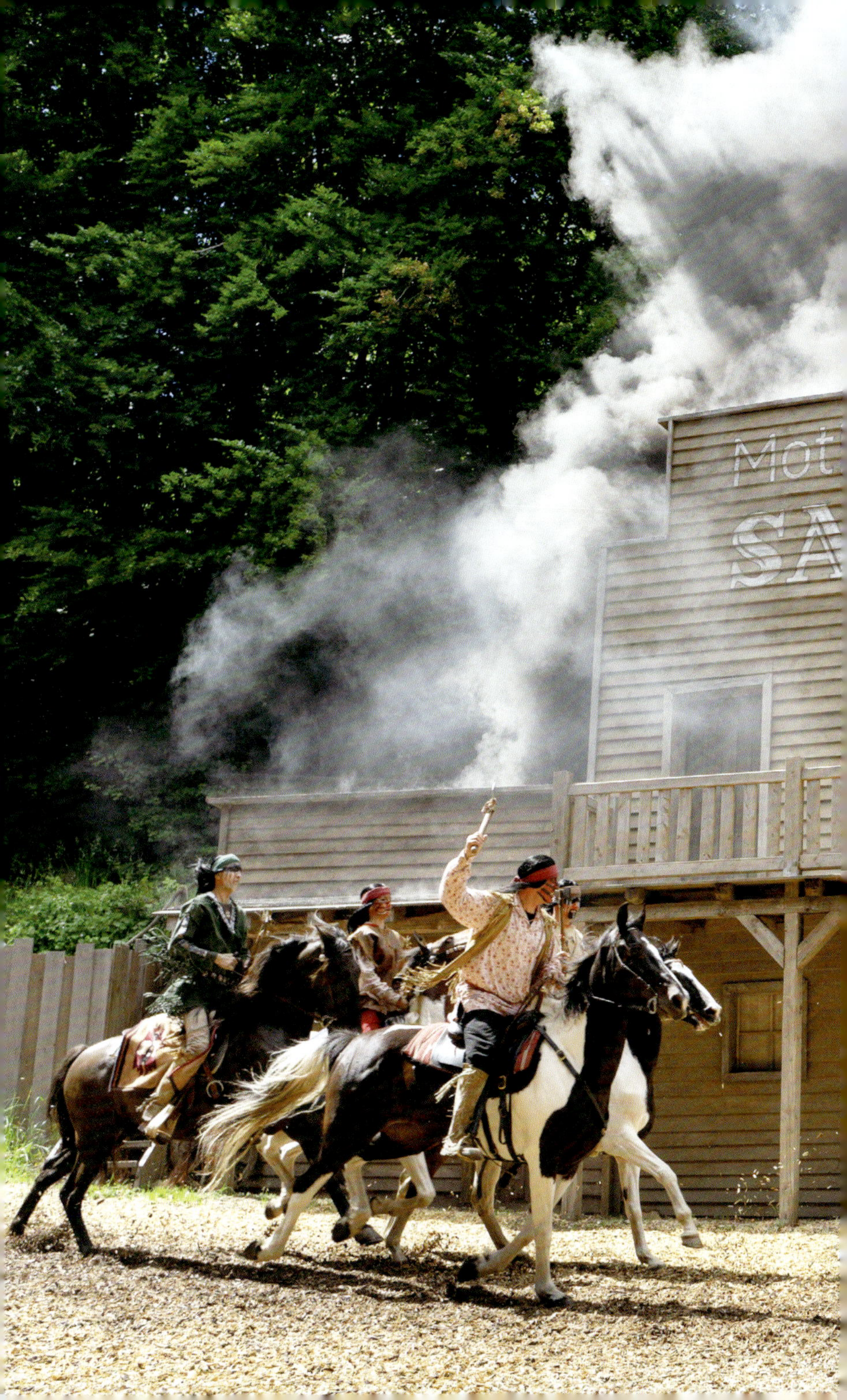
Mot
SA

Der Pferd heißt Horst!

18 „Bang Boom Bang" im UCI Bochum

„Ist – der – geil?!" Sobald Ralf Richter alias Kalle Grabowski in Großaufnahme auf der Leinwand zu sehen ist und diese Worte spricht, wissen Fans, was die Stunde geschlagen hat. Es folgt ein minutenlanger Monolog, der uns verrät, dass Kalle im Knast sitzt und draußen einen Kumpel mit Namen Keek hat, der ihm geholfen hat, eine Bank zu überfallen, und seitdem das Geld verwahrt, das sie damals zusammen erbeutet haben. Dumm nur, dass Keek (Oliver Korittke) schon fast alles ausgegeben hat und ihm den „geilen" Mercedes 500 SEC gar nicht mehr legal besorgen kann. Das ist der Ausgangspunkt für eine irrwitzige Handlung.

„Bang Boom Bang – Ein todsicheres Ding", der Debütfilm von Peter Thorwarth und Teil 1 seiner „Unna-Trilogie", ist eine bitterböse, blutige Ruhrpott-Komödie. Ein Meisterwerk des deutschen Films mit deutlichen Anleihen an Quentin Tarantino, aber doch mit einem sehr eigenen Stil. Und es ist der letzte Film, in dem Diether Krebs mitspielte, der im Jahr darauf verstarb und sich hier als krimineller Speditionsbesitzer ein echtes Denkmal gesetzt hat. Zwar war „Bang Boom Bang", als er 1999 in die Kinos kam, mit 455.000 Zuschauern nicht gerade ein Blockbuster (zum Vergleich: „Sonnenallee", der im selben Jahr herauskam, zählte mehr als fünfmal so viele Besucher). Aber für ein deutsches Debüt war es durchaus ein Achtungserfolg. Und der Film war der Startschuss für die Karriere von Regisseur Peter Torwarth, der 22 Jahre später mit dem Horrorthriller „Blood Red Sky" den meistgesehenen deutschen Film aller Zeiten drehen sollte. Aber „Bang Boom Bang" hat noch eine weitere Besonderheit: Man kann ihn nach wie vor im Kino sehen. Seit seiner Premiere am 26. August 1999 läuft er nämlich jede Woche im UCI im Ruhr Park in Bochum – eine wunderbare Gelegenheit, den Kultfilm gemeinsam mit einem Haufen Gleichgesinnter endlich einmal wieder (oder zum ersten Mal) auf der großen Leinwand zu genießen.

TIPP

Der Podcast „Eine Minute Hardcore" analysiert jede Minute des Films, mitsamt Interviews mit Regisseur, Darstellern und Crew.

- UCI Bochum, Am Einkaufszentrum (Ruhr Park), 44791 Bochum
  www.uci-kinowelt.de/kinoinformation/bochum-ruhr-park/46
- ÖPNV: Bus 336, 339, 358, 364, 366, 368, 379, 395, Haltestelle Ruhr Park/UCI

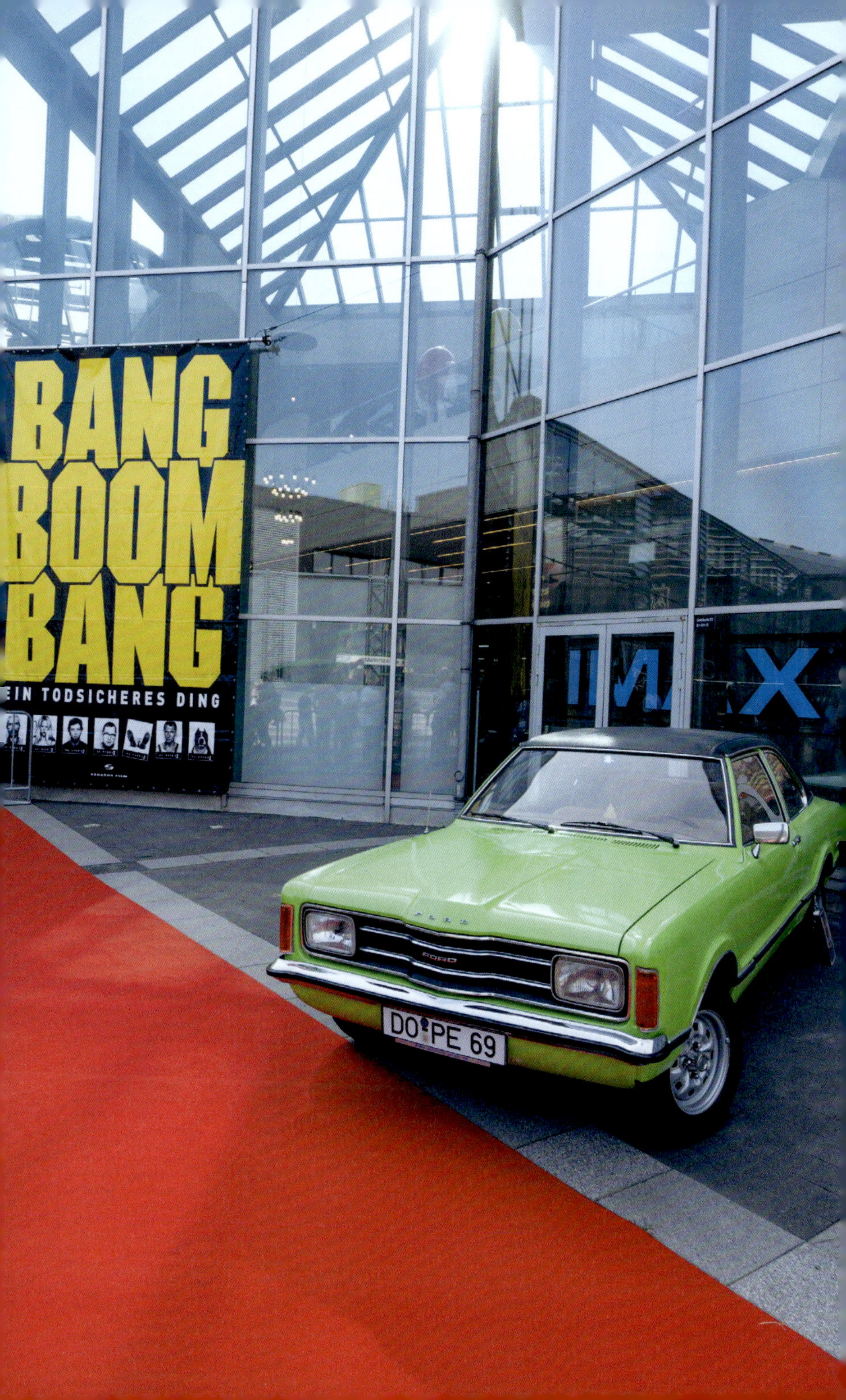
BANG
BOOM
BANG
EIN TODSICHERES DING
DO PE 69

Der Tramp lässt grüßen

19 Chaplin's World in Corsier-sur-Vevey

Der kleine Mann mit Melone, Bambusstock und Schnauzbärtchen ist die berühmteste Figur der Filmgeschichte: Als „Tramp" wurde Charlie Chaplin (1889–1977) bekannt, nachdem der Theaterschauspieler Anfang der 1910er-Jahre von England in die USA übergesiedelt und für den Film entdeckt worden war. In Hollywood gründete er 1919 mit einigen Kollegen die Filmgesellschaft United Artists, die Filmschaffenden mehr Kontrolle über ihre Werke geben sollte. Seine berühmtesten Werke entstanden in Hollywood, doch als er Ende 1952 seine Geburtsstadt London besuchte, war es eine Reise ohne Wiederkehr: Chaplin wurde „antiamerikanischer Umtriebe" verdächtigt und verzichtete auf eine Rückkehr in die USA. Er war das prominenteste Opfer der antikommunistischen Hexenjagd der McCarthy-Ära. Seine neue Wahlheimat war – aus steuerlichen und gesundheitlichen Gründen – die Schweiz, wo er das Landhaus Manoir de Ban am Ufer des Genfersees erwarb. Hier lebte Chaplin bis zu seinem Tod im Dezember 1977.

Gemeinsam mit Chaplins Erben planten der kanadische Museumsmacher Yves Durand und der Schweizer Architekt Philippe Meylan Anfang der 2000er-Jahre, in der leer stehenden Villa ein Chaplin-Museum einzurichten. Mithilfe eines Millionenkredits vom Kanton Waadt und diversen Investoren nahm die Idee im Laufe von anderthalb Jahrzehnten immer mehr Gestalt an, bis es im April 2016 endlich so weit war: An Chaplins 127. Geburtstag am 16. April wurde das Museum eröffnet.

Die Dauerausstellung umfasst zahlreiche Exponate aus Chaplins filmischem Schaffen und seinem Privatleben. Man kann unter anderem ein originales „Tramp"-Kostüm bestaunen und den Ehren-Oscar, den er 1972 erhielt. Im „Studio" taucht man ein in die faszinierende Welt des Stummfilms, und immer wieder begegnet man dem Meister „persönlich": 30 Wachsfiguren von Chaplin und Personen aus seinem Umfeld haben die Macher des Musée Grévin in Paris für Chaplin's World angefertigt. Daneben gibt es Sonderausstellungen und Filmvorführungen. Und für das leibliche Wohl sorgt ein Café, das natürlich wie heißt? „The Tramp".

- Chaplin's World, Route de Fenil 2, CH-1804 Corsier sur Vevey, Tel. +41 (8 42) 42 24 22, www.chaplinsworld.com
- ÖPNV: ab Bahnhof Vevey Bus 212, Haltestelle Chaplin

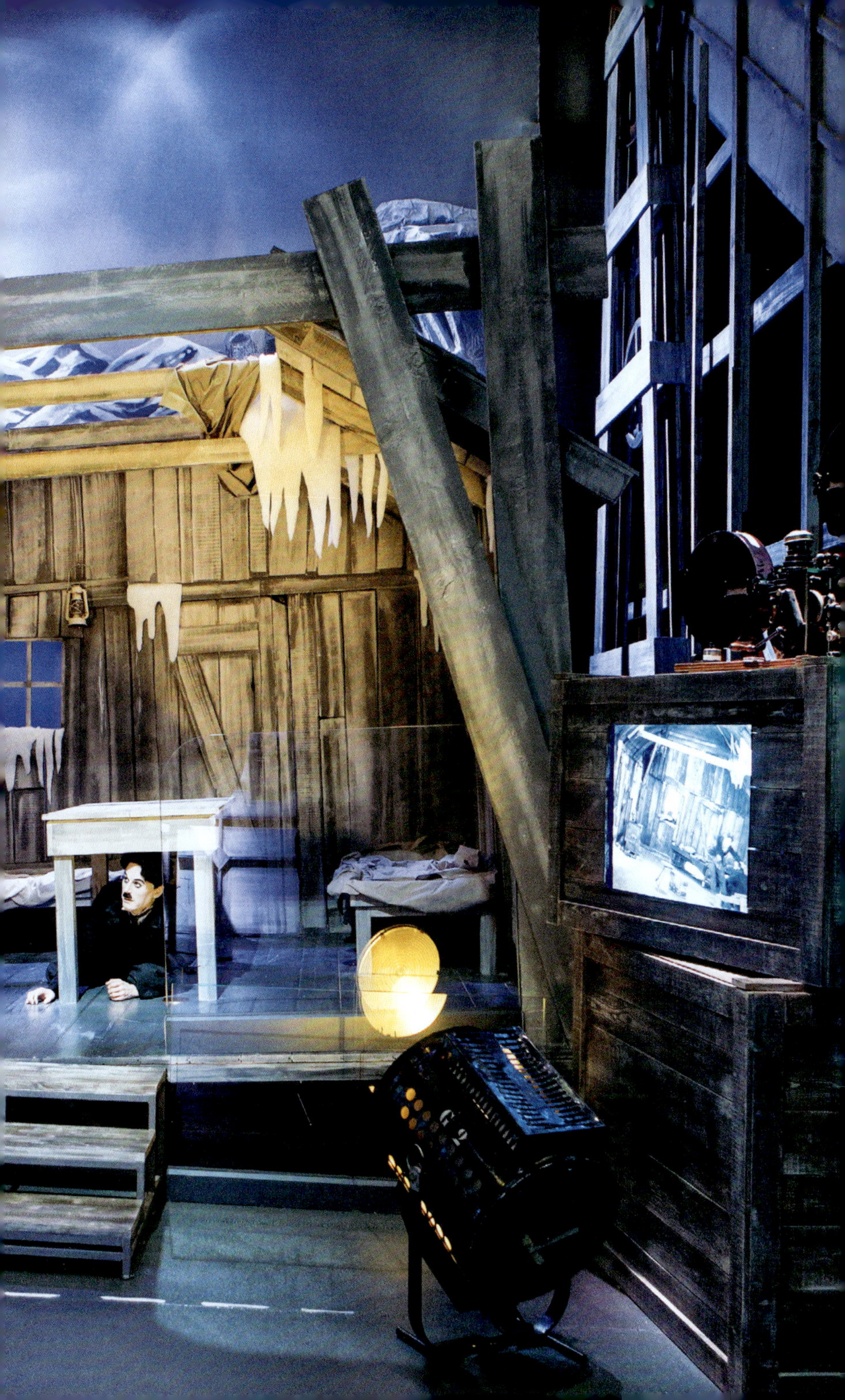

Zeitreise in die Fünfziger

20 Das Holi Kino in Hamburg

Mitte des 20. Jahrhunderts gab es in Hamburg mehr als 200 Kinos. Von den großen Häusern mit Hunderten Sitzplätzen, die damals in der Hansestadt den roten Teppich ausrollten, wenn die Stars zur Premiere kamen, haben nur drei überlebt: das Passage Kino (Glücksort 13), das Savoy (Glücksort 59) und das Holi. Von diesen drei Filmtheatern ist das letztere das jüngste, aber dafür wartet es mit einer ganz einzigartigen Besonderheit auf.

Das Holi wurde 1950/51 von den Architekten Eberhard Kraft und Hermann Fehling entworfen und im Innenhof eines zerbombten Wohnblocks gebaut. Fehling, der hier noch am Anfang seiner Karriere stand, zeichnete später für so bekannte Bauten wie das Studentendorf Schlachtensee und die Paul-Gerhardt-Kirche in Schöneberg verantwortlich. 1965 wurde er mit dem Berliner Kunstpreis ausgezeichnet.

Der seltsame Name des Kinos ist natürlich eine Abkürzung, für die eine weitere Ikone der Stadtarchitektur Pate stand. Betreiber Johannes Betzel betrieb am Glockengießerwall das Bali, die Abkürzung für „Bahnhofs-Lichtspiele". Da sich schräg gegenüber von seinem neuen Filmtheater die berühmten Grindelhochhäuser befanden, nannte er es Holi – „Hochhaus-Lichtspiele". Als es Ende 1951 mit dem Film „Im Dutzend billiger" mit Myrna Loy feierlich eröffnet wurde, besaß das Kino 800 Sitze – damals musste man mit wesentlich weniger Platz vorliebnehmen. Heute hat der große Saal im Holi knapp 400 bequeme Sessel. Das Fünfziger-Flair hat sich das Holi aber trotz mehrerer Umbauten über all die Jahre sehr schön bewahrt.

Zu diesem Flair trägt auch der berühmte Vorhang bei, den der Künstler Friedrich Schwiek zur Eröffnung für das Kino gestaltete und der stilisierte ikonische Motive aus Hamburg wie die Landungsbrücken und das Chilehaus zeigt. Der Vorhangstoff ist bemalt und mit Glassteinen, Pailletten und Metallfolie versehen. In den 1990er-Jahren wurde er für umgerechnet 35.000 Euro restauriert, seither steht er unter Denkmalschutz. So hat man schon etwas zu gucken, bevor das Licht im Saal erlischt!

- Holi Kino, Schlankreye 69, 20144 Hamburg, Tel. (0 40) 80 80 69 69
  www.cinemaxx.de/kinoprogramm/hamburg-holi
- ÖPNV: U-Bahn U3, Bus 5, Haltestelle U Hoheluftbrücke

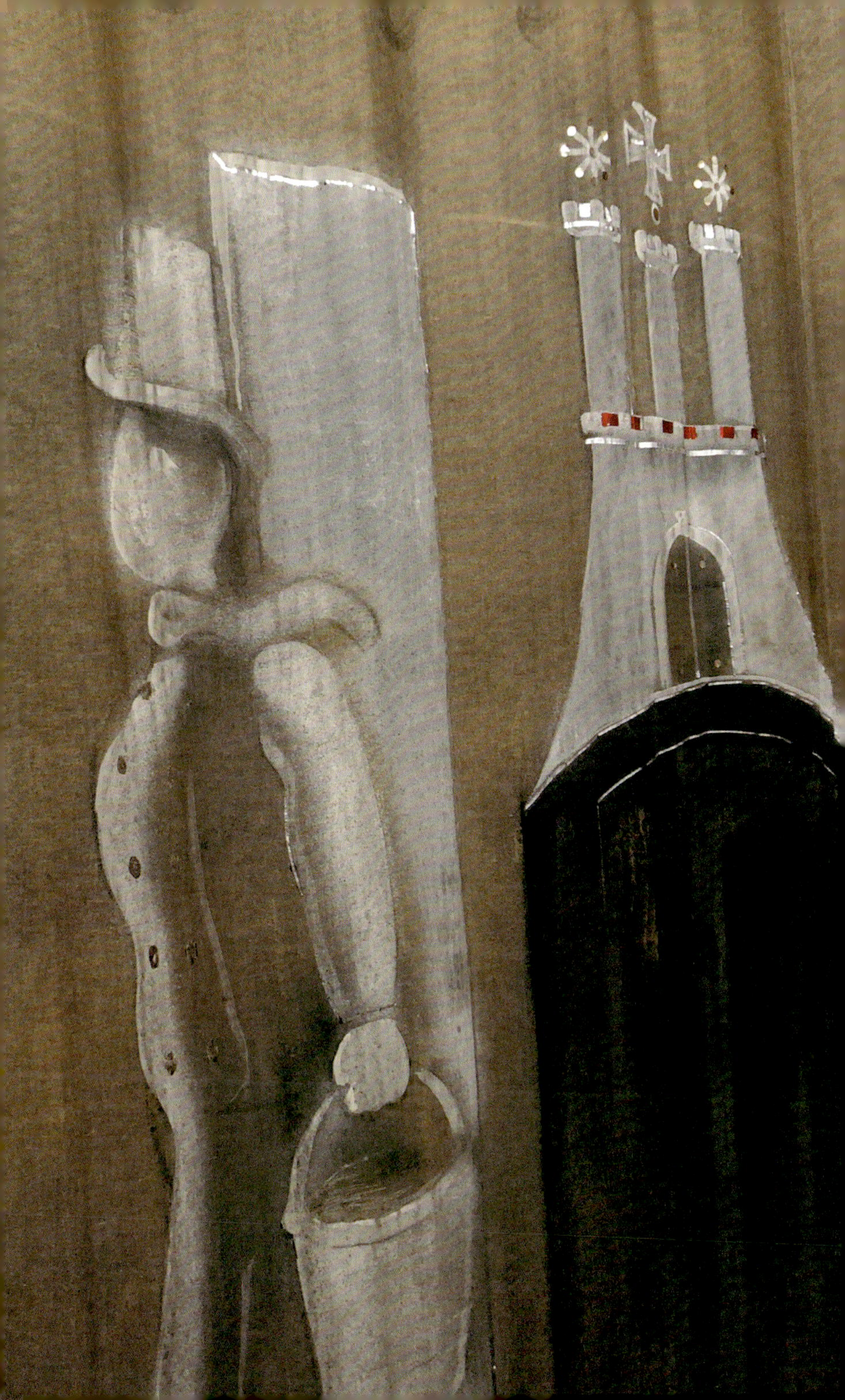

Kurze für die Kurzen

21 KuKi – Junges Kurzfilmfestival in Berlin

Kurzfilme waren schon immer ein ganz spezielles Genre, Kurzfilme für Kinder und Jugendliche sind es umso mehr. Dabei steckt im Kurzfilm ein ganz besonderes Potenzial, wie die Macher vom KuKi, dem Jungen Kurzfilmfestival in Berlin, finden: „Während so viele Filme nach dem immer gleichen Muster gemacht werden, findet der Kurzfilm neue Wege, facettenreich und unerschrocken Geschichten zu erzählen." Geschichten, die nur wenig Platz haben, sich zu entfalten, können besonders eindringlich sein, und oft regen sie besonders zum Nachdenken an, wenn zum Beispiel bei einem Kurzfilm das Ende offen bleibt. Außerdem kommt die filmische Kurzform gerade jungen Kinozuschauern entgegen, die mitunter keine so große Aufmerksamkeitsspanne haben wie Erwachsene.

Seit 2008 gibt es das KuKi schon. Das Festival zeigt internationale Kurzfilme mit einer Länge von bis zu 20 Minuten für Kinder aller Altersstufen. Dazu wird das Programm in verschiedene Sektionen eingeteilt, die sich jeweils an bestimmte Altersgruppen richten (ab 4, ab 6, ab 8, ab 10 Jahren). Alle Spielarten des Kurzfilms sind vertreten: lustige, spannende, traurige, mitreißende, witzige Filme, Live-Action genau wie Trickfilm, kurze Dokus und Minidramen. Daneben gibt es programmatische Schwerpunkte wie Umwelt, Dokumentarfilme oder Girls*Riot. Rund 800 Einreichungen aus dem In- und Ausland gibt es jedes Jahr. Wie bei einem Filmfestival üblich, werden die Filme in der Originalsprache gezeigt. Das Besondere bei den fremdsprachigen Kurzfilmen: Die, die sich an Jugendliche richten, laufen mit deutschen Untertiteln, aber bei denen, die für die jüngeren Zuschauer gedacht sind, wird die Übersetzung während der Vorstellung live eingesprochen. Zusätzlich gibt es ein englisches, ein französisches und ein spanisches Sprachprogramm für Jugendliche ab 14 Jahren. Kostenlose Workshops, bei denen Jugendliche bestimmte Programme der Festival-Sektionen zusammenstellen, und ein Medienbildungsworkshop für Lehrkräfte runden das Programm ab.

● Filmtheater am Friedrichshain (zentrales Festivalkino), Bötzowstraße 1–5, 10407 Berlin, www.interfilm.de/kuki-festival-2022
● ÖPNV: Bus 200, Haltestelle Bötzowstraße

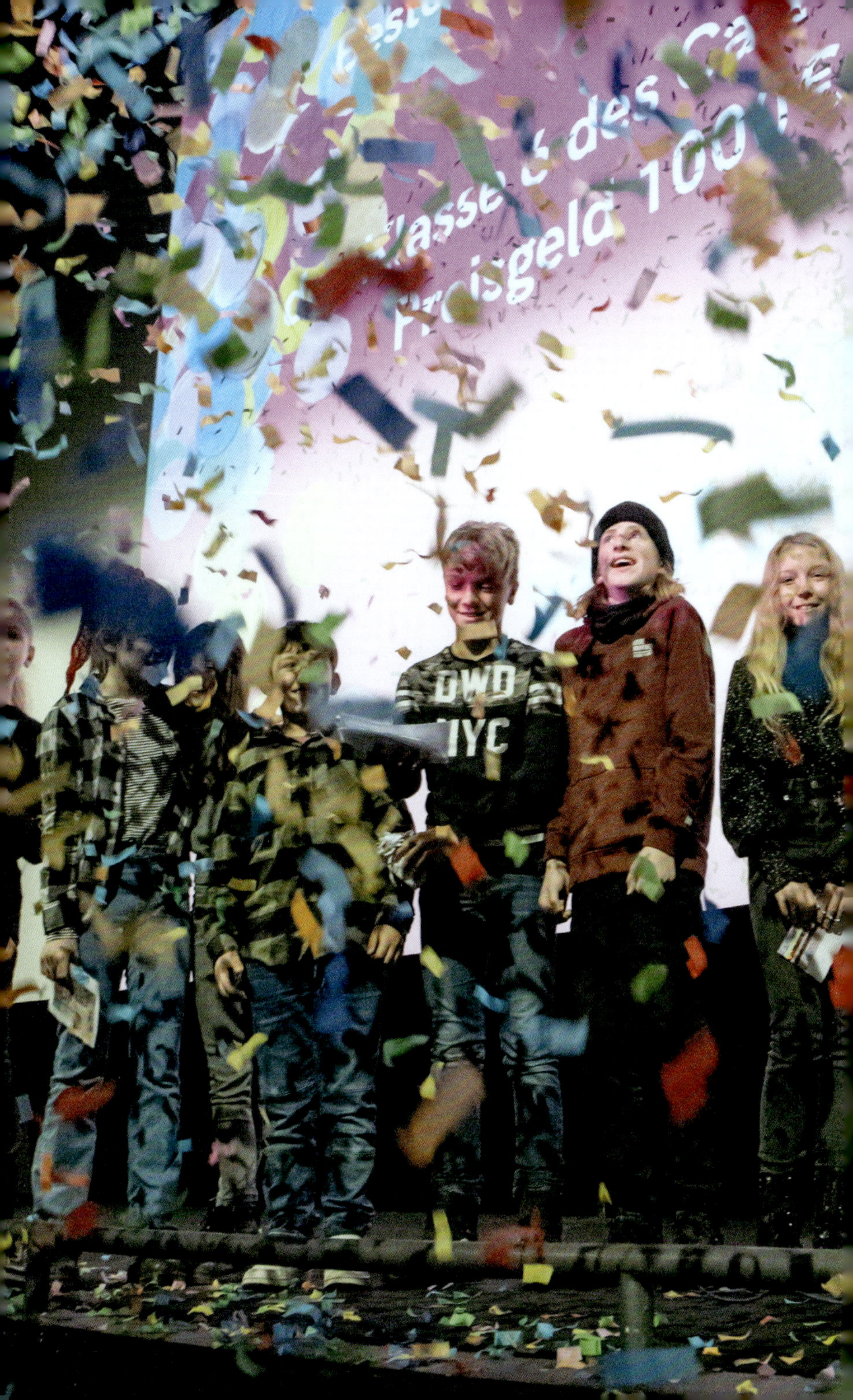

Bei Sissi zu Hause

22 Schloss Fuschl im Salzkammergut

Kaiserin Elisabeth von Österreich mag am 24. Dezember 1837 geboren worden sein, doch der 21. Dezember 1955 ist und bleibt die Geburtsstunde von „Sissi". An diesem Tag hatte der Auftakt zur erfolgreichsten Heimatfilmreihe aller Zeiten (heute noch finden die Filme im TV regelmäßig Millionen Zuschauer) seine Uraufführung in Wien und machte die damals 17-jährige Romy Schneider über Nacht zum Star und zu einer Kinolegende. Und es gibt vermutlich keinen größeren Fan von Kaiserin Sissi als ihren treuen Adjutanten Oberst Böckl – zumindest in der Filmtrilogie, die seither das deutschsprachige Publikum verzaubert. Doch wenn Böckl in „Sissi: Die junge Kaiserin" mit einem freudigen Blick auf Sissis Zuhause, das malerisch am Seeufer gelegene Schloss Possenhofen, begeistert ausruft: „So hab ich mir das Schloss vorgestellt, in dem unsere Kaiserin aufgewachsen ist. Genau so", dann flunkert er ein bisschen. Denn als Regisseur Ernst Marischka und sein Team 1955 einen Drehort für Sissis Zuhause suchten, stand das echte Schloss Possenhofen recht heruntergekommen und wenig fotogen am Seeufer herum. Also wich man ins nahe Salzkammergut aus. Dort steht am Fuschlsee das deutlich attraktivere Schloss Fuschl, das in allen drei „Sissi"-Filmen als heimatlicher Anker der jungen Kaiserin mit Mami und Papi als heile Welt fungiert.

Schloss Fuschl wurde um 1461 als Jagdschloss errichtet und schon 1947, also noch vor den Dreharbeiten, zu einem Hotel umgebaut. Nachdem es dank der „Sissi"-Filme zu Ruhm gelangt war, wurde es 1958 nach und nach in ein Edelhotel umgebaut, das in den folgenden Jahrzehnten zahlreiche Stars und einflussreiche Leute empfing, von Marlene Dietrich, Arnold Schwarzenegger und Senta Berger bis hin zu nahezu allen Adelsvertretern der Welt – sogar Könige sonnen sich halt gerne mal im Glanz der Kaiserin. Das echte Schloss Possenhofen ist heute eine öffentlich nicht zugängliche Wohnanlage. Schloss Fuschl hingegen dient als 5-Sterne-Hotel mit Resort und Spa, in dem man für einen fürstlichen Preis auch einmal selbst in Sissis Zuhause träumen darf.

● Schloss Fuschl, Schlossstraße 19, A-5322 Hof bei Salzburg

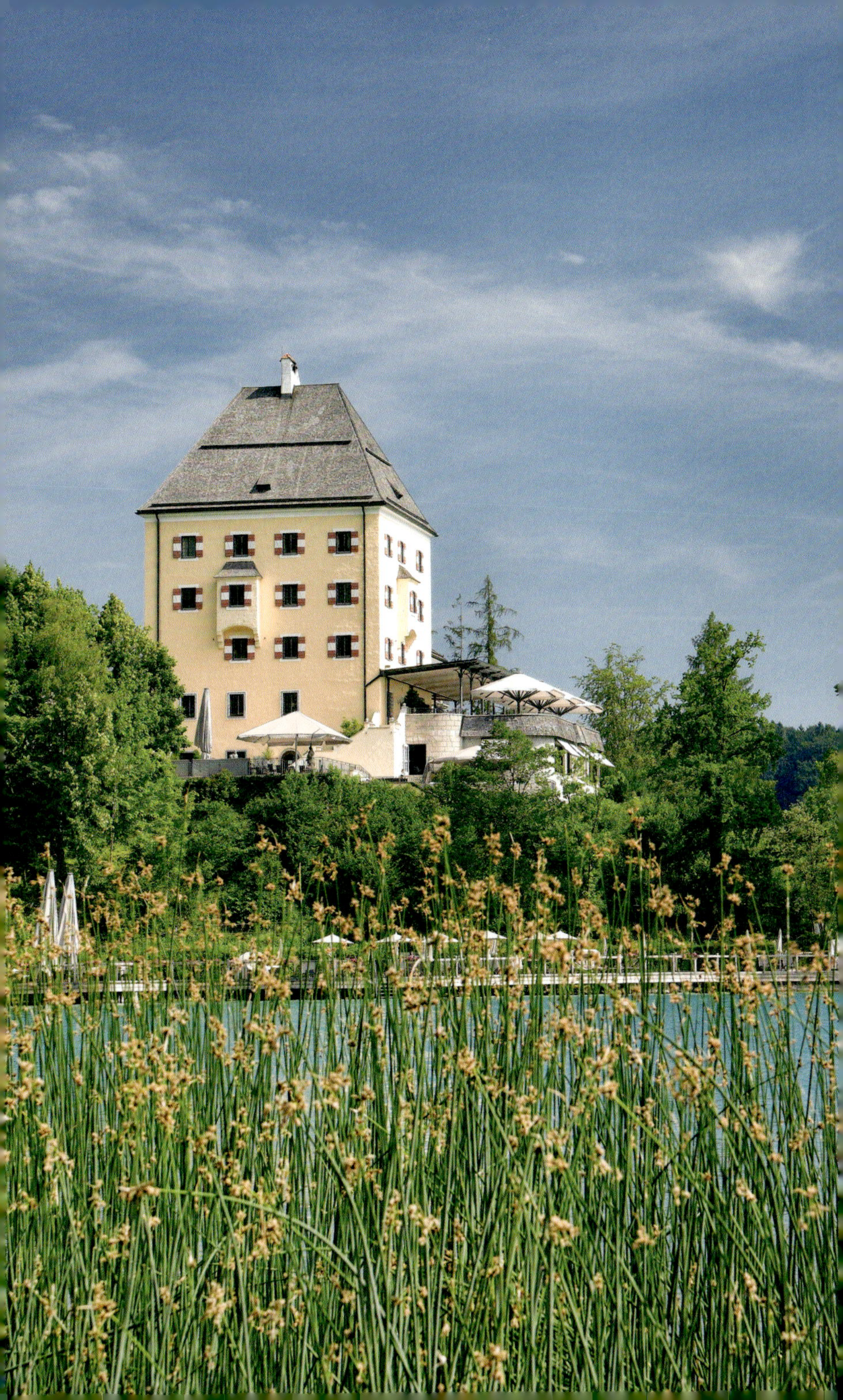

Die Oase der Wüstensöhne

23

Das Laurel & Hardy Museum in Solingen

Um die Karriere des Komikerduos Stan Laurel und Oliver Hardy zu beschreiben, reichen die Superlative kaum aus: 30 Jahre lang arbeiteten die beiden zusammen, drehten zusammen 106 Filme (oder 107 – da herrscht unter den Experten Uneinigkeit), schafften den Sprung vom Stumm- zum Tonfilm und wurden ein weltweites Phänomen. Auch hierzulande liefen ihre Filme äußerst erfolgreich im Kino, wenngleich sie erst durch zahlreiche Fernsehwiederholungen unter dem heute recht angestaubten Namen „Dick und Doof" zum absoluten Massenphänomen in Deutschland wurden.

Ihr auf Slapstick, Running Gags und haufenweise kreative Ideen konzentrierter Humor erwies sich als global verständlich, und entsprechend populär wurden die beiden in aller Welt. Das Ergebnis war neben einer erfolgreichen Karriere auch eine Fülle an Merchandising-Artikeln, darunter sogar eine Comicreihe, die den visuellen Humor der beiden perfekt übernahm. Zu ihren größten deutschen Fans gehören Vera und Wolfgang Günther. Schon Anfang der 1970er-Jahre begannen die beiden damit, Exponate des Komikerduos zusammenzutragen, und kurz darauf, sie in ihrer Wohnung zu präsentieren. Seit 1990 stellt das Ehepaar die Privatsammlung auch öffentlich aus, mittlerweile im denkmalgeschützten Walder Kotten in Solingen – und das völlig unentgeltlich, nur aus Begeisterung und Leidenschaft, und weil sie ihre vielen Fanartikel, die Poster, Fotos, Programme und Privatdokumente gerne mit anderen „Laurel & Hardy"-Fans teilen wollen. Freiwillige Spenden von Besuchern sind allerdings gerne gesehen.

TIPP

Das Museum hat jedes letzte Wochenende im Monat geöffnet. Gesonderte Öffnungszeiten nach Absprache.

Übrigens genoss auch Stan Laurel stets den Kontakt mit Fans – nach dem Tod seines Partners ließ er seine Nummer ins Telefonbuch eintragen und plauderte oft stundenlang mit begeisterten Anrufern. Darüber hinaus schrieb er selbst die Satzung des internationalen Fanclubs „Sons of the Desert", unter der Bedingung, dass es kein ernster, sondern ein reiner Spaßclub wird.

- Laurel & Hardy Museum, Locher Straße 17, 42719 Solingen, Tel. (02 12) 81 61 09 www.laurel-hardy-museum.de
- ÖPNV: Bus 690, Haltestelle Solingen Wiedenkamper Straße

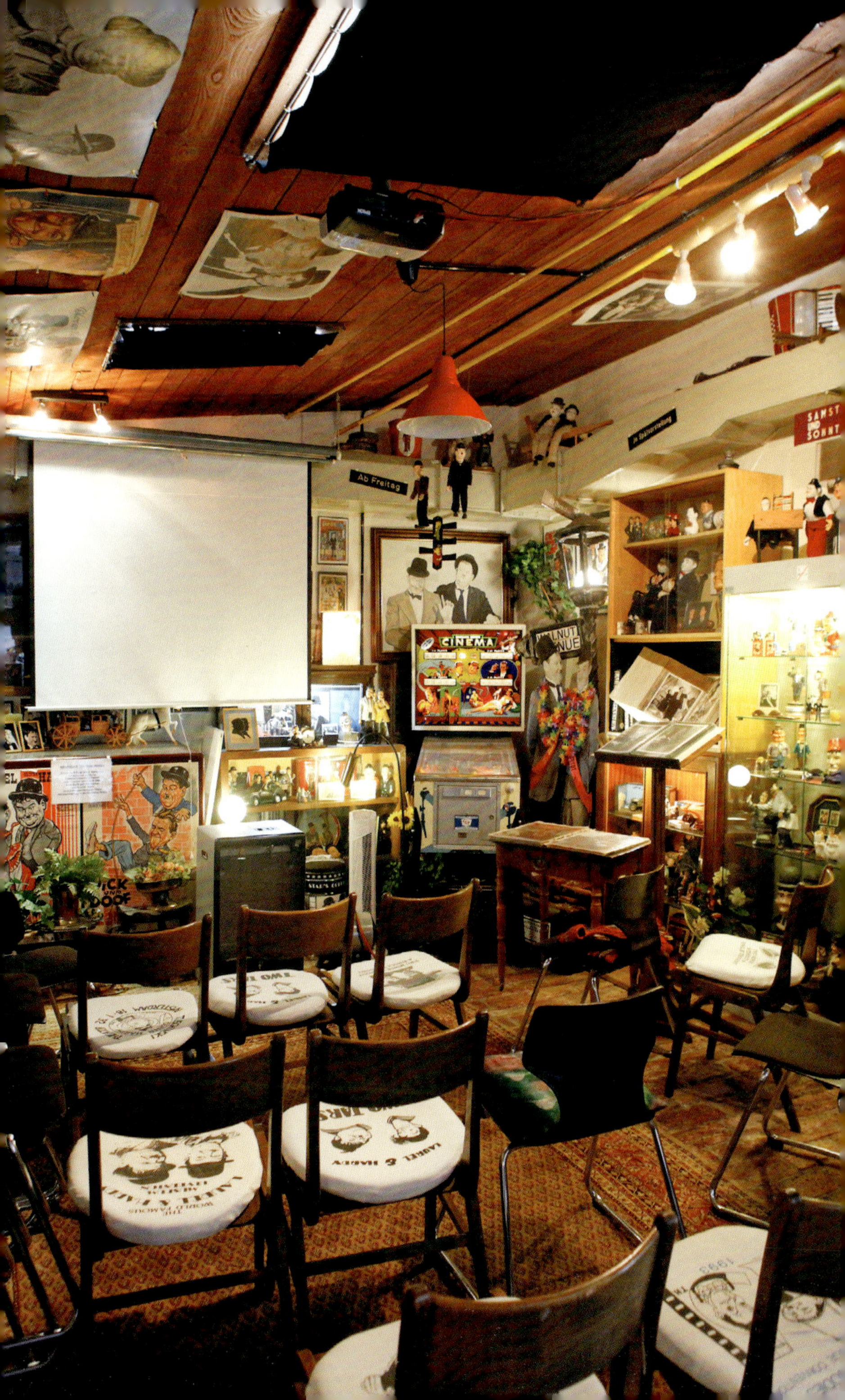
Ab Freitag
CINEMA
SAMST UND SONNT

Geschichte wie im Film

24 Das Zeughauskino des DHM in Berlin

Kaum etwas vermag Geschichte so gut festzuhalten und für die Ewigkeit zu konservieren wie Film. Und nirgendwo kann man Geschichte mit und durch Filme so gut erleben wie im Zeughauskino des Deutschen Historischen Museums (DHM) in Berlin.

Ursprünglich 1987 in Westberlin gegründet und nach der Wiedervereinigung 1990 mit dem ostdeutschen Museum für deutsche Geschichte zusammengelegt, ist das Deutsche Historische Museum heute das landesweit größte Museum für deutsche Geschichte. Neben etlichen Ausstellungen und einer riesigen Präsenzbibliothek verfügt das Museum auch über eine Sammlung von 900 deutschen und internationalen Filmen aus allen Jahrzehnten, in denen es um die Darstellung deutscher Geschichte in all ihren Facetten geht. Einen Teil dieser Sammlung können andere Kinos zu Vorführzwecke ausleihen, das Gesamtarchiv steht Historikern nach Anmeldung zu Forschungszwecken offen, vor allem aber wird die durch Schenkungen und Ankäufe stetig weiter wachsende Sammlung im museumseigenen Zeughauskino im Rahmen von sorgfältig kuratierten Film- und Themenreihen der Öffentlichkeit präsentiert.

Ob nun unter „Roads not taken" Filme über alternative Geschichtsverläufe gezeigt werden, Erich-Kästner-Verfilmungen, ein das ganze Jahrhundert umspannendes filmisches Porträt von Berlin oder man sich mit dem Einfluss und Wandel des Marxismus auf das Kino auseinandersetzt, immer wieder findet das Team spannende Ansätze mit einer pointierten Filmauswahl. Dazu kommen zahlreiche Dokumentarfilme, die einzigartige Blicke in ein wechselhaftes, ja schicksalhaftes Jahrhundert deutscher Kunst, Kultur und Geschichte bieten und auf die Menschen, die das Land und seine Künste geprägt haben. Das Programm wird dabei nicht einfach unkommentiert auf die Leinwand geworfen, sondern mit aufwendig gestalteten und sorgsam recherchierten, lehrreichen und einordnenden Programmheften verbunden. Wer sich für Film, Geschichte und Filmgeschichte interessiert, sollte sich das hier gebotene Programm auf keinen Fall entgehen lassen.

- Pei-Bau (Eingang zum Kino), Hinter dem Gießhaus 3, 10117 Berlin, Tel. (0 30) 20 30 47 70, www.dhm.de/zeughauskino
- ÖPNV: U-Bahn U5, Bus 100, 300, Haltestelle U-Museumsinsel

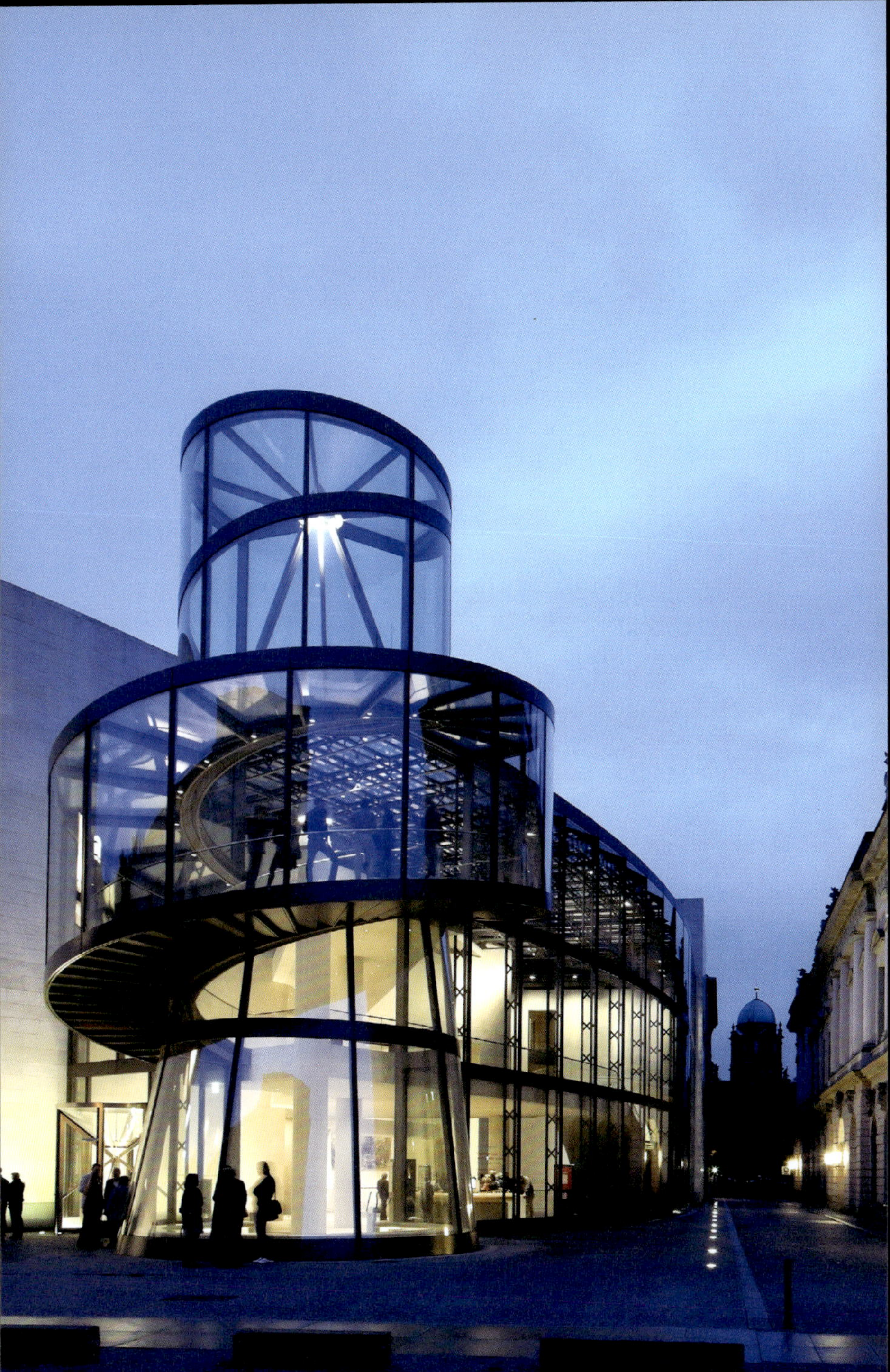

Kurz, aber oho!

25 Internationale Kurzfilmtage in Oberhausen

Auch wenn der Spielfilm – und heutzutage das überlange Blockbusterspektakel – den Großteil des Publikums abgreift, darf man nicht vergessen, dass Kurzfilme eine eigene, sehr beliebte und absolut sehenswerte Form von Kinounterhaltung sind, mit ganz direkt darauf spezialisierten Filmemachern und Preisen, bis hin zu einer eigenen Kategorie bei den Academy Awards. Dass Kurzfilme nicht einfach nur der kleine Bruder vom Langfilm sind, sondern selbst eine ganze Menge können, lässt sich hervorragend bei den jährlichen Internationalen Kurzfilmtagen in Oberhausen sehen.

Das 1954 begründete Kurzfilmfestival gilt als das älteste seiner Art auf der Welt und als eine der größten und wichtigsten Plattformen für das Kurzformat, das neben dem internationalen auch einen Kinder- und Jugendfilmwettbewerb und einen Musikvideopreis auslobt. Nicht überraschend bei seinem Alter, besitzt das Festival eine lange, oft politische Geschichte und teilt sich mit den Hofer Filmtagen (Glücksort 39) den Status als eine der Wiegen des Neuen Deutschen Films. Die Internationalen Kurzfilmtage begleiteten die Studentenbewegung der 1960er- und die Frauenbewegung der 1970er-Jahre und waren in den Anfangsjahren oft die einzige Möglichkeit, Kurzfilme aus dem Ostblock zu sehen. Das Festival ist sich auch heute noch seiner Tradition bewusst, indem es alljährlich ein bestimmtes künstlerisches oder soziales Motto stellt. Neben fünf parallelen Wettbewerben findet auch ein begleitendes Angebot mit Workshops für Schulen und den cineastischen Nachwuchs statt. Außerdem bietet das Festival auf seiner Website ein umfangreiches Verleihsortiment an, über das man sich Kurzfilme für Veranstaltungen oder andere Events ausleihen kann. Wie unglaublich reichhaltig das Kurzfilmangebot ist, zeigen die über 7500 Titel aus mehr als 90 Ländern, die jedes Jahr in Oberhausen eingereicht werden. Knapp 500 davon kommen auf dem Festival zur Aufführung. Wer einmal selbst die Faszination und Bandbreite der kurzen Erzählform erleben will, sollte die Gelegenheit in Oberhausen nutzen.

● Lichtburg-Filmpalast, Elsässer Straße 26, 46045 Oberhausen, Tel. (02 08) 82 42 90
www.kurzfilmtage.de
● ÖPNV: Bus 122, 966, Haltestelle Paul-Reusch-Straße

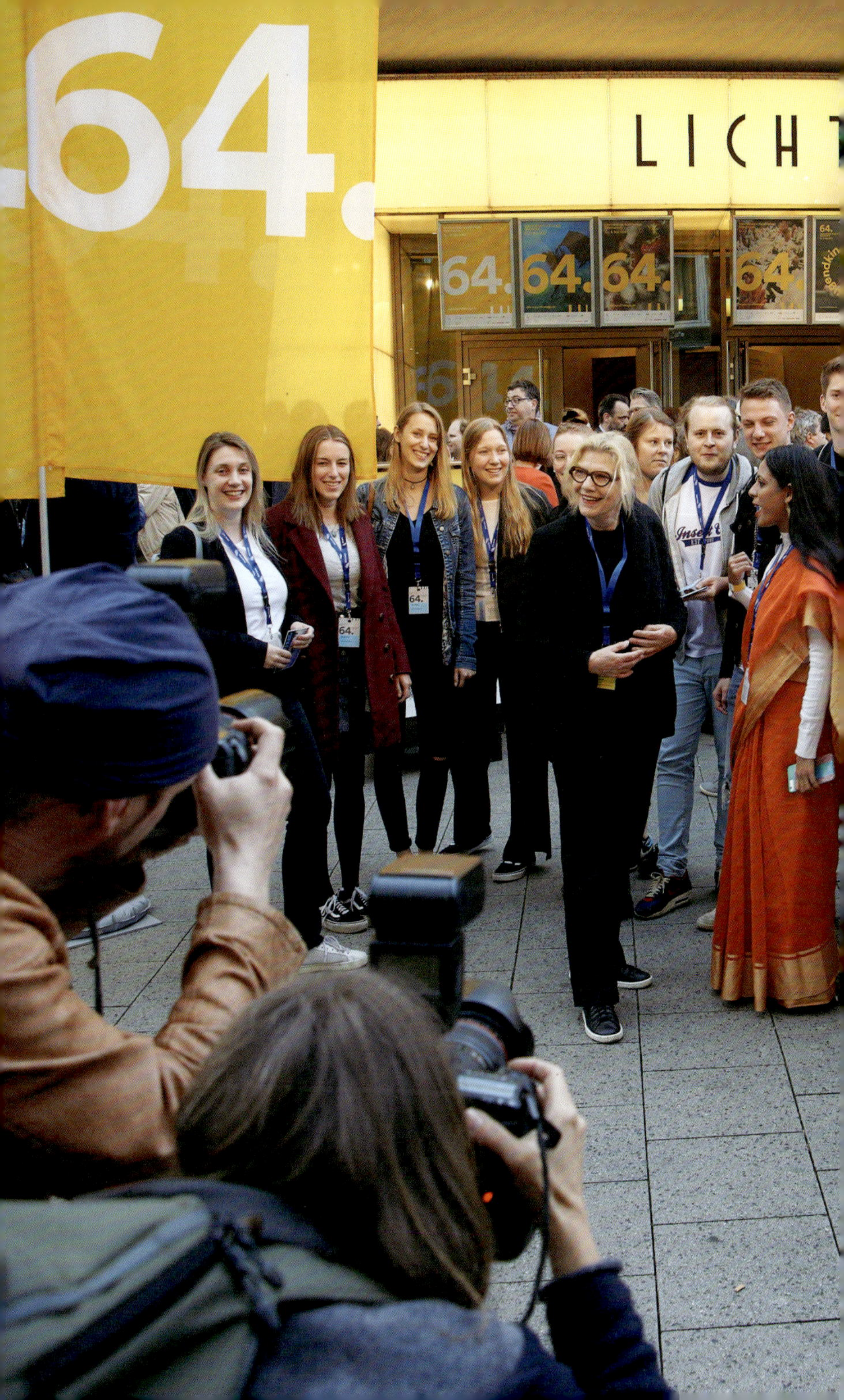
64.
LICH

Zauberhaftes Filmvergnügen

26 „Aschenbrödel“ auf Schloss Moritzburg

„Die Wangen sind mit Asche beschmutzt, aber der Schornsteinfeger ist es nicht …“ Er gehört zu Weihnachten wie Christbaum und Stollen: der tschechisch-deutsche Märchenfilm „Drei Haselnüsse für Aschenbrödel“ von 1973. Die Liste der traditionellen Weihnachtskultfilme ist lang, von „Wir sind keine Engel“ über „Der kleine Lord“ bis hin zu „Tatsächlich … Liebe“, aber „Aschenbrödel“ dürfte der einzige Weihnachtsfilm sein, in dem das Weihnachtsfest überhaupt nicht vorkommt. Und genau wie der Song „Last Christmas“ angeblich erst „Last Easter“ heißen sollte, war auch der Film „Drei Haselnüsse für Aschenbrödel“ anders konzipiert, als wir ihn kennen: Dass im Winter gedreht wurde, als an den Drehorten Schnee lag, hatte den einfachen Grund, dass die zuständigen Abteilungen der DEFA in jenem Sommer zu stark ausgelastet waren. So wurde aus dem Sommer- ein Winterfilm, und im TV wurde aus dem Winterfilm ein Weihnachtsfilm.

TIPP

Man kann auf dem Gelände des Schlosses auch übernachten: Im Park stehen Häuschen mit modernen Ferienwohnungen.

Nicht nur, dass er seit Jahrzehnten jedes Weihnachten an mehreren Tagen zu unterschiedlichen Zeiten auf sämtlichen ARD-Sendern gezeigt wird: „Aschenbrödel“ läuft in vielen Städten in der Vorweihnachtszeit auch auf der großen Leinwand, in Berlin im Friedrichstadt-Palast sogar mit Orchesterbegleitung. Aber nichts geht über eine Kinovorstellung am Drehort selbst, im Schloss Moritzburg bei Dresden, das im Film als Königsschloss dient. Seit 2009 verwandelt sich das Wasserschloss aus dem 18. Jahrhundert alljährlich von November bis Februar in die legendäre Filmkulisse und zeigt eine Sonderausstellung zu „Aschenbrödel“, bei der man viel Wissenswertes rund um die Dreharbeiten erfährt. Die Besucher können nachgebildete Filmszenen, Multimedia-Inszenierungen, diverse Originalkostüme und -requisiten bestaunen, darunter Aschenbrödels Sattel und die königliche Kutsche. Eines der Highlights sind die Aufführungen von „Drei Haselnüsse für Aschenbrödel“ im Schloss. Der Film wird immer sonntags gezeigt, während die Ausstellung läuft.

- Schloss Moritzburg, Schloßallee, 01468 Moritzburg, Tel. (03 52 07) 8 73 18 www.schloss-moritzburg.de
- ÖPNV: ab Dresden Neustadt Bus 477, Haltestelle Moritzburg Schloss

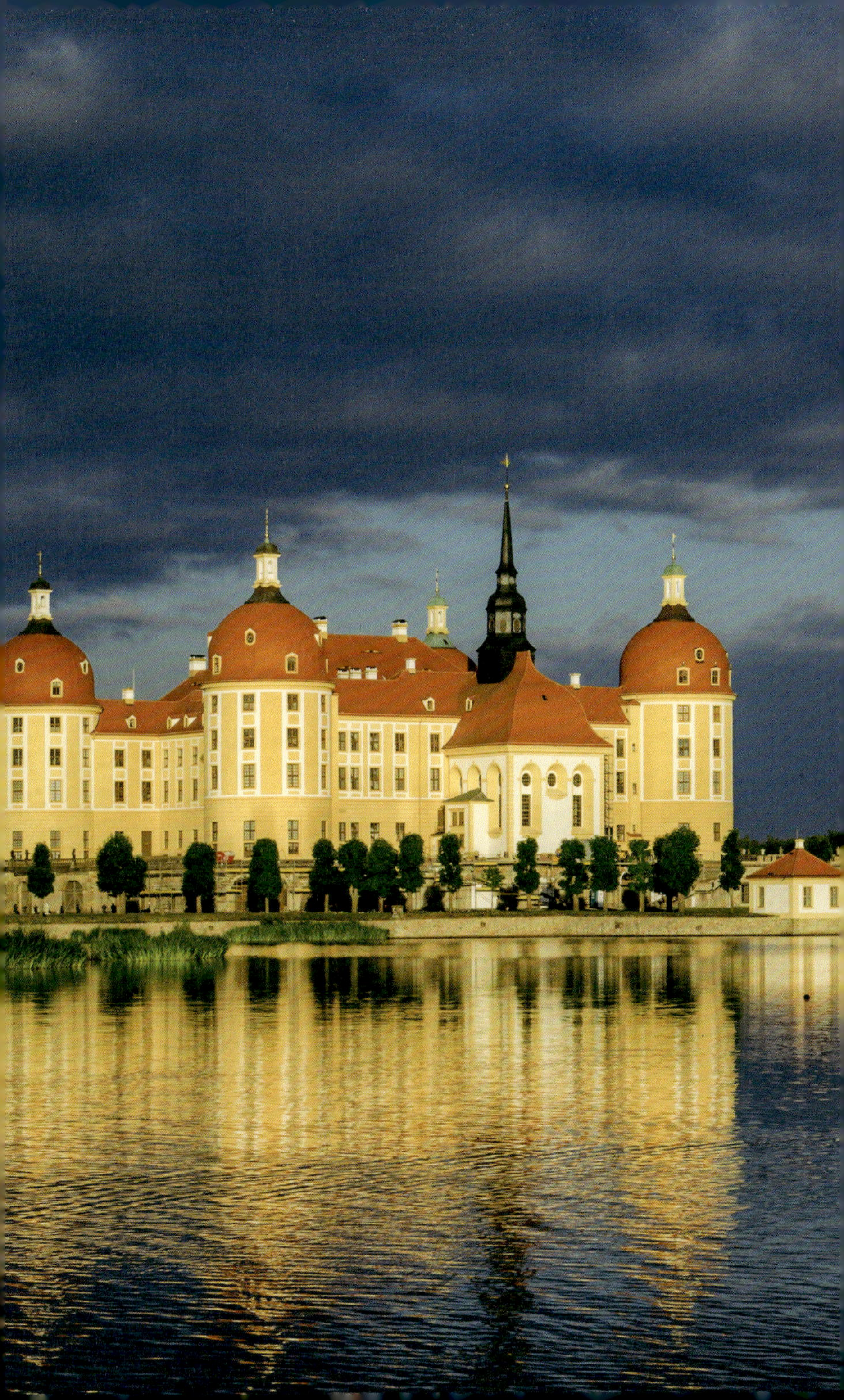

Im Heide-Hollywood

27 Das Filmmuseum Bendestorf

Babelsberg, Bavaria, Studio Hamburg – diese Namen hat jeder schon einmal gehört, der sich für Film und Fernsehen interessiert. Aber Bendestorf? Kaum. Dabei waren die hiesigen Filmstudios nach dem Zweiten Weltkrieg viele Jahre lang die größten von ganz Westdeutschland. Am 1. April 1947 erhielt der 36-jährige Drehbuchautor und ehemalige UFA-Mitarbeiter Rolf Meyer von den britischen Besatzern die Erlaubnis, eine Filmproduktionsgesellschaft zu gründen. Mithilfe eines Hamburger Fleischfabrikanten, der zwei Millionen Reichsmark investierte, setzte er seinen Traum in die Tat um: Er gründete die Junge Film-Union (JFU), eine der ersten westdeutschen Filmgesellschaften der Nachkriegszeit, und ließ auf einem 14.000 Quadratmeter großen Gelände in Bendestorf südlich von Hamburg einen Studiokomplex samt Aufnahmetechnik einrichten.

Die JFU stellte im „Heide-Hollywood" bis in die Fünfziger eine ganze Reihe Filme her, bei denen Meyer zum Teil selbst Regie führte. Er produzierte auch den Skandalfilm „Die Sünderin" mit Hildegard Knef, der ebenfalls in Bendestorf gedreht wurde. In den Sechzigern wurde das Studio zu klein für die immer aufwendigeren Filmproduktionen, stattdessen produzierte man fürs Fernsehen. Otto Waalkes und Rudi Carrell gaben sich hier die Klinke in die Hand – mehr als 100 Fernsehshows und -serien wurden in Bendestorf aufgenommen, ab den 1990er-Jahren vermehrt für Privatsender. Später nutzten auch Werbeagenturen die Studios, um Reklamefilme zu drehen.

2012 wurden die Studios geschlossen. Seit 2017 nutzt ein Förderverein einen Teil des Komplexes als Ausstellungsfläche für „Norddeutschlands einziges Filmmuseum" und präsentiert auf einer Fläche von 800 Quadratmetern zahlreiche Exponate zur Filmtechnik der frühen Nachkriegsjahre sowie Originalplakate und -drehbücher, Szenenfotos und Autogramme. Außerdem gibt es einen kleinen Kinosaal, in dem man sich über 50 Filme anschauen kann, die in Bendestorf produziert wurden. Hierfür muss man sich allerdings vorher anmelden.

- Filmmuseum Bendestorf, Am Schierenberg 2, 21227 Bendestorf
  www.film-bendestorf.de
- ÖPNV: ab Hamburg-Harburg Bus 4207, 4208, Haltestelle Bendestorf, Posttwiete

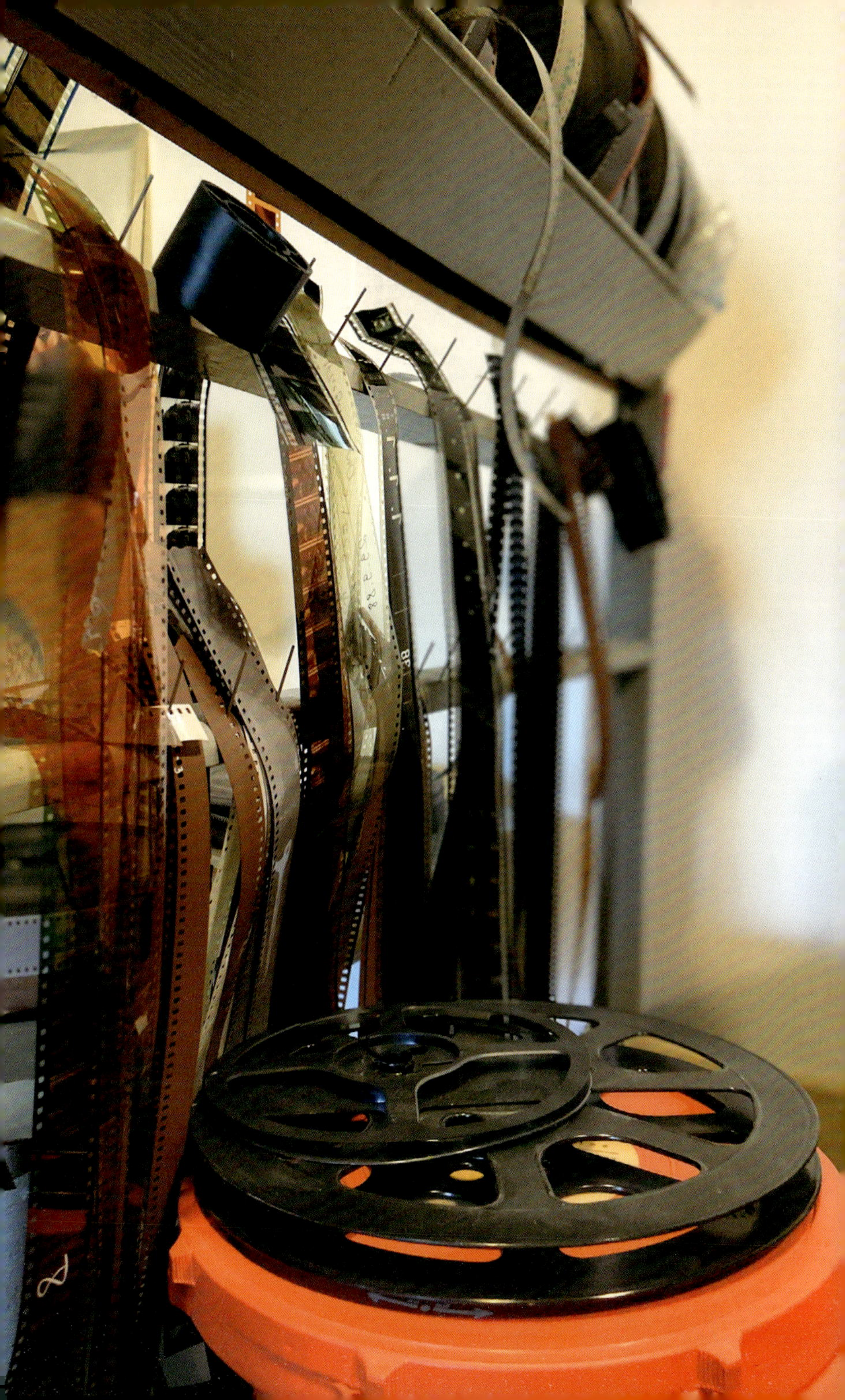

Cinema auf der Zeche

28

Open-Air-Kino Zollverein in Essen

Wenn während der Sommerferien beim Open-Air-Kino auf der ehemaligen Zeche Zollverein in Essen die Dunkelheit hereinbricht und die überall aufragenden Industriebauten von bunten Lichtern erhellt werden, während auf der Leinwand unter der Druckmaschine der früheren Kokerei der Film des Abends beginnt, dann vermischt sich diese ganz besondere Kinomagie mit der einzigartigen Atmosphäre auf der einst größten und ertragreichsten Bergwerksanlage Deutschlands, die hier fast 150 Jahre lang betrieben wurde.

Die Zeche Zollverein nahm 1851 ihren Betrieb auf und förderte nur 40 Jahre später bereits eine Million Tonnen Kohle jährlich. Bis zu 8000 Bergleute waren gleichzeitig in der Industrieanlage beschäftigt, die ab 1961 um eine riesige Kokerei erweitert wurde. Erst im Dezember 1986 wurde die Zeche schließlich geschlossen, 1993 auch die Kokerei. Seitdem wurde die Zeche Zollverein immer weiter zur Park-, Kultur-, Tourismus- und Freizeitanlage umgebaut, mit Ateliers, Restaurants, Museen und weiteren Möglichkeiten, die es erlaubten, die Gebäude instand zu halten und neu zu nutzen. Der Lohn: 2001 wurde das gesamte Gelände zum UNESCO-Weltkulturerbe erklärt.

TIPP
Vor dem Film lohnt es sich, auf der 5,3 Kilometer langen Ringpromenade das Zechengelände zu erkunden.

Zu den neuen Freizeitangeboten gehört inzwischen auch das jährlich während der Sommerferien stattfindende Open-Air-Kino. Jeden Donnerstagabend wird ein Film aus einem bunten Programm von Klassikern und Kino-Highlights präsentiert. Davor und danach können Besucher auf dem weitläufigen Gelände die Stimmung der wechselhaften Geschichte dieser ganz besonderen Anlage und Ruhrpott-Legende einatmen, die nicht nur wegen ihrer architektonischen, sondern auch aufgrund ihrer industriell-technologischen Leistung bewundert und gefeiert wurde und zu ihren Hochzeiten weltweit als Meisterwerk galt.

- Eingang zum Gelände Zollverein, Fritz-Schupp-Allee 35, 45309 Essen
  www.zollverein.de/kino
- ÖPNV: Regionalbahn RB32, Tram 107, Bus 170, 183, Haltestelle Zollverein-Nord

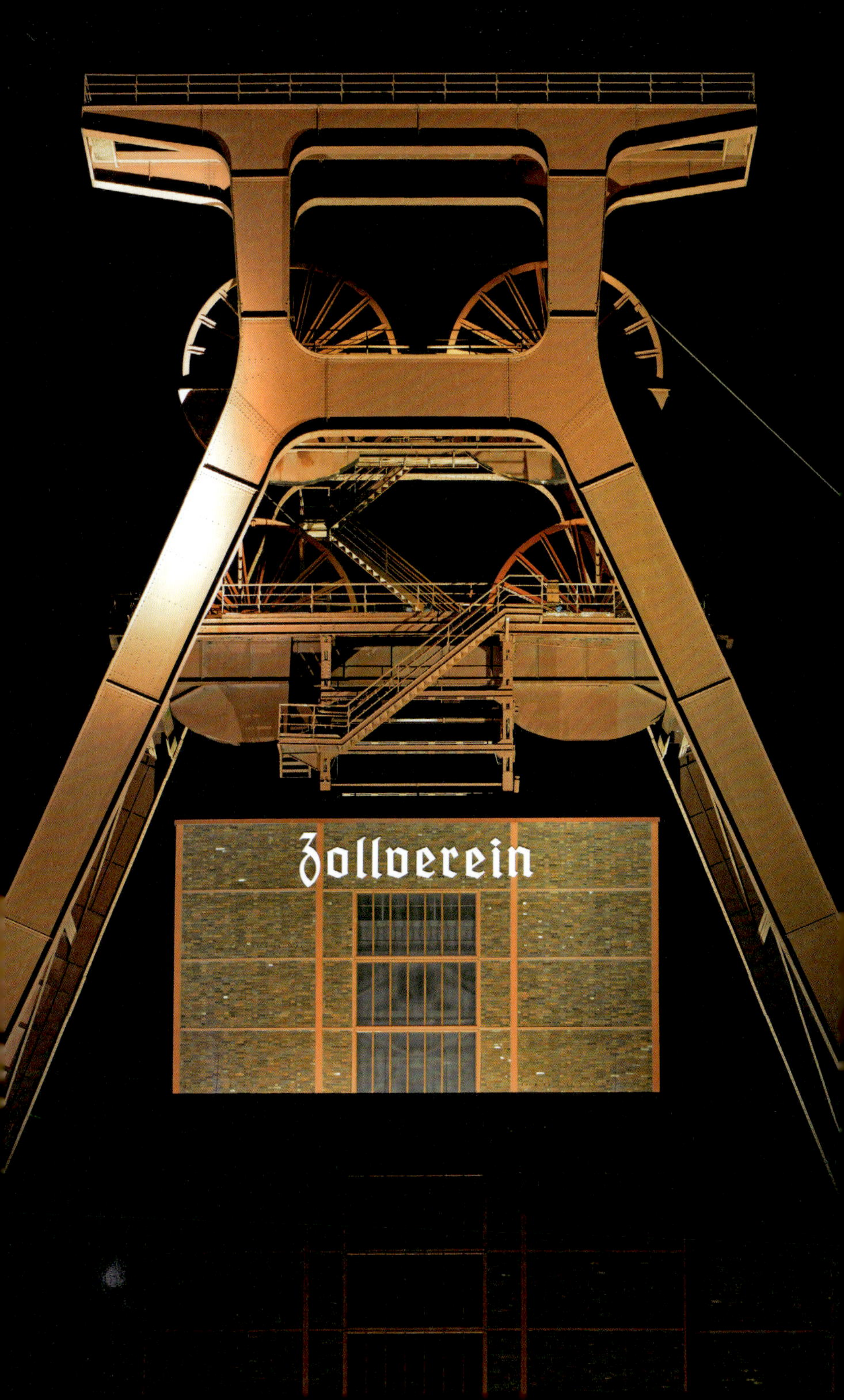
Zollverein

Fantastisches aus dem FF

29 Das Fantasy Filmfest

Aus heutiger Sicht scheint es unglaublich, aber vor noch gar nicht allzu langer Zeit waren Filmfestivals und Preisverleihungen vor allem den künstlerischen, dramatischen oder klassischen Filmen vorbehalten: Egal ob Venedig, Cannes oder Berlin, nie wäre man dort auf die Idee gekommen, Filme über Vampire, Zombies, Dämonen oder Geister zu zeigen. Spätestens als mit der verbesserten Tricktechnik der 1980er-Jahre die sogenannten Genrefilme immer mehr Beachtung erlangten, wurde es daher Zeit, ihnen ein ganz eigenes Festival zu widmen, und 1987 war es so weit: In der Hamburger Markthalle fand erstmals das Fantasy Filmfest statt, Deutschlands erstes Genre-Festival, damals noch mit einer bunten Mischung aus Klassikern von „Nosferatu" bis „Jason und die Argonauten" und einigen moderneren Titeln. Schon 1989 konnte man aktuelle Perlen wie „Friedhof der Kuscheltiere" zeigen, und es dauerte nicht mehr lange, und das Festival wurde zu einer der bedeutendsten Premierenveranstaltungen für neue Genretitel. Von „Saw" über „Ring" und „Blair Witch Project" wurden hier zahlreiche Genreklassiker erstmals dem begeisterten deutschen Publikum präsentiert.

Mittlerweile findet das Festival jährlich im September in sieben deutschen Städten statt: Berlin, Frankfurt am Main, Hamburg, Köln, Nürnberg und Stuttgart. Neben dem großen Hauptfestival, das über knapp zehn Tage rund 60 Filme zeigt, gibt es mit den FFF Nights und den FFF White Nights noch zwei kürzere Wochenendfestivals im Winter und Frühjahr. Die Bandbreite der Filme ist mittlerweile ebenso gewachsen wie die Akzeptanz von Genrefilmen bei den klassischen Festivals (ja, mittlerweile laufen in Venedig und auf dem FFF die gleichen Filme), und immer wieder können große Studioproduktionen als Eröffnungsfilme gewonnen werden. Und doch bleibt das Fantasy Filmfest die größte Anlaufstelle und ein Pflichttermin für deutsche Fans des Films abseits von Mainstream und klassischen Stoffen. Wer also Genre liebt, sollte sich unbedingt einmal hier blicken lassen!

● Informationen über die Spielstätten der sieben Festivalstädte (u. a. Stuttgart) auf der Website www.fantasyfilmfest.de

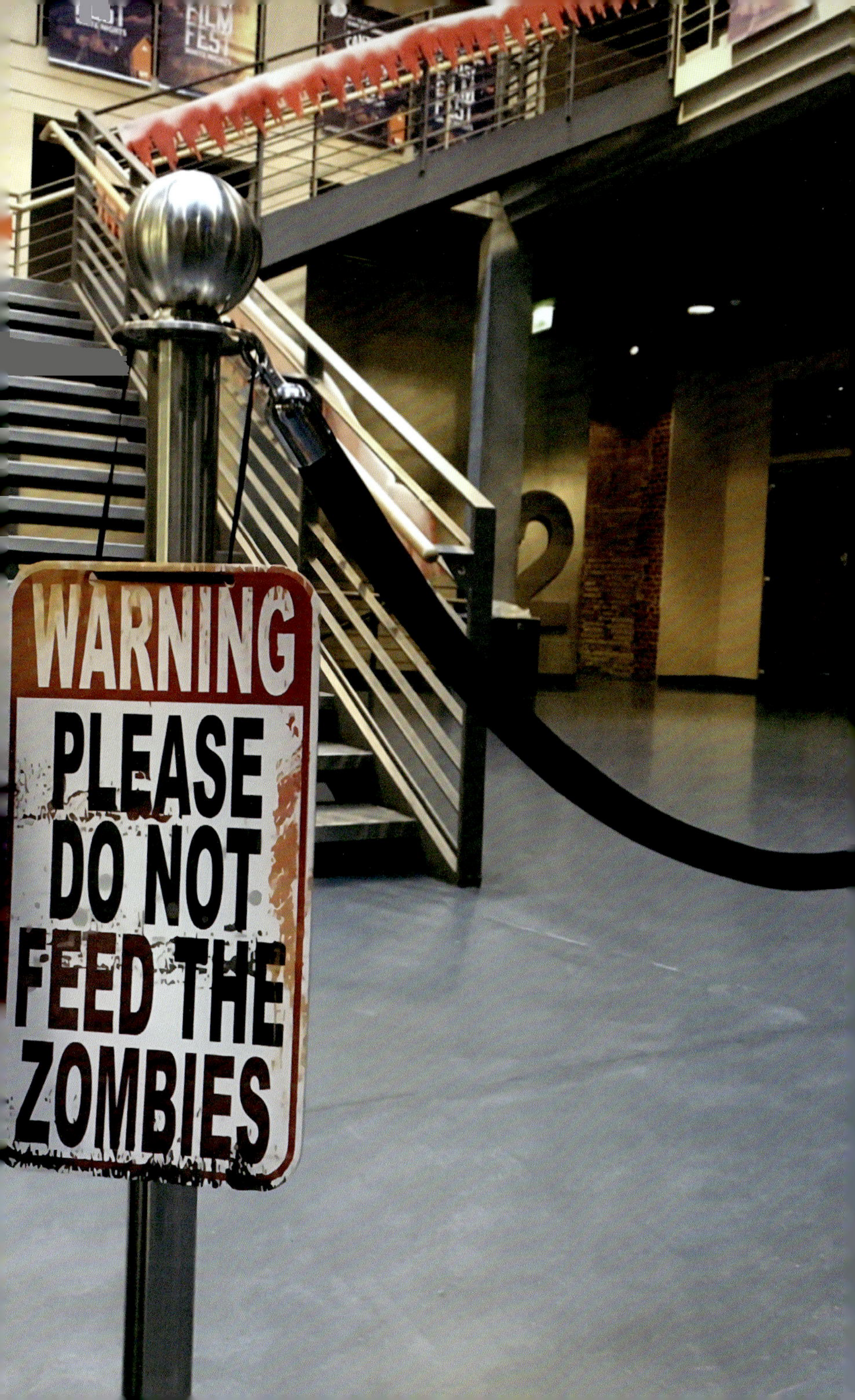
WARNING
PLEASE
DO NOT
FEED THE
ZOMBIES

Ödipussi ante portas

30 Loriots Drehorte in Berlin

„Ödipussi" ist in mehrfacher Hinsicht ein bemerkenswerter Film. Der erste Kinofilm von Loriot war sowohl künstlerisch als auch finanziell ein großer Erfolg, und er war der einzige Film der Filmgeschichte, der am selben Tag in der Bundesrepublik und in der DDR Premiere feierte: Am 9. März 1988 lief er in Berlin um 17 Uhr im Kosmos-Kino an der Karl-Marx-Allee und um 20 Uhr im Gloria-Palast am Kurfürstendamm. Loriot besuchte beide Premieren – der gebürtige Brandenburger war in der DDR nicht nur durch das West-Fernsehen bekannt, auch mehrere Bücher von ihm waren dort veröffentlicht worden, und er hatte mit Evelyn Hamann schon Lesungen in der DDR abgehalten. Die Premierenkinos gibt es leider nicht mehr: Das Kosmos wird nicht mehr als Kino genutzt, das Gloria wurde vor über 25 Jahren abgerissen. Aber man kann in Berlin noch diverse Drehorte von „Ödipussi" besuchen. Die Villa der Winkelmanns, in der das Scrabblespiel stattfindet („Dann hätte ich vorhin auch meine Quallenknödel legen können!"), ist die Villa Schwerdtfeger in der Ringstraße 28 in Berlin-Lichterfelde. Das Möbelgeschäft, in dem Loriot alias Paul Winkelmann arbeitet und Kunden das Modell „Trulleberg" vorführt, befand sich im Eckhaus in der Meierottostraße 1 in Berlin-Wilmersdorf; heute findet man dort die Buchhandlung Bookinista.

Auch „Pappa ante portas", seinen – vielleicht noch besseren – zweiten Film, drehte Loriot 1990 größtenteils in Berlin. Als Kulisse für das Domizil von Familie Lohse („Ich wohne hier." – „Aber doch nicht jetzt, um diese Zeit?!") diente das Haus Ahrenshooper Zeile 61 in Berlin-Zehlendorf, und das Lebensmittelgeschäft, wo Herr Lohse mit Rabatt 250 Gläser Senf ersteht, befand sich in der Auguste-Viktoria-Straße 70 in Berlin-Schmargendorf. Heute residiert dort ein Hundesalon und kein Einzelhandel. Schade eigentlich, denn sonst könnte man sich gut vorstellen, wie sich dort regelmäßig Loriot-Fans einfinden, die sich mitten in den Laden stellen und verkünden: „Mein Name ist Lohse, ich kaufe hier ein!"

- Diverse Orte in Berlin, zum Beispiel Villa Schwerdtfeger, Ringstraße 28, 12205 Berlin
- ÖPNV: S-Bahn S1, Bus 111, Haltestelle Lichterfelde West

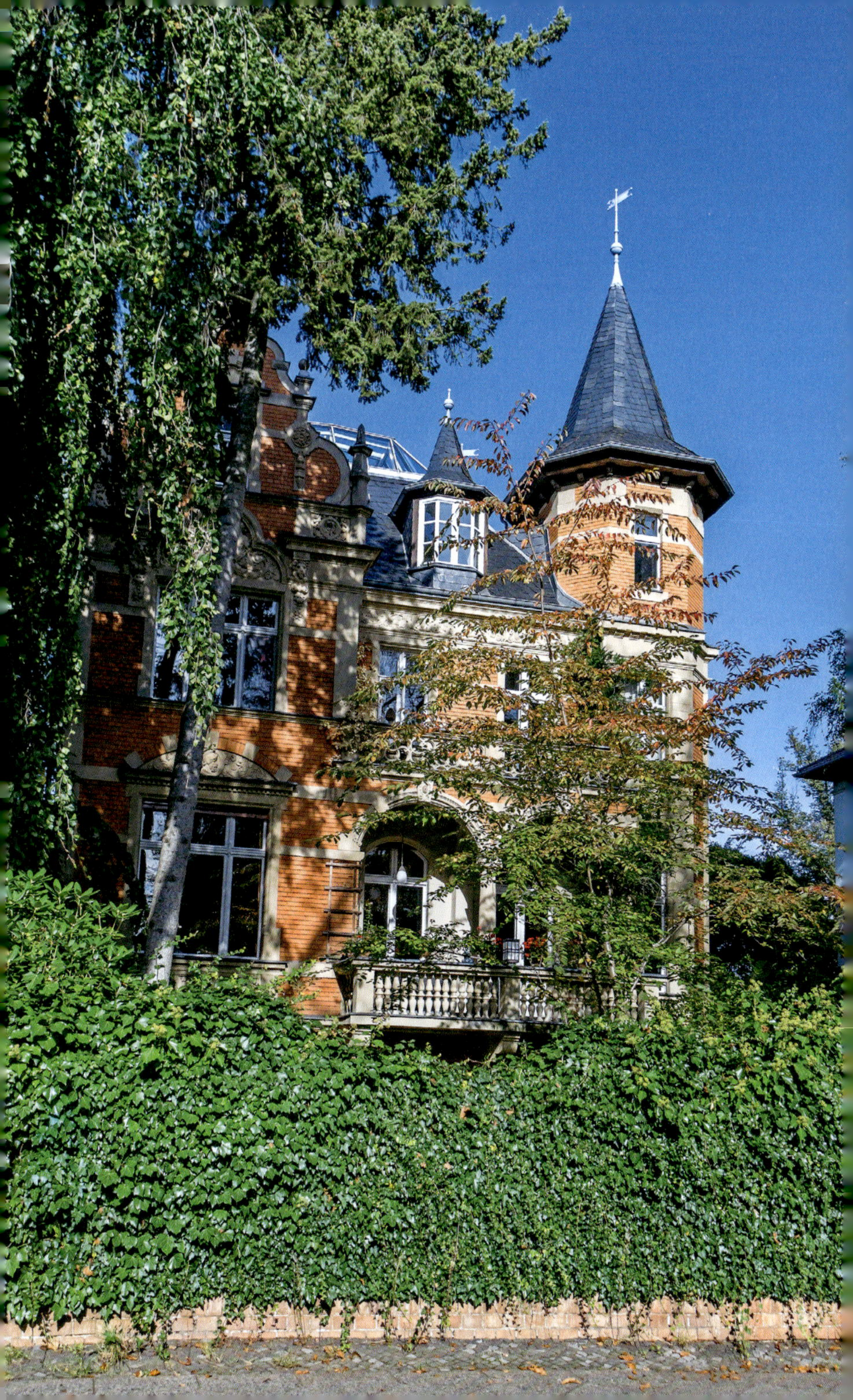

To the Stars!

31 Die FedCon in Bonn

Kein anderes Genre beflügelt unsere Vorstellungskraft so sehr und weckt diese ganz einzigartige Sehnsucht wie Science-Fiction. Wo sonst kann man auf diese Weise fremde Kulturen, Welten und Planeten erforschen, irrwitzige Geräte und Apparaturen bedienen, frei von allen Beschränkungen der Erde durch das endlose All rasen und dabei Abenteuer, Spannung und Kämpfe erleben? Es hat einen Grund, dass die Science-Fiction seit den Tagen von Jules Verne über die goldene Ära der Comic-Hefte bis ins moderne Zeitalter der Filme und Serien eine ungebrochene Popularität genießt. Und auch wenn wir wahrscheinlich niemals selbst im Raumschiff durchs Universum reisen und fremde Galaxien erkunden werden, können wir diese exotischen Welten zu uns holen – in Form der einmaligen, faszinierenden und oft vorbildhaften Charaktere der Geschichten.

Genau dafür ist die FedCon (Federation Convention) da, Deutschlands größte Convention für Sci-Fi-Serien, denn hierher kommen all die Stars, um ihren Fans vor allem bei den berühmten „Panels" bei allen Fragen Rede und Antwort zu stehen. Darüber hinaus kann man (gegen Aufpreis) einen der begehrten Spots für einen Fototermin oder sogar ein echtes Meet & Greet ergattern, um dem Lieblingsstar ganz nahe zu kommen. Außerdem gibt es Autogrammstände, jede Menge Cosplay, Infos zu kommenden Serienstaffeln und Projekten und, und, und. Jeder Sci-Fi-Fan erlebt hier ein ganzes Wochenende lang seinen ganz eigenen Ausflug zu den Stars und Sternen. Seit der ersten FedCon im Jahr 1992 – damals noch ganz im Zeichen von „Raumschiff Enterprise" und der Nachfolgeserie „Raumschiff Enterprise – Das nächste Jahrhundert" –, bei der Walter Koenig (Navigator Chekov aus der ursprünglichen Enterprise-Besatzung) als einziger Star anwesend war, hat sich viel getan. Heute kommen zahlreiche Gaststars aus allen möglichen Sci-Fi-Serien, egal ob „Doctor Who", „The Expanse", „Farscape" oder „Stargate", um auf Tuchfühlung mit ihren Fans zu gehen. Nirgendwo kommt man den Sternen näher als hier.

● Maritim Hotel Bonn, Kurt-Georg-Kiesinger-Allee 1, 53175 Bonn
www.fedcon.de
● ÖPNV: Tram 66, 68, Haltestelle Robert-Schumann-Platz

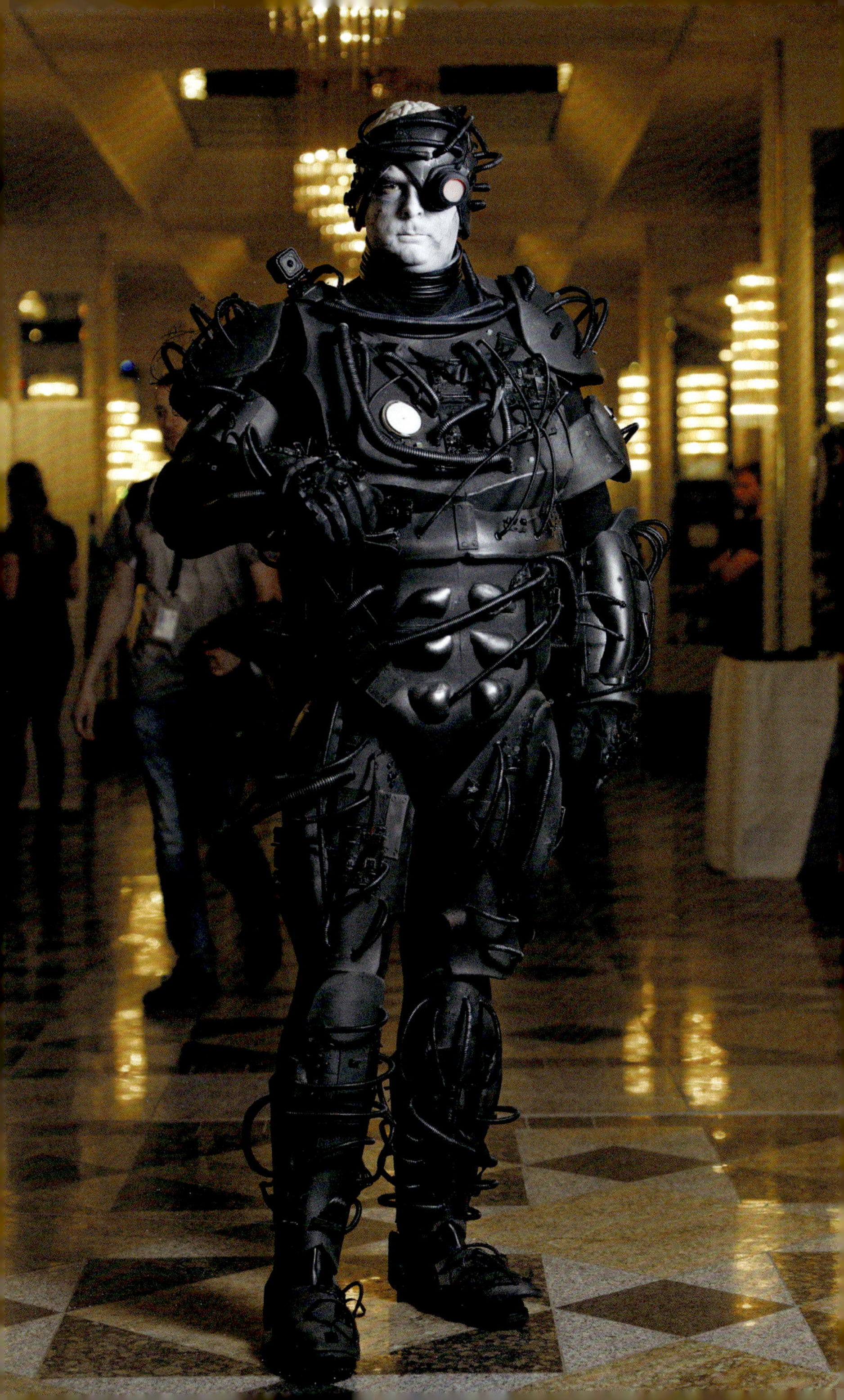

Bewegte Kunstausstellung

32 Deutsches Filminstitut & Filmmuseum in Frankfurt/Main

Wenn es einen Ort in Deutschland gibt, der der US-amerikanischen Academy of Motion Pictures, Arts and Sciences (die jedes Jahr die Oscars verleiht) am nächsten kommt, dann ist es wohl das Deutsche Filminstitut & Filmmuseum im Herzen Frankfurts. Im Jahr 2006 wurden hier zwei ganz wichtige Institutionen zusammengelegt: das 1949 gegründete Deutsche Filminstitut und das 1984 gegründete Deutsche Filmmuseum. Seitdem bilden beide eine der größten Filmsammlungen Deutschlands und bieten zugleich eine einzigartige Ausstellungsfläche. Denn anders als in anderen Filmmuseen präsentiert das DFF sein Filmmaterial fast wie eine Kunstgalerie, durch die man hindurchschlendern kann.

Neben der Dauerausstellung, die auf 800 Quadratmetern eine packende Zeitreise durch die Entwicklung technischer und filmischer Apparaturen bietet – die man als Besucher selbst bedienen kann –, finden sich auch lang laufende Sonderausstellungen wie etwa „Im Tiefenrausch", die ganze acht Monate lang Filme, Filmtechnik und Filmästhetik unter Wasser erlebbar machte. Dazu kommt das Gerätearchiv, in dem nach Terminvereinbarung mehr als 600 Geräte aus über 120 Jahren Filmgeschichte besichtigt werden können, von Kamerawagen und Beleuchtungstechnik bis hin zu frühtechnischen Werken wie einer Laterna Magica oder einem Zoetrop. Neben der Museumsarbeit widmet sich das Deutsche Filminstitut & Filmmuseum auch zahllosen Projekten der Filmförderung und -bildung, sei es frühkindliche Filmbildung, Angebote für Schulklassen, Filmbildung in der Migrationsgesellschaft oder einem riesigen Filmarchiv, das auch das Portfolio großer Studioverleiher wie Paramount umfasst und für nicht kommerzielle Zwecke einen Verleih anbietet. Abgerundet wird das fast schon unüberschaubare Angebot durch den eigenen kommunalen, technisch hochmodernen Kinosaal. Der wartet monatlich mit zwei großen Filmreihen auf, von denen eine die aktuelle Sonderausstellung widerspiegelt und die andere ein wechselndes Themenspektrum oder Kultfilme präsentiert.

● Deutsches Filminstitut & Filmmuseum, Schaumainkai 41, 60596 Frankfurt am Main, Tel. (0 69) 9 61 22 02 20, www.dff.film

● ÖPNV: U-Bahn U1, U2, U3, U8, Haltestelle Schweizer Platz; Tram 15, 16, 19, Bus N16, Haltestelle Schweizer-/Gartenstraße

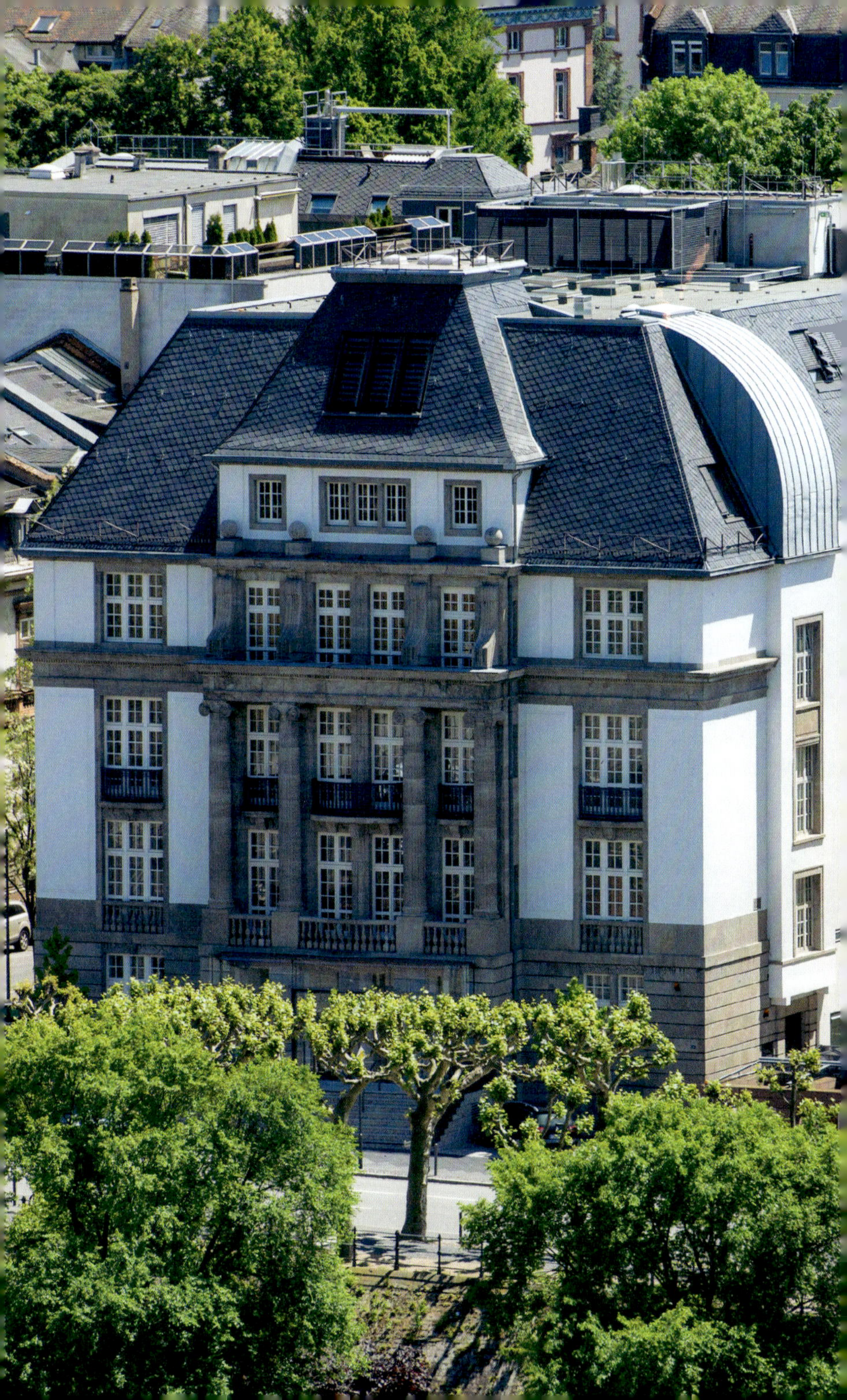

Deutschlands ältestes Kino

33 Das Moviemento in Berlin

Immer wieder diskutieren Filmfans darüber, welches das älteste Kino Deutschlands ist. Dieser Ehrentitel dürfte dem Moviemento in Berlin-Kreuzberg gebühren, das 1907 eröffnet wurde. Der Gastronom Alfred Topp betrieb bereits im Erdgeschoss des Gebäudes eine Gaststätte, und als die Räumlichkeiten im ersten Stock frei wurden, wo bislang ein Wachsfigurenkabinett gastiert hatte, richtete er dort ein Kino ein, das er „Lichtspieltheater am Zickenplatz“ taufte. Geschickt nutzte Topp die Ecklage des Gebäudes: Er richtete zwei Zuschauersäle ein, die im 45-Grad-Winkel zueinander lagen und durch die Leinwand voneinander getrennt waren. Im hinteren Saal blickten die Zuschauer auf die Rückseite der Leinwand, sahen den Film also spiegelverkehrt, doch zusätzlich war ein großer Spiegel aufgehängt, in dem man das Geschehen auf der Leinwand dann richtig herum sah. Diese Plätze waren günstiger als die normalen Eintrittskarten, stellten aber dennoch eine veritable zusätzliche Einnahmequelle dar. Alfred Topps Kino war in Berlin so bekannt, dass auf ihn das Wort „Kintopp“ zurückgehen soll, das insbesondere in der ersten Hälfte des 20. Jahrhunderts als Sammelbezeichnung für Kino und Filme geläufig war.

Heute heißt das Kino Moviemento, und die (inzwischen sogar drei) Zuschauersäle haben jeweils eine eigene Leinwand, einen Besuch ist es aber immer noch wert. Vielleicht sogar mehr denn je: Da die gewerbliche Miete in Kreuzberg nicht gesetzlich gedeckelt ist, bangen Betreiber und Anwohner Jahr für Jahr um das Fortbestehen des Traditionshauses. Das Programm ist extrem vielfältig – alle Facetten der Filmkunst werden präsentiert, und von Jung bis Alt ist für alle etwas dabei. Fremdsprachige Filme werden gerne im Original mit Untertiteln gezeigt. Wer es gerade nicht nach Berlin schafft, kann sich stattdessen an einer Crowdfunding-Kampagne beteiligen, die von vielen Prominenten wie Benno Fürmann und Luna Wedler unterstützt wird und es den Betreibern ermöglichen soll, die Immobilie selbst zu erwerben. Daumen sind gedrückt!

- Moviemento, Kottbusser Damm 22, 10967 Berlin, Tel. (0 30) 6 92 47 85
www.moviemento.de
- ÖPNV: U-Bahn U7, Bus 171, M29, M41, Haltestelle U Hermannplatz

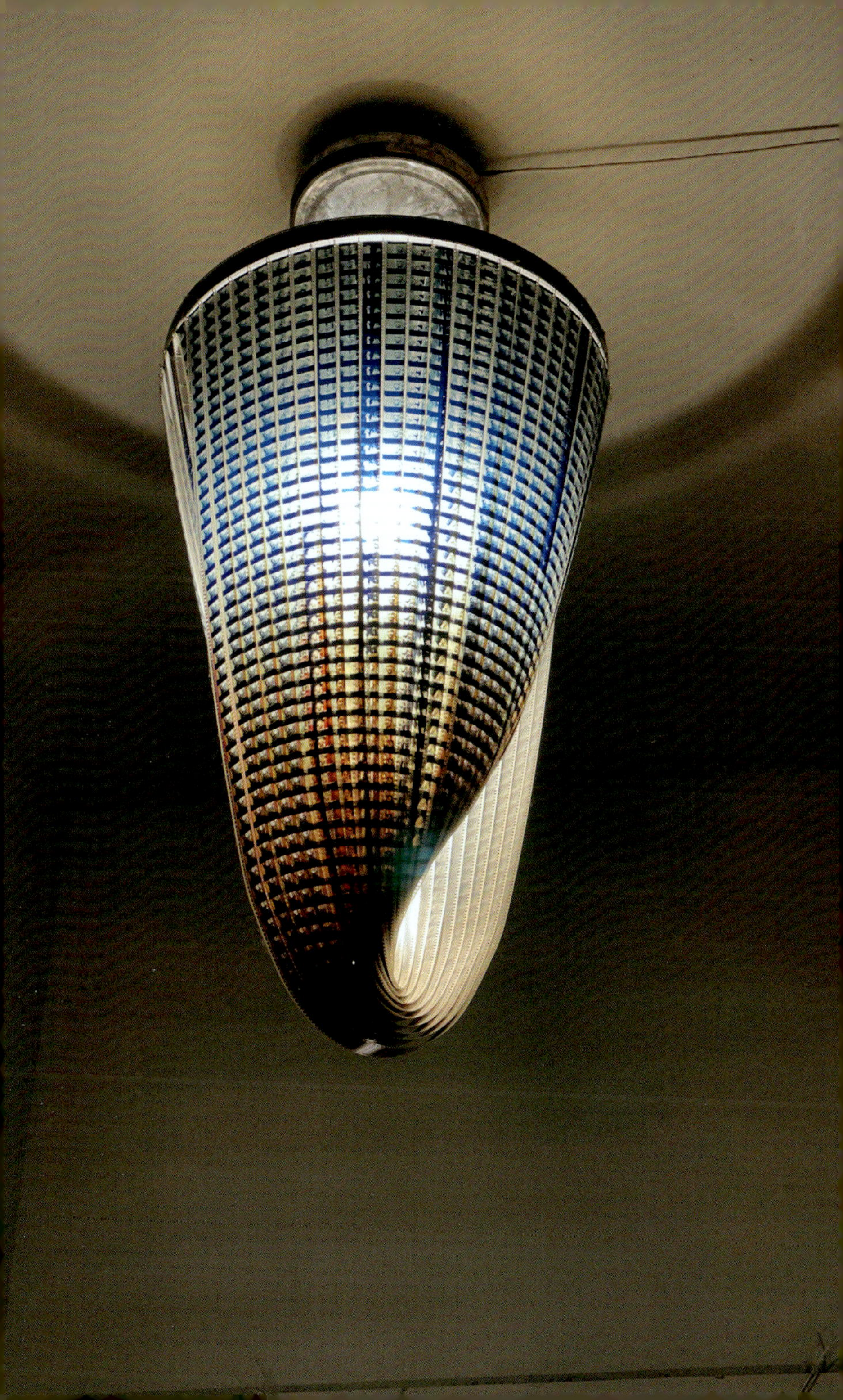

Alle schauen mit

34 „Eine Stadt sieht einen Film" in Hamburg

Im April 2016 veranstalteten die Hamburger Arthouse- und Programmkinos zum ersten Mal das Gemeinschaftsprojekt „Eine Stadt sieht einen Film" und legten einen „gigantischen" Start hin: Gestaffelt über den Tag hinweg zeigten 14 Kinos den 1998er-Kultfilm „Absolute Giganten", Sebastian Schippers Liebeserklärung an Hamburg, die Jugend und die Freundschaft. Begleitet wurde das Ereignis von einem nicht weniger gigantischen Rahmenprogramm, vom Sektfrühstück über Q&As mit den Machern und Stars des Films, Fotoausstellungen und als „Tribute" an den mittlerweile verstorbenen Frank Giering auch ein paar weiteren Werken aus seinem Schaffen. Und getreu dem Filmzitat „Es müsste immer Musik da sein" endete der Tag in einer Kneipe mit Tischkicker auf dem Hamburger Berg.

Der Erfolg war überwältigend: ausverkaufte Säle, begeisterte Zuschauer, frenetische Berichterstattung. Kein Wunder also, dass das Projekt schnell zu einer jährlichen Veranstaltung wurde und seither jedes Jahr im April in mittlerweile 16 Kinos mit viel Aufwand und Organisation ein zumeist in Hamburg oder zumindest im deutschen Norden beheimateter Film von der ganzen Stadt gezeigt und gesehen wird. In den Folgejahren konnten auch die Streifen „Fraktus", „Der amerikanische Freund", „Nordsee ist Mordsee", „Kurz und Schmerzlos", „Brennende Betten", „Rocker" und „Bandits" große Erfolge verzeichnen. Publikum und Tonart sind hier klar gesetzt: Wer Interesse an (Arthouse-)Filmen hat, die in und um Hamburg spielen, bekommt hier echte Kultfilme kredenzt und dazu ein buntes, liebevoll gestaltetes Rahmenprogramm, das inzwischen sogar um Drehortspaziergänge mit den Schauspielern und noch mehr Gespräche mit Machern und Beteiligten vor Filmbeginn erweitert wurde. „Eine Stadt sieht einen Film" ist Hamburgs großes cineastisches Gemeinschaftserlebnis, bei dem die Kinolandschaft einer ganzen Stadt gemeinsam einen Film, die Geschichte und das norddeutsche Lokalkolorit genießt, darüber spricht und für einen ganzen Tag eine Leidenschaft miteinander teilt.

- 3001 Kino (Beispielspielstätte), Schanzenstraße 75 (im Hof), 20357 Hamburg
  www.eine-stadt-sieht-einen-film.de
- ÖPNV: U-Bahn U3, S-Bahn S11, S21, S31, Bus 181, Haltestelle Sternschanze

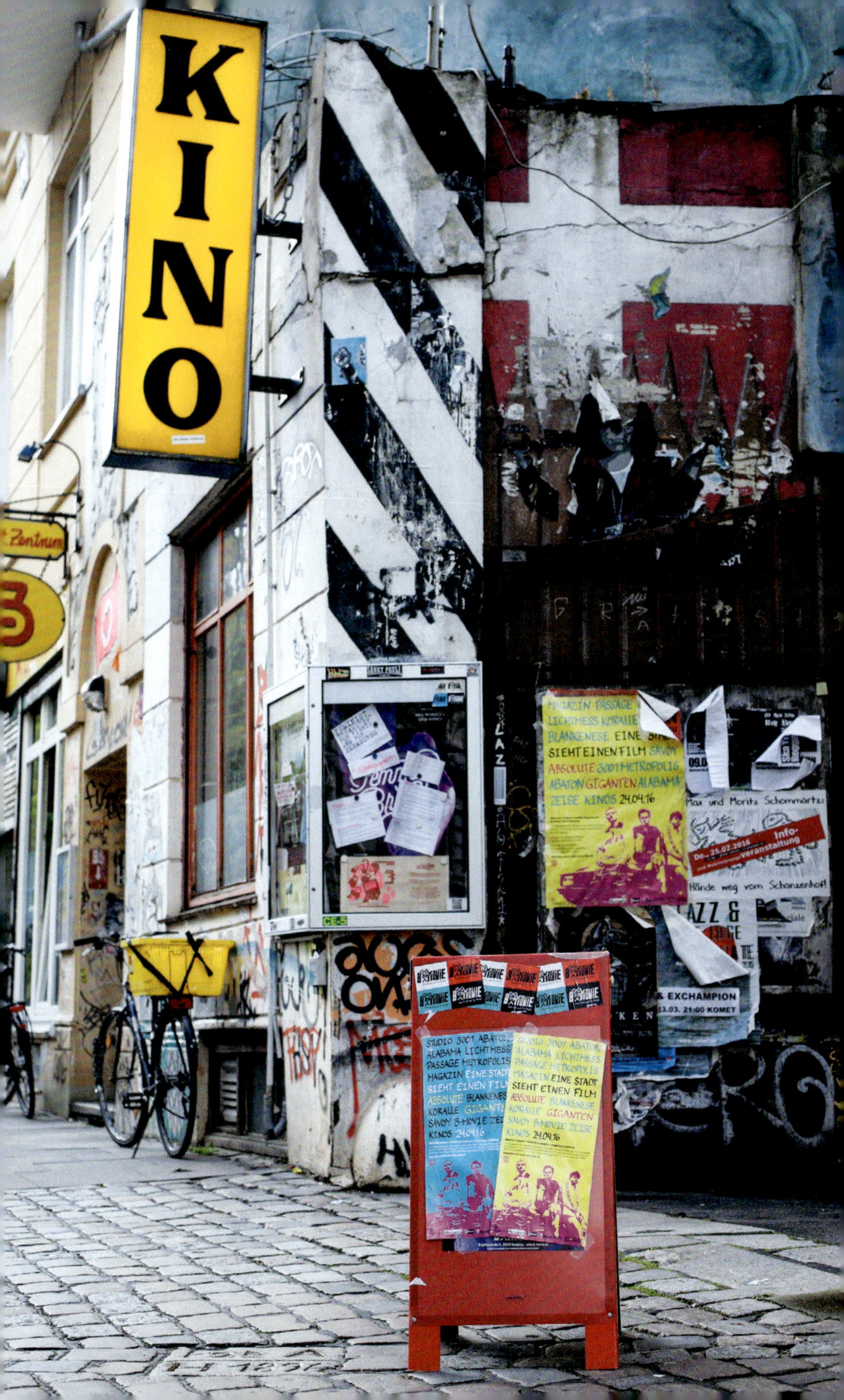
KINO
MAGAZIN PASSAGE
LICHTMESS KORALLE
BLANKENESE EINE STADT
SIEHT EINEN FILM SAVOY
ABSOLUTE 3001 METROPOLIS
ABATON GIGANTEN ALABAMA
ZEISE KINOS 24.04.16
Max und Moritz Schommartz
Info-veranstaltung
Hände weg vom Schanzenhof
& EXCHAMPION
KOMET
B-MOVIE
STUDIO 3001 ABATON
ALABAMA LICHTMESS
PASSAGE METROPOLIS
MAGAZIN EINE STADT
SIEHT EINEN FILM
ABSOLUTE BLANKENESE
KORALLE GIGANTEN
SAVOY B-MOVIE ZEISE
KINOS 24.04.16

Harry Lime lebt!

35

Das Third Man Museum in Wien

Carol Reeds Film „Der dritte Mann“ von 1949 ist ein Meilenstein der Kinogeschichte. Der enorm spannende Thriller mit Joseph Cotten, Alida Valli und Orson Welles nach einem Drehbuch von Graham Greene war in technischer und narrativer Hinsicht aufsehenerregend, und das Setting war für das zeitgenössische Publikum von einer eindringlichen Aktualität: Der Film spielt im von den Siegermächten besetzten Wien der Nachkriegszeit, und das Publikum sieht das zerstörte Europa mit den Augen derer, die es zerstörten, und derer, die unter seiner Zerstörung litten. Reeds Anleihen an den deutschen Expressionismus und den amerikanischen Film noir sind stets greifbar, aber genauso viel verdankt die Kamera dem Dokumentarfilm und dem italienischen Neorealismus – die Trümmer im Film sind alle echt. Und auch die Schnitttechnik beschritt neue Wege, genau wie der Sound: Anton Karas' Zither bestreitet den kompletten Soundtrack, sein „Harry-Lime-Thema“ zählt bis heute zu den bekanntesten Filmmelodien. Mehr als einmal wurde „Der dritte Mann“, der in Cannes die Goldene Palme gewann, als bester britischer Film aller Zeiten bezeichnet.

Wer sich an einem Samstagnachmittag in Wien aufhält, sollte daher nicht zögern, das Third Man Museum mit seiner Dauerausstellung „Der Filmklassiker Der dritte Mann und Wien nach dem Krieg“ zu besuchen. (Private VIP-Führungen mit dem Museumsleiter Gerhard Strassgschwandtner sind jederzeit möglich, aber etwas teurer.) In 15 Räumen zeigt das Museum 3000 Originalexponate rund um den „Dritten Mann“, von Drehbüchern über Kameras bis hin zur Zither von Anton Karas. Daneben beschäftigt sich die Ausstellung aber auch mit der Realität des besetzten Wien und zeichnet anhand zahlreicher historischer Dokumente ein eindrucksvolles Bild vom schwierigen Alltag in der unmittelbaren Nachkriegszeit, immer wieder kommentiert durch Zitate aus dem Film. Ein „Glücksort“ ganz anderer Art, aber ein umso wichtigerer.

TIPP

„Der dritte Mann“ läuft jede Woche im englischen Original im historischen Wiener Burgkino von 1912 auf großer Leinwand.

● Third Man Museum, Pressgasse 25, A-1040 Wien, Tel. +43 (6 76) 4 75 78 18
www.3mpc.net

● ÖPNV: U-Bahn U4, Haltestelle Kettenbrückengasse;
Bus 59A, Haltestelle Pressgasse

81. (contd).

Martins:

So you're too busy chasing a few tubes of penicillin to investigate a murder.

Calloway:

These were murders. Men with gangrened legs, women in childbirth. And there were children too. They used some of this diluted penicillin against meningitis. The lucky children died, the unlucky ones went off their heads. You can see them now in the mental ward. That was the racket Harry Lime organised.

Martins:

Callaghan, you haven't shown me one shred of evidence.

Calloway: 9 Mar 49

We're just coming to that.

He crosses and pulls a curtain over the window.

A magic lantern show, Paine.

Paine fetches a lantern and pulls down a sheet, turns out the light, while he is doing this, Calloway cheerfully changes the subject.

Calloway:

You know Paine's one of your devoted readers. He's promised to lend me - what is it ? The Lone Rider ?

Martins doesn't reply. 10 Mar 49 (on Martins)

Paine:

I'd like to see Texas before I die, sir.

Martins' nerves give way. 21 Mar 49 (on Calloway)

Martins:

Show me what you've got to show and let me get out.

Paine works the slides. The first slide is of a man caught unawares by the camera - Harbin. He is talking to some friends.

Calloway:

~~We put the screws on one of the racketeers' agents, an orderly in a military hospital. That's him. A chap called Harbin. He led us to Kurtz and Lime. Next, Paine.~~

The next slide is the photostat of a note which is signed by Harry Lime.

Calloway:

Can you identify that ?

Martins:

It's Harry's hand.

Calloway:

~~You see what I mean~~ ? That's right. Next, Paine.

A world is beginning to come to an end for Martins, a world of easy friendship, hero-worship, confidence that had begun twenty years before...but he won't admit it. He sips his whisky -

Eleganz auf drei Etagen

36

Das Pathé Küchlin in Basel

Kinosäle mit mehreren Rängen gibt es in Europa nicht allzu viele. Ein besonders eindrucksvolles Exemplar besitzt das Pathé Küchlin in der Basler Innenstadt. Dass dieser Saal an ein Opernhaus erinnert, kommt nicht von ungefähr. Der Namensgeber des Kinos, Karl Küchlin, war gelernter Fleischer und investierte als Wurstproduzent unter anderem in den Bau von Varietétheatern. Das Baseler Theater, dem er seinen Namen lieh, war einer der ersten Großbauten der Schweiz aus Eisenbeton. Die Fassade mit den sieben eindrucksvollen Säulen zierte ein Fries des Rodin-Schülers Karl Albiker, und der aufwendig gestaltete, 1500 Gäste fassende Innenraum verfügte über eine herausragende Akustik. 1912 wurde das Theater eröffnet, und sofort erfreuten sich die Opern-, Ballett- und Theateraufführungen, aber auch die Revuen mit internationalen Varietéstars großer Beliebtheit. 1918 zog sich „Papa Küchlin" mit 54 Jahren aus dem aktiven Geschäft zurück und wandelte sein Theater in eine AG um, doch der Betrieb ging unter neuer Leitung unvermindert weiter. Maurice Chevalier, Josephine Baker und Grock traten auf, und die berühmte Komödie „Das Haus in Montevideo" von Curt Goetz feierte hier ihre Premiere.

Von Beginn an wurden im „Kiechli", wie die Baseler das Haus liebevoll nannten, aber auch Filme vorgeführt, zu diesem Zweck wurde eigens eine Kinoorgel eingebaut. Nach dem Zweiten Weltkrieg nahm das Interesse an Theater und Oper zugunsten des Kinos rasant ab, und dem trug man auch im Küchlin-Theater Rechnung, das nun in erster Linie als Kino diente und bald nur noch als „Cinéma Küchlin" bekannt war. 2003 wurden die Fassade und der große Saal unter Denkmalschutz gestellt, nach der Übernahme durch die Pathé-Gruppe wurde das Kino 2006 durch einen Anbau zum Multiplex erweitert. Heute verfügt das Pathé Küchlin über acht Säle. Am eindrucksvollsten ist aber nach wie vor der historische Saal 1, der heute 491 Plätze hat. Man braucht nicht viel Fantasie, um sich vorzustellen, wie hier vor 100 Jahren die Stars gefeiert wurden.

● Pathé Küchlin, Steinenvorstadt 55, CH-4051 Basel
www.pathe.ch/de/kinos/cinema-pathe-kuchlin
● ÖPNV: Tram 6, 10, 16, Haltestelle Theater

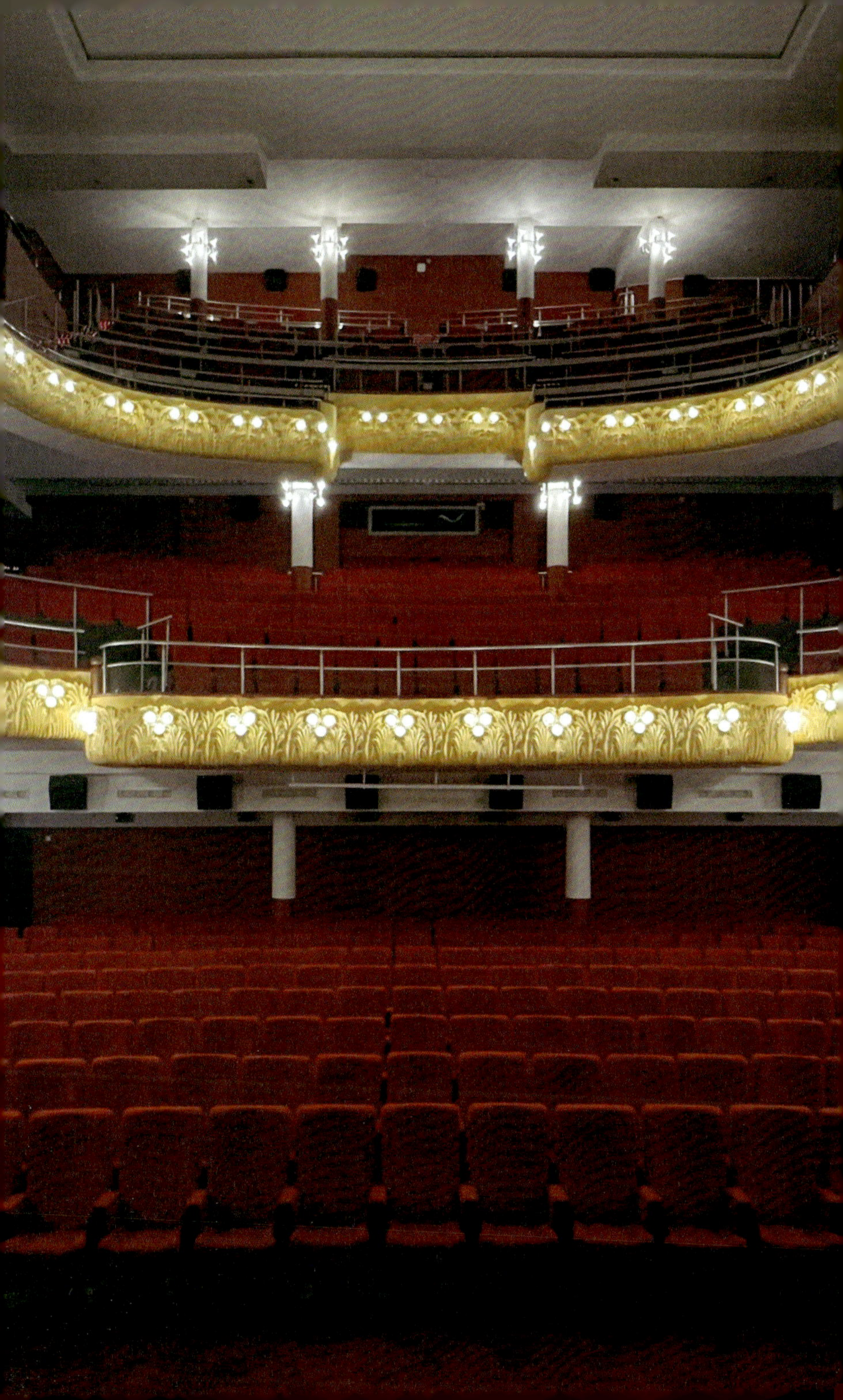

Sommernacht im Elbflorenz

37 „Filmnächte am Elbufer" in Dresden

Dresdens Altstadt gehört zu den schönsten Sehenswürdigkeiten Sachsens, und für den zwar unwahrscheinlichen, aber doch möglichen Fall, dass man sich daran einmal sattgesehen haben könnte, kam man 1991 auf die Idee, den Sommer über einfach eine Kinoleinwand davorzuhängen und die Wiese am Königsufer auf der anderen Elbseite zum Freiluftkino umzufunktionieren. Seither gehören die Filmnächte am Elbufer zu den wichtigsten Veranstaltungsterminen der Region.
Aber auch als Nicht-Dresdner sollte man sich Deutschlands größtes Freilichtkino- und Kulturfestival vor der wunderbaren Kulisse des „Elbflorenz" nicht entgehen lassen, wenn hier einmal im Jahr das Neustädter Elbufer auf der anderen Flussseite der Dresdner Altstadt zur Kinoshow der Superlative wird: Die mit 448 Quadratmetern größte mobile Kinoleinwand Europas lockt in zwei Monaten über 270.000 Besucher an, und das nicht allein mit Filmen. (Zu denen kommen aber immerhin 90.000 Zuschauer.) Denn die riesige Projektionsfläche kann um 90 Grad gedreht werden und dient so als Überdachung der Bühne für spektakuläre Musikkonzerte, die das Festival ergänzen. Hier standen nicht nur Größen wie James Brown, Neil Young, R.E.M., Die Toten Hosen oder Die Ärzte auf der Bühne, sondern jedes Jahr findet auch die „Kaisermania" statt – eine Reihe stets ausverkaufter Open-Air-Konzerte von Roland Kaiser und seiner Band. Bis zu 12.000 Konzertgäste finden vor der Bühne Platz, und bei kaum einem Konzert bleiben Plätze frei. Die Nachmittage gehören den Familien und Kindern, die auf einer 23 Quadratmeter großen LED-Leinwand ein für die jüngere Altersgruppe zugeschnittenes Programm präsentiert bekommen. Das Festival füllt mit rund 65 Veranstaltungstagen von Juni bis August einen Großteil des Sommers und findet inzwischen Ableger in Leipzig und an der Krabat-Mühle Schwarzkollm. Zum Hauptprogramm auf der Open-Air-Leinwand gehören aktuelle Blockbuster, Klassiker und historische Titel. Bis zu 250 Filme werden hier alljährlich gezeigt, dazu Previews, Premieren und Besuche von Stars und Machern.

- Filmnächte-Spielfläche, Königsufer, 01097 Dresden
www.dresden.filmnaechte.de
- ÖPNV: Tram 3, 6, 7, 8, 12, Haltestelle Carolaplatz

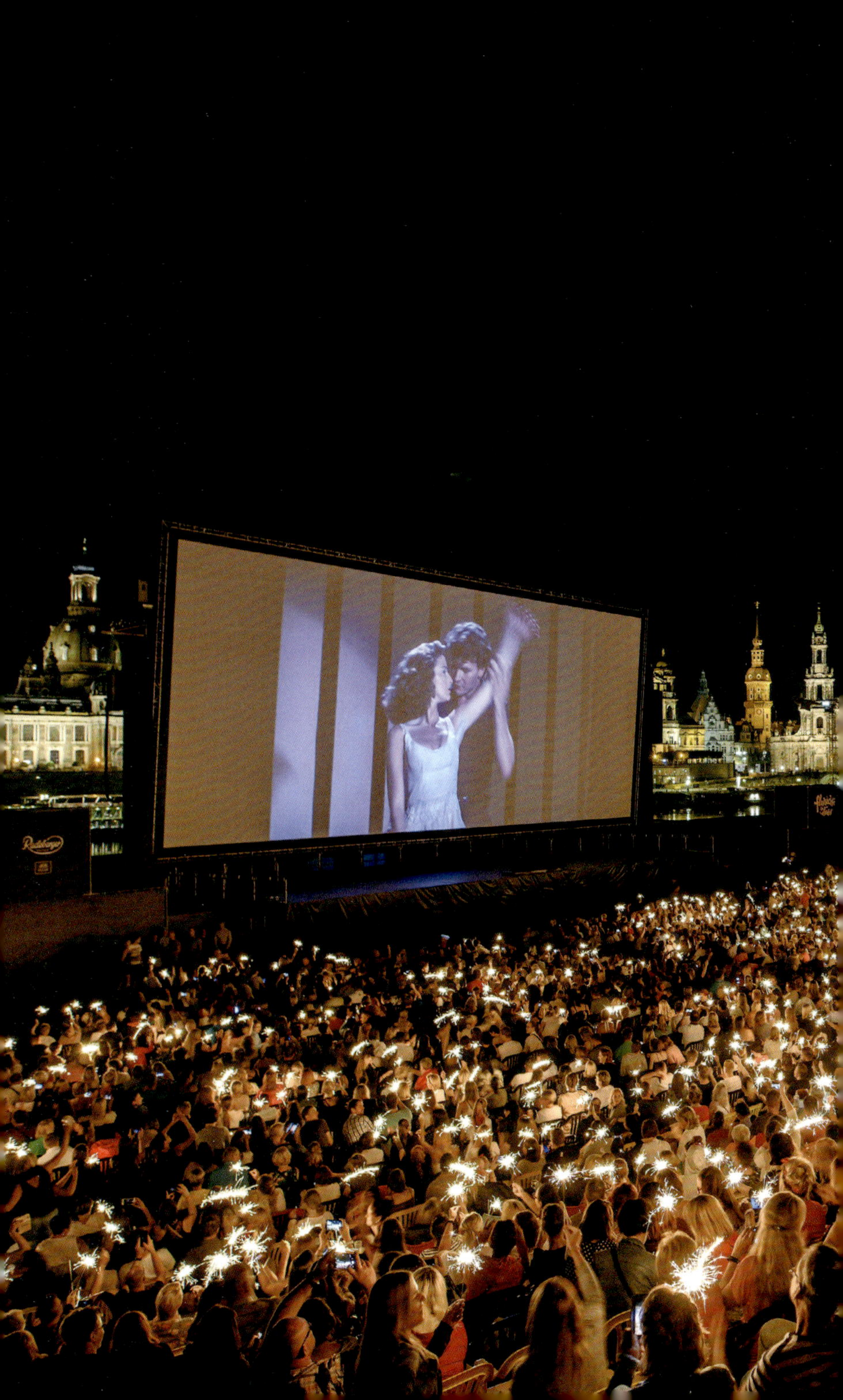

Auf eine Curry mit Schimmi

38

Schimanski-Drehorte in Duisburg

„Scheiße!“ Mit diesem Wort hat sich Götz George unsterblich gemacht. Als Horst Schimanski 1981 erstmals auf dem Bildschirm zu sehen war, war Fäkalsprache im deutschen Fernsehen noch weitgehend tabu, zumal zur besten Sendezeit und aus dem Mund eines Beamten, nämlich eines Kriminalhauptkommissars. In der ersten Szene seines ersten „Tatort“-Krimis, „Duisburg-Ruhrort“, sieht man „Schimmi“ in seiner von leeren Bierflaschen übersäten Wohnung und wird Zeuge, wie er zum Frühstück rohe Eier schluckt, weil die Pfanne schmutzig in der Spüle steht. George verkörperte einen ganz neuen Typus Fernsehkommissar, der den TV-Krimi revolutionierte und der Reihe „Tatort“ neues Leben einhauchte. Bis 1991 war er in 29 Folgen zu sehen.

Der Name des ersten Schimanski-„Tatorts“ war Programm: Der Ruhrpott und vor allem Duisburg spielten als Schauplatz von Anfang an eine große Rolle. Dabei war die Stadt anfangs gar nicht begeistert davon, wie sie dargestellt wurde – zu roh, zu schmutzig, ungeschminkt halt. Inzwischen hat man damit seinen Frieden gemacht, die Achtziger sind lange genug her. Trotzdem erkennt man vieles wieder, wenn man den Hafenstadtteil Ruhrort erkundet, zum Beispiel Schimanskis Stammkneipe Zum Anker (König-Friedrich-Wilhelm-Straße 18).

Wer sich auf das Fachwissen echter Fans verlassen will, sollte eine der Schimanski-Touren buchen, die DU Tours aus Düsseldorf seit 2012 organisiert und bei der man zwischen mehreren Varianten wählen kann. Besonders stilecht ist natürlich die, bei der man 2 Stunden lang zu Fuß Ruhrort erkundet, ganz authentisch mit Currywurst am Ende der Tour. Dabei besucht man auch die Straße, die nach dem berühmtesten (fiktiven) Bewohner des Stadtteils benannt ist: die Horst-Schimanski-Gasse, wo damals ebenfalls gedreht wurde. Seit Herbst 2022 erinnert hier sogar eine von der Duisburger Künstlerin Carolin Höbing gestaltete Bronzebüste an „Schimmi“.

TIPP

Ein ausführlicher Blog verrät, wo man die genauen Drehorte aller Schimanski-Krimis findet: schimanski-drehorte.blogspot.com.

- Horst-Schimanski-Gasse, 47119 Duisburg, www.du-tours.de
- ÖPNV: Tram 901, Haltestelle Duisburg Karlstraße

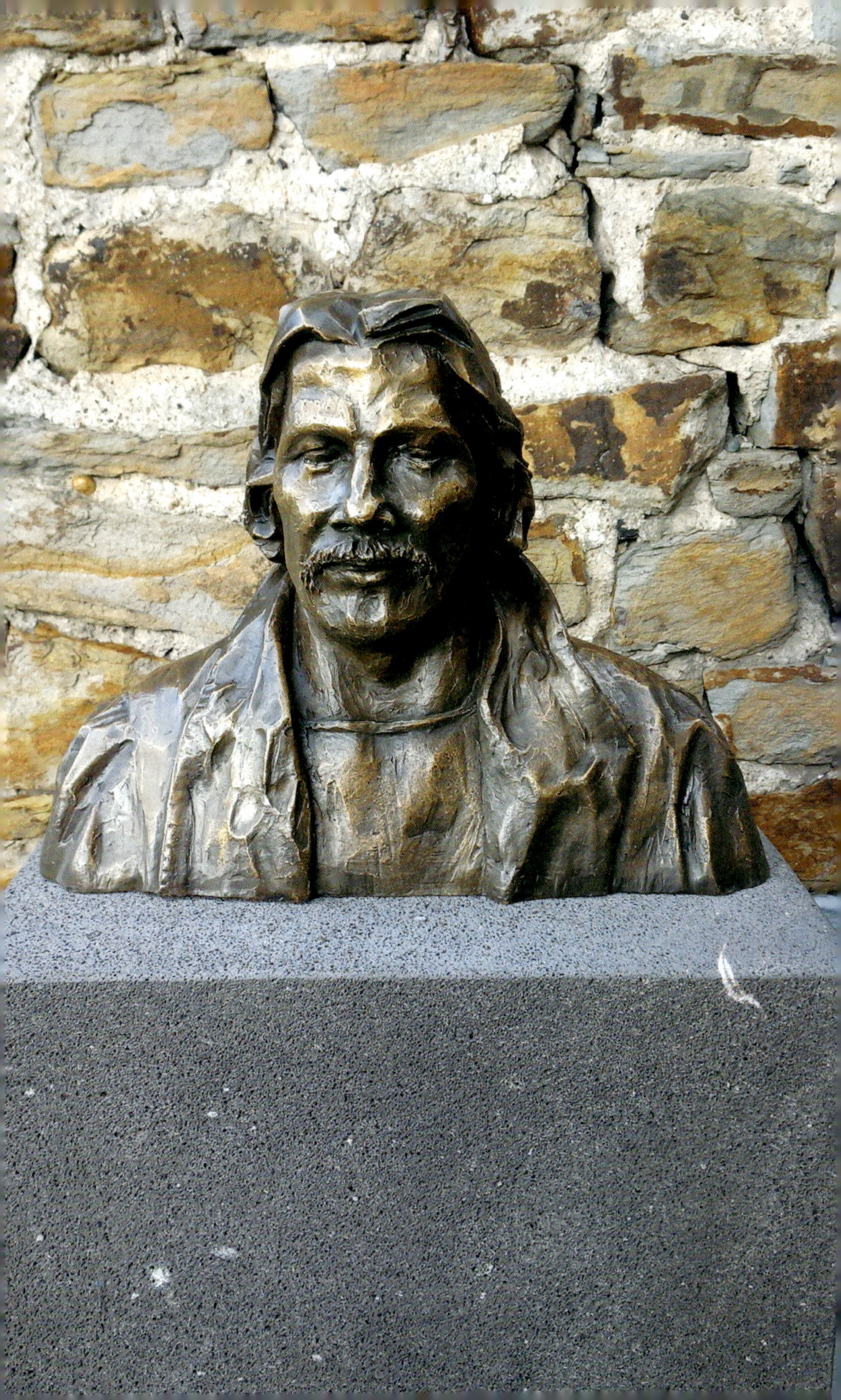

Große Filme ganz jung

39

Die Internationalen Hofer Filmtage

Unter all den kleineren Filmfestivals in Deutschland zählen die Internationalen Hofer Filmtage vermutlich zu den bedeutendsten. Seit 1968 werden hier vornehmlich deutsche Filme von Jungfilmern, Filmschulabsolventen und anderen neuen Filmemachern abseits der großen Fernseh- und Studioproduktionen gezeigt und gefördert. Dieser Ansatz wurzelt schon in der Gründungsgeschichte des Festivals: Heinz Badewitz und Uwe Brandner begannen Anfang der 1960er-Jahre, in München Kurzfilme zu drehen, für die sie jedoch keine Kinos fanden. Sie zogen gemeinsam in Badewitz' Geburtsstadt, das oberfränkische Hof, nutzten ihre Beziehungen zu den dortigen Kinobetreibern und hielten 1967 das erste Hofer Kurzfilmfestival ab, das damals gerade mal einen Abend füllte.

Doch im Laufe der Zeit wuchsen das Festival und seine Bedeutung, vor allem als Präsentationsfläche des Neuen Deutschen Films. Damit wurden die Hofer Filmtage zum wichtigsten deutschen Festival nach der Berlinale und zum Wohnzimmer für Filmemacher wie Werner Herzog, Wim Wenders, Rainer Werner Fassbinder, H. W. Geißendörfer, Alexander Kluge oder Christoph Schlingensief. Ohne Hof wäre der deutsche Autorenfilm vielleicht gar nicht denkbar. Heute werden während der Hofer Filmtage innerhalb einer Woche mehr als 130 Filme gezeigt (ein gutes Drittel davon Kurzfilme) und etliche Förder-, Kunst- und Publikumspreise vergeben. Noch immer liegt der Schwerpunkt des Festivals auf deutschen Independent- und Autorenfilmen. Für diese Szene ist der jährliche Termin in Hof im Oktober inzwischen ein unverzichtbares Mittel zur Sichtbarmachung ihrer Werke; wie nirgendwo sonst bekommen Nachwuchsregisseure hier eine Plattform geboten. Entsprechend gibt es immer wieder kleine und große Perlen zu entdecken, die einem auf anderem Wege vielleicht nie begegnet wären. Auf diesem Festival, einem der wichtigsten des europäischen Kinos, wird nicht nur die Liebe zum jungen, frischen Film gefeiert, sondern werden auch die großen Namen des Autorenfilms gewürdigt und aufrechterhalten.

● Central Kino Hof, Altstadt 8, 95028 Hof, Tel. (0 92 81) 14 24 88
www.hofer-filmtage.com
● ÖPNV: Bus 3, 4, 6, 12, 13, 15, Haltestelle Oberes Tor

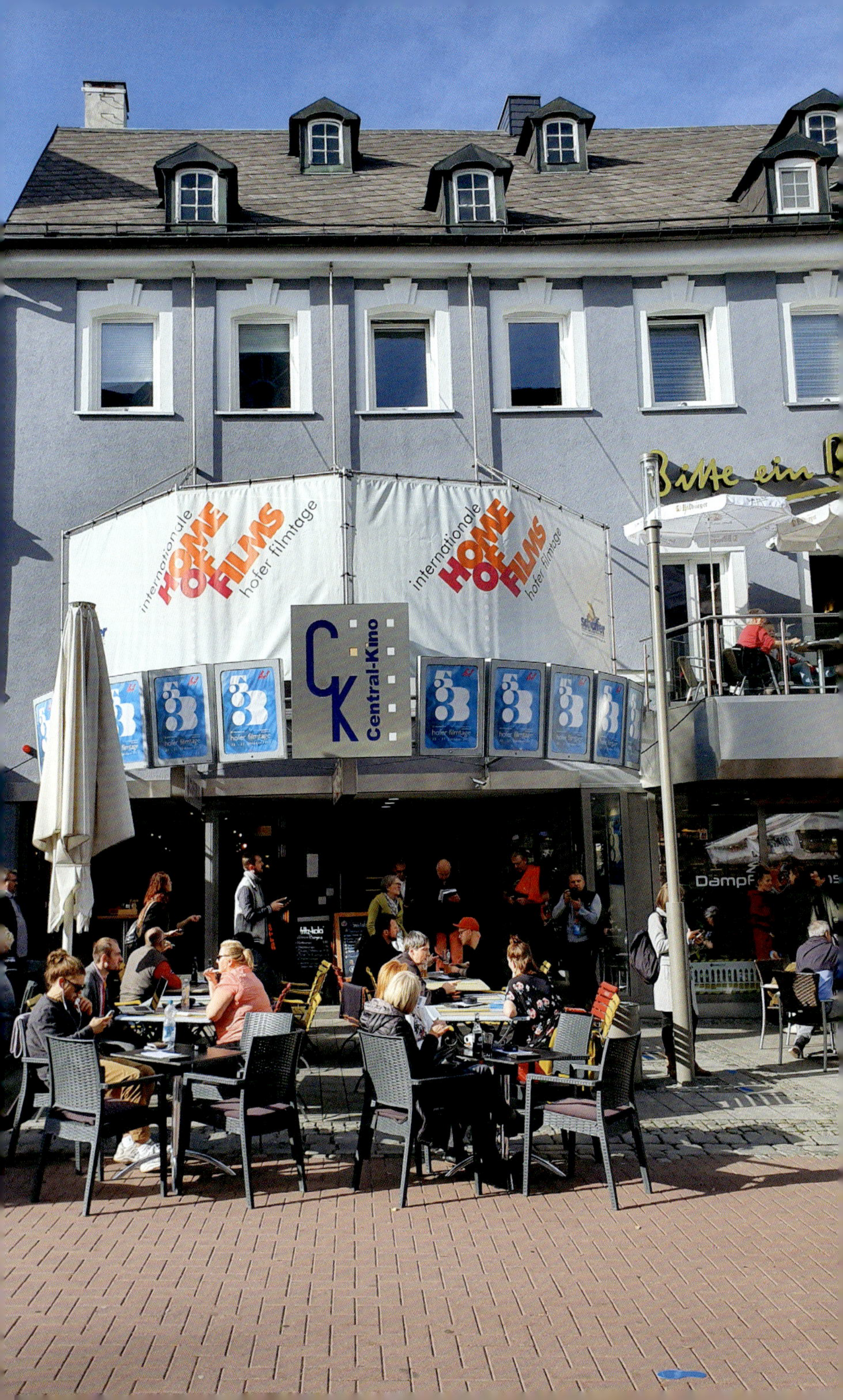
internationale
HOME OF FILMS
hofer filmtage
CK
Central-Kino
hofer filmtage
Bitte ein

Servus, Bond!

40 007 Elements in Sölden

James Bond war im Laufe seiner Karriere bereits mehrmals in Österreich: In „Der Spion, der mich liebte" (1977) fuhr er Ski in den österreichischen Alpen, in „Der Hauch des Todes" (1987) war er in Wien und am Weißensee in Kärnten unterwegs, in „Ein Quantum Trost" (2008) besuchte er die Seebühne in Bregenz. Besonders spektakulär sind die Szenen von „Spectre" (2015), die in Sölden im Öztal entstanden, wo das ice Q Restaurant auf dem Gaislachkogl als Kulisse für die Hoffler-Klinik und als Ausgangspunkt für eine wilde Verfolgungsjagd im Schnee diente.

Nicht weniger spektakulär ist die Location von 007 Elements, einer multimedialen Ausstellung und Erlebniswelt, die Besuchern die Welt des berühmtesten britischen Agenten aller Zeiten näherbringt. Zwar steht „Spectre", das 24. Bond-Abenteuer von EON Productions, im Mittelpunkt der interaktiven Installation, aber daneben können Fans in neun Räumen auf zwei Ebenen auch zahlreiche klassische Elemente der legendären Filmreihe erkunden, von berühmten Autos und Charakteren über technische Gimmicks und faszinierende Klangkulissen bis hin zu atemlosen Actionszenen und exotischen Drehorten – ganz zu schweigen von einem atemberaubenden Blick auf die Bergwelt Tirols.

Los geht es im „Gunbarrel"-Vorzimmer, das sich der berühmten 007-Titelsequenz widmet. Weitere Räume nennen sich „The Tech Lab" oder „The Briefing Room". In „The Lair" dreht sich alles um die Bond-Bösewichte von Dr. No bis Blofeld. In digitalen Präsentationen treten „Skyfall"-Regisseur Sam Mendes und „Miss Moneypenny" Naomie Harris auf, die die Besucher durch die Geschichte der James-Bond-Filme leiten oder erzählen, wie anhand eines Drehbuchs die Drehorte ausgewählt werden. In der „Action Hall" geht es um Stunts und Spezialeffekte, und in der „Legacy Gallery" kann man per interaktiven Touchscreens auf eigene Faust ein ganzes 007-Archiv durchforsten. Dieser Ort lässt die Herzen aller Bond-Fans höherschlagen. Man sollte allerdings daran denken, sich warm anzuziehen – 007 Elements ist nämlich nicht beheizt.

● 007 Elements, Dorfstraße 115 (Bergbahnen Sölden), A-6450 Sölden, Tel. +43 (52 54) 50 80, www.007elements.soelden.com
● ÖPNV: Gaislachkoglbahn, Haltestelle Bergstation

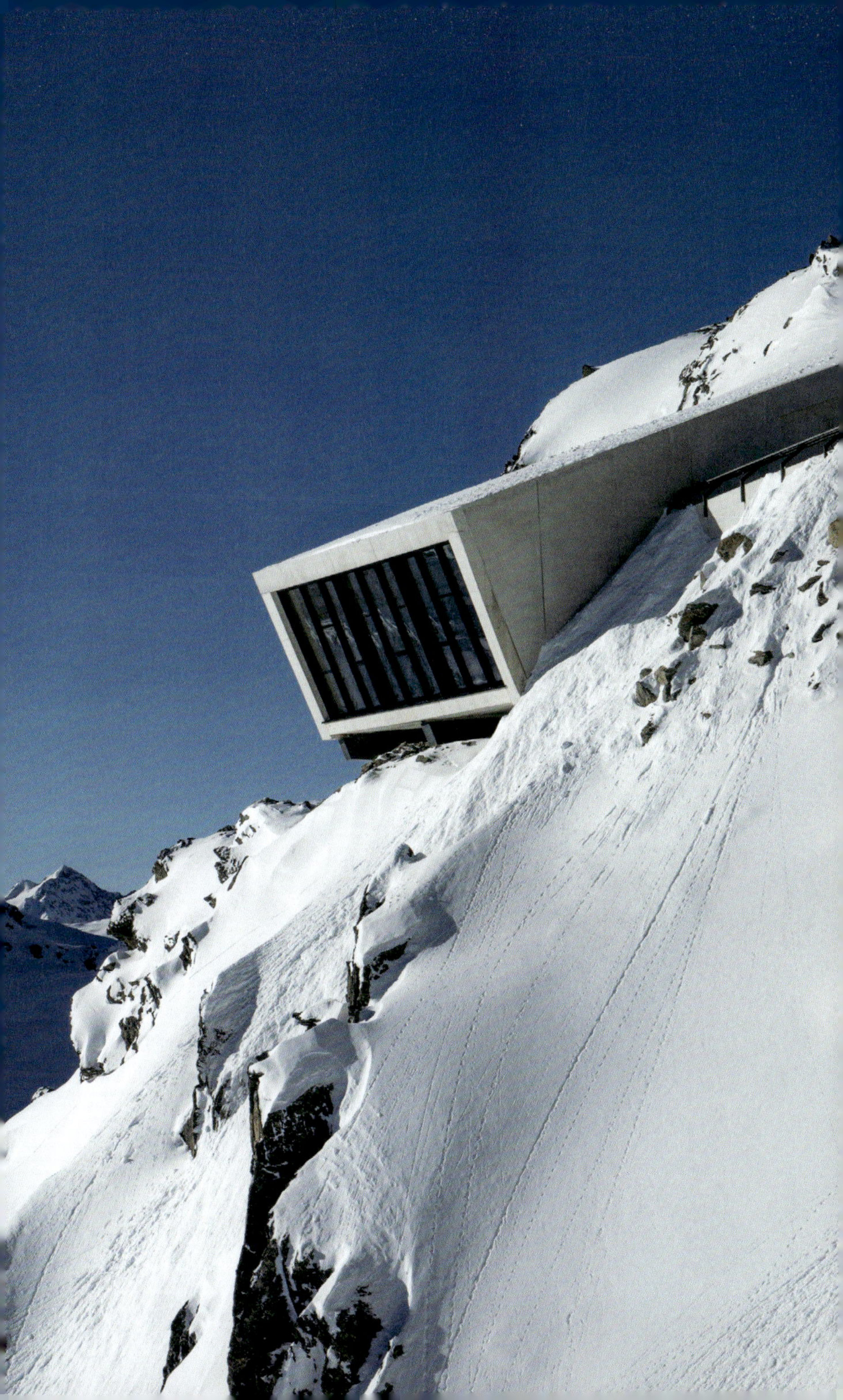

Vor zauberhafter Kulisse

41 Das Stadtwerke-Sommerkino in Duisburg

Wenn im Sommer die Open-Air-Kinos ihre Tore öffnen und Leinwände erhellen, dann gehört ein Besuch im Stadtwerke-Sommerkino im Landschaftspark Duisburg-Nord (LAPADU) vermutlich zu den schönsten Möglichkeiten, unter lauschigem Himmel echte Kinomagie zu erleben. Nach der Stilllegung des alten Hüttenwerks Mitte der 1980er-Jahre wurde die Industriebrache von der Stadt Duisburg mit groß angelegten Architekturprojekten zu einem der weltweit führenden Landschaftsparks umgestaltet und 1994 für die Öffentlichkeit freigegeben. Egal ob Tauchen in gefluteten Gasometern, Klettern in alten Erzbunkeranlagen oder Konzerte in ehemaligen Werkshallen – die alten Industriegebäude wurden erhalten, sorgfältig in die Parklandschaft integriert und neu genutzt. So entstand eine einzigartige Symbiose aus Natur und Industrie, dank der das Gelände zu den zehn besten Stadtparks der Welt zählt. Im Sommer zieht der Landschaftspark Duisburg-Nord Tausende Besucher an, die hier im Beachclub entspannen und in den Parkanlagen die Seele baumeln lassen oder eines der zahlreichen Freizeitangebote nutzen.

Zu denen gehört auch die seit 1996 stattfindende Open-Air-Veranstaltung „Stadtwerke-Sommerkino" in einer alten Gießhalle samt angeschlossenem Biergarten. Hier lohnt sich das frühe Erscheinen: Man genießt im Beachclub den ausklingenden Sommerabend mit Speis und Trank und guter Gesellschaft und wechselt bei Einbruch der Dunkelheit ins Kino mit über 1000 Sitzen. Hier laufen während der 40-tägigen Veranstaltung neben aktuellen Blockbustern auch kleinere Arthouse- und Independent-Filme oder Klassiker wie „The Rocky Horror Picture Show". Sollte es doch mal regnen, schließt sich über den Gästen das durchsichtige Schutzdach, wodurch der Filmgenuss ungehindert fortgesetzt werden kann. Und spätestens wenn es ganz dunkel geworden ist und überall im LAPADU die berühmten Lichtinstallationen von Jonathan Park die alten Bauten des Hüttenwerks in prächtige Farben tauchen, enthüllt dieser einzigartige Kino-Ort seinen ganzen Zauber.

- Landschaftspark Duisburg-Nord, Emscherstraße 71, 47137 Duisburg
www.stadtwerke-sommerkino.de
- ÖPNV: Tram 903, Haltestelle Landschaftspark, von dort ca. 10 Minuten Fußweg

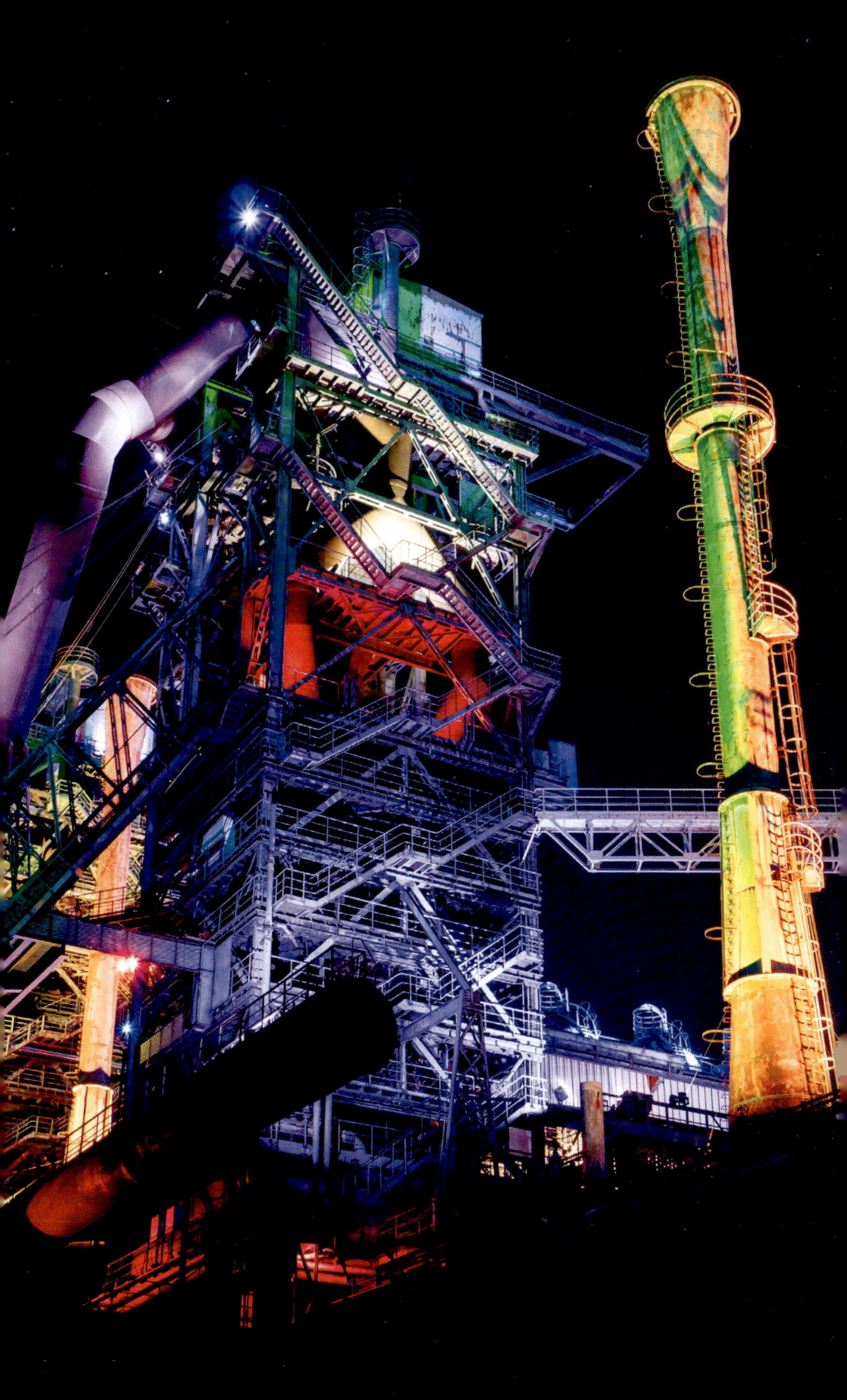

Cinémathèque à la Austria

42

Österreichisches Filmmuseum in Wien

Anfang der 1960er-Jahre hatten zwei junge Wiener Filmfans eine Idee: Der Avantgardefilmer Peter Kubelka und der Nachrichtentechniker Peter Konlechner, beide noch keine 30, wollten nach dem Vorbild der Pariser Cinémathèque française eine Kinemathek etablieren, die sich als erste Einrichtung dieser Art in Österreich um die Präsentation und Bewahrung der internationalen Filmgeschichte kümmern sollte. Die zwei kannten sich von der Technischen Hochschule Wien, wo Konlechner einen Filmclub initiiert hatte, in dem Kubelka seine Kurzfilme zeigen durfte. Für sie war der Film das maßgebliche Medium künstlerischen Ausdrucks des 20. Jahrhunderts und zugleich das wichtigste Mittel zur Dokumentation von Zeitgeschichte.

1964 gründeten sie das Österreichische Filmmuseum, das sie zusammen bis 2001 leiteten. Zunächst bestand der „Museumsbetrieb" darin, dass sie an diversen Aufführungsorten Filme zeigten. Schon ein Jahr später fanden sie dann dauerhafte Räumlichkeiten in der Graphischen Sammlung des Wiener Kunstmuseums Albertina. Dort hat das Filmmuseum bis heute seinen Sitz, und es ist im Laufe der Jahrzehnte beträchtlich gewachsen. Das Museum verfügt über einen großen Kinosaal, eine eigene Fachbibliothek und diverse Exponate, die in mehreren Sammlungen zusammengefasst sind. Es wird als Verein betrieben und begreift sich als Ausstellungsraum, Bildungs- und Forschungseinrichtung.

Über 30.000 Filme umfasst die beeindruckende Sammlung des Filmmuseums, Werke von 1893 bis zur Gegenwart. In den langen Regalen der speziell klimatisierten Räumlichkeiten finden sich alle denkbaren Genres, von berühmten Spielfilmen über avantgardistische Kurzfilme bis hin zu Werbespots. Immer wieder sind Nachlässe in die Sammlung eingegangen, so im Jahr 2011, als die Familie des legendären Verhaltensforschers Konrad Lorenz dem Museum 200 Filmrollen aus dessen Privatbesitz vermachte. Die Angehörigen können sich sicher sein: Bei den Restauratoren des Filmmuseums sind sie in den besten Händen.

- Österreichisches Filmmuseum, Augustinerstraße 1, A-1010 Wien, Tel. +43 (1) 5 33 70 54, www.filmmuseum.at
- ÖPNV: U-Bahn U1, U2, U4, Haltestelle Karlsplatz; Tram 1, 2, D, 62, 71, Haltestelle Kärntner Ring/Oper

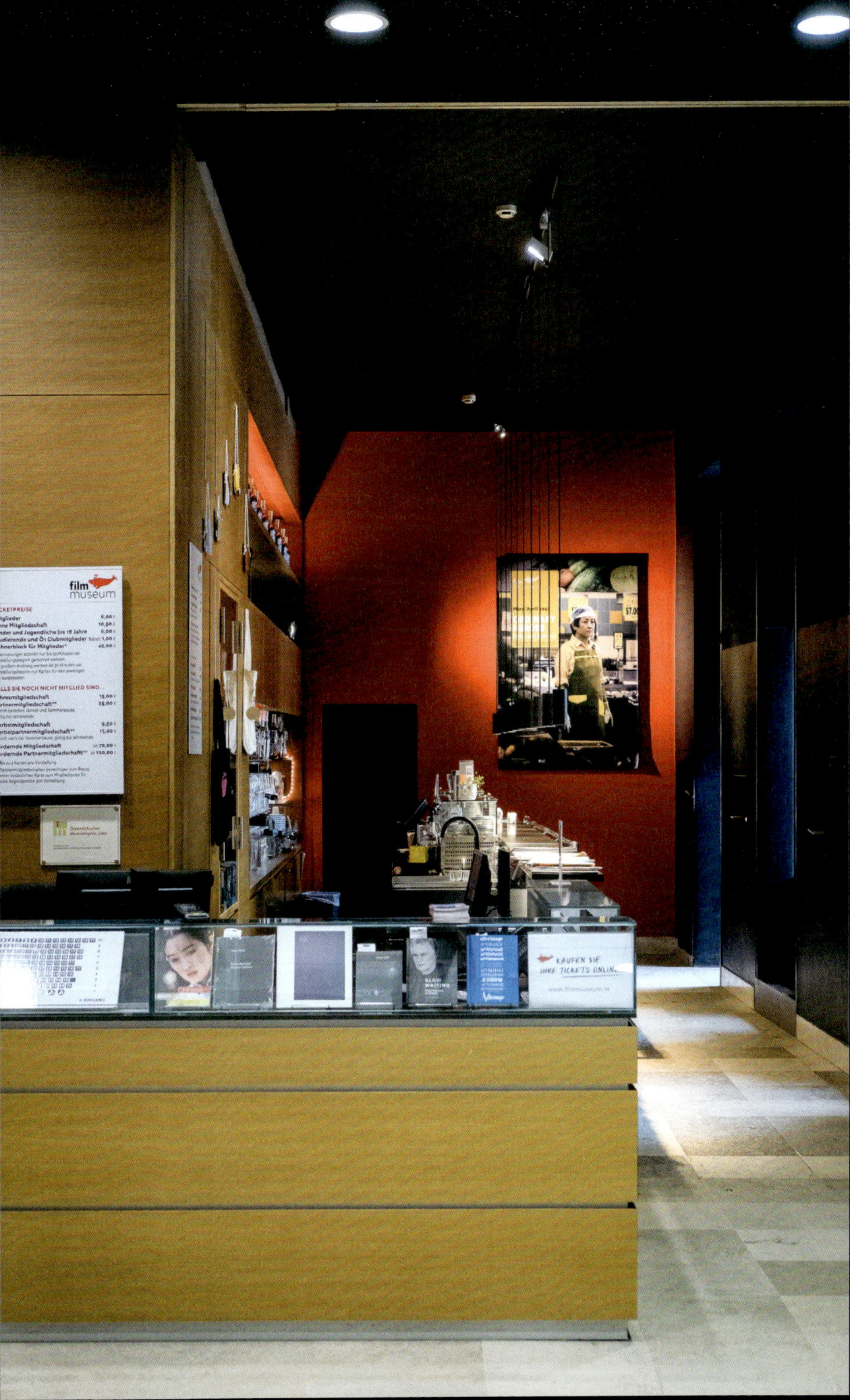
film
museum
KAUFEN SIE

Blutrausch in der Hansestadt

43

Drehorte für „Nosferatu" in Wismar und Lübeck

Heute sind Vampirfilme aus Film und Fernsehen nicht mehr wegzudenken und zählen zu den beliebtesten filmischen Subgenres überhaupt. Und ihr Urvater, der erste richtige Vampirfilm der Welt, war „Nosferatu – Eine Symphonie des Grauens". 1921 gründete der Okkultist Albin Grau die Produktionsfirma Prana-Film, um Filme mit okkulten und übersinnlichen Themen in die Lichtspielhäuser zu bringen, und direkt sein erstes Projekt sollte einen Erfolg garantieren: Grau wünschte sich eine Filmversion von Bram Stokers 1897 erschienenem Erfolgsroman „Dracula". Die Filmrechte wollte er nicht kaufen, also verfasste Drehbuchautor Henrik Galeen ein Skript, in dem er die Namen änderte (der Vampir heißt hier Graf Orlok), die Handlung von London in eine erfundene norddeutsche Hafenstadt verlegte und noch ein paar weitere kleine Änderungen vornahm; nichtsdestotrotz blieb die Vorlage aber weiterhin deutlich zu erkennen. Die Regie übertrug man dem noch wenig bekannten Friedrich Wilhelm Murnau.

TIPP

Für Lübeck gibt es unter www.luebeck-tourismus.de/tour/nosferatu-tour einen gut beschriebenen Drehorte-Rundgang.

Die Dreharbeiten begannen im Juli 1921 und fanden vor allem in Lübeck und Wismar statt. Die Lübecker Salzspeicher etwa dienten als neues Heim des Grafen Orlok, in der Straße Depenau trägt Orlok seinen Sarg vom Schiff, und im Aegidienkirchhof wurden mehrere Szenen gedreht. Allerdings durfte Murnau die Aegidienkirche selbst nicht filmen, stattdessen musste die Marienkirche in Wismar herhalten. Auch das Wassertor, der Marktplatz, der Hafen sowie die Georgenkirche und der Hof der Heiligen-Geist-Kirche präsentieren sich in dem Klassiker.
Die meisten Drehorte sind heute noch zu besichtigen und wirken auch über 100 Jahre später nicht weniger faszinierend als im ersten Vampirfilm der Geschichte. Übrigens hatte die Weigerung der Lübecker Verwaltung, die Aegidienkirche für den Dreh freizugeben, spürbare Folgen, denn so bot Wismar mehr Drehorte an als Lübeck. Der Dank der Filmemacher: Sie tauften die fiktive Hafenstadt, die Orlok heimsucht, „Wisborg".

- Diverse Orte in Wismar und Lübeck, Beginn des Drehorte-Rundgangs in der Straße An der Obertrave, 23553 Lübeck
- ÖPNV: Wismar: Zug bis Hauptbahnhof Wismar; Lübeck: Zug bis Hauptbahnhof Lübeck

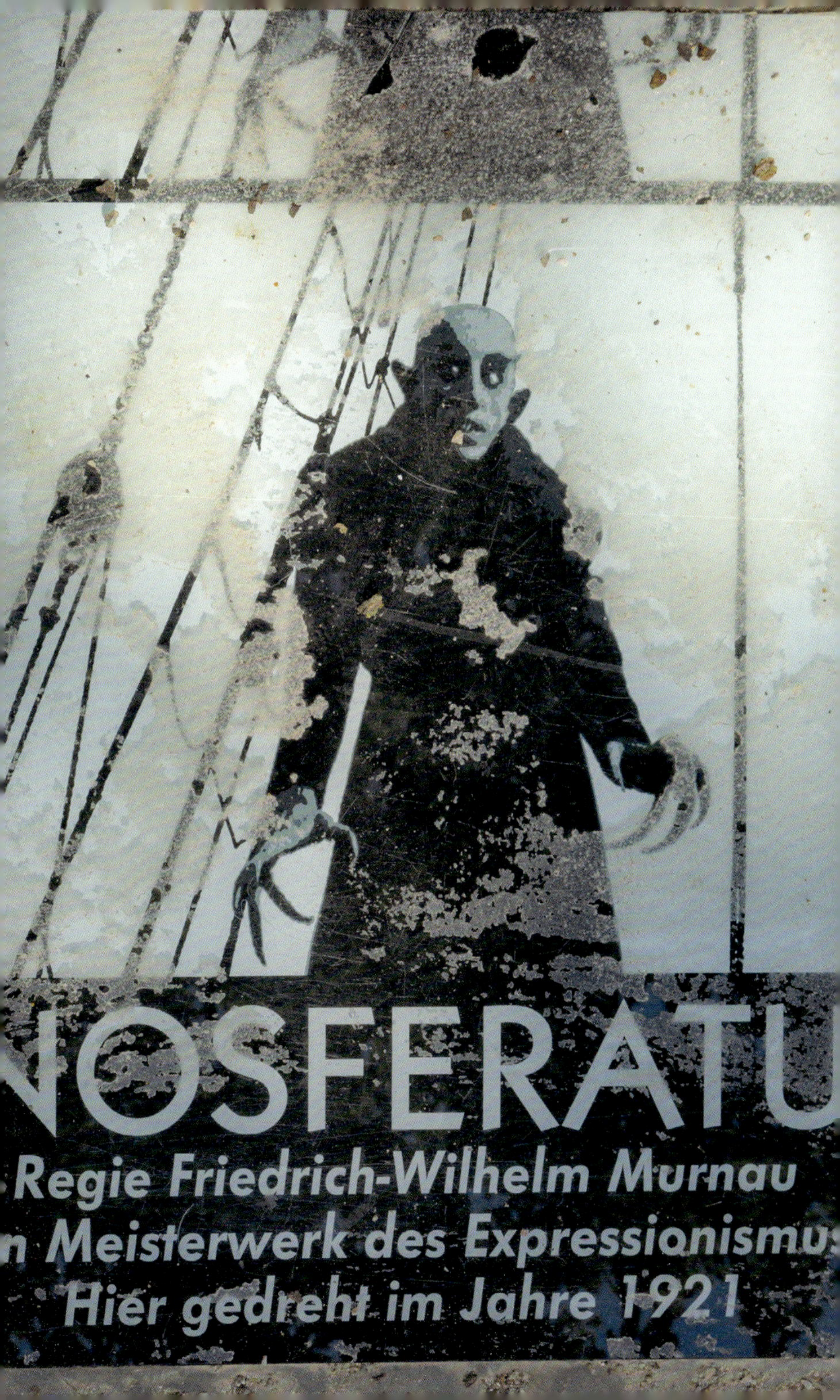
NOSFERATU
Regie Friedrich-Wilhelm Murnau
Meisterwerk des Expressionismu
Hier gedreht im Jahre 1921

Mittendrin

44 Das Darßer NaturfilmFestival

Der Darß in Vorpommern ist ein faszinierendes Fleckchen Erde. Die Halbinsel zwischen Ostsee, Saaler Bodden und Bodstedter Bodden gehört zum Nationalpark Vorpommersche Boddenlandschaft. Sie ist größtenteils von Wald bedeckt, im Nordosten prägen ausgedehnte Sandbänke das Windwatt. Kegelrobbe, Seeadler und Blauer Moorfrosch sind auf dem Darß heimisch, und wenn die Kraniche auf ihrer Reise in den Süden hier Station machen, lockt dieses Schauspiel besonders viele Gäste an. Im Herbst treffen sich auf dem Darß aber nicht nur die Vogelliebhaber, sondern auch die Dokumentarfilm-Fans: zum Darßer NaturfilmFestival, das sich Filmen rund um das Thema Natur und Umwelt verschrieben hat und sich zum Ziel gesetzt hat, „das Genre Naturfilm für Machende, Sender, das Publikum, aber auch für Naturschutz und Politik zugänglicher zu machen".

Im Mittelpunkt der 2005 ins Leben gerufenen Veranstaltung stehen zwölf Filme, die um den Deutschen NaturfilmPreis konkurrieren, begleitet von einem Rahmenprogramm mit vielen weiteren Filmen zu diversen Schwerpunktthemen. Es gibt gleich zwei Auszeichnungen für den besten Film: in der Kategorie „Wildnis Natur" und in der Kategorie „Mensch und Natur". Daneben werden zwei Jury-Preise vergeben, ein Publikumspreis und der Preis einer Kinderjury. Schirmherrin des Ganzen ist die Deutsche NaturfilmStiftung.

Da es auf dem Darß kein Multiplexkino gibt, sind die Veranstalter besonders kreativ, was die Spielorte angeht: Die Festivalbeiträge sind unter anderem im Kunstmuseum Ahrenshoop, in der Seemannskirche Prerow, auf dem Kinoschiff Born und im Ozeaneum Stralsund zu sehen. Überall hat das Publikum im Anschluss an die Vorführungen Gelegenheit, sich mit den Filmschaffenden auszutauschen. Eine weitere Besonderheit des Events ist die Zusammenarbeit mit den GrünStreifen-Filmcamps, bei denen 12- bis 15-Jährige in mehreren Naturschutzgebieten in Mecklenburg-Vorpommern unter fachkundiger Anleitung ihre ersten Naturfilme drehen können. Die fertigen Filme feiern dann alljährlich auf dem NaturfilmFestival ihre Premiere.

- Deutsche NaturfilmStiftung gGmbH (Träger), Bliesenrader Weg 2, 18375 Wieck a. Darß, Tel. (03 82 33) 70 38 10
www.deutscher-naturfilm.de
- ÖPNV: ab Ribnitz-Damgarten Bus 210 (bedient alle Orte auf dem Darß)

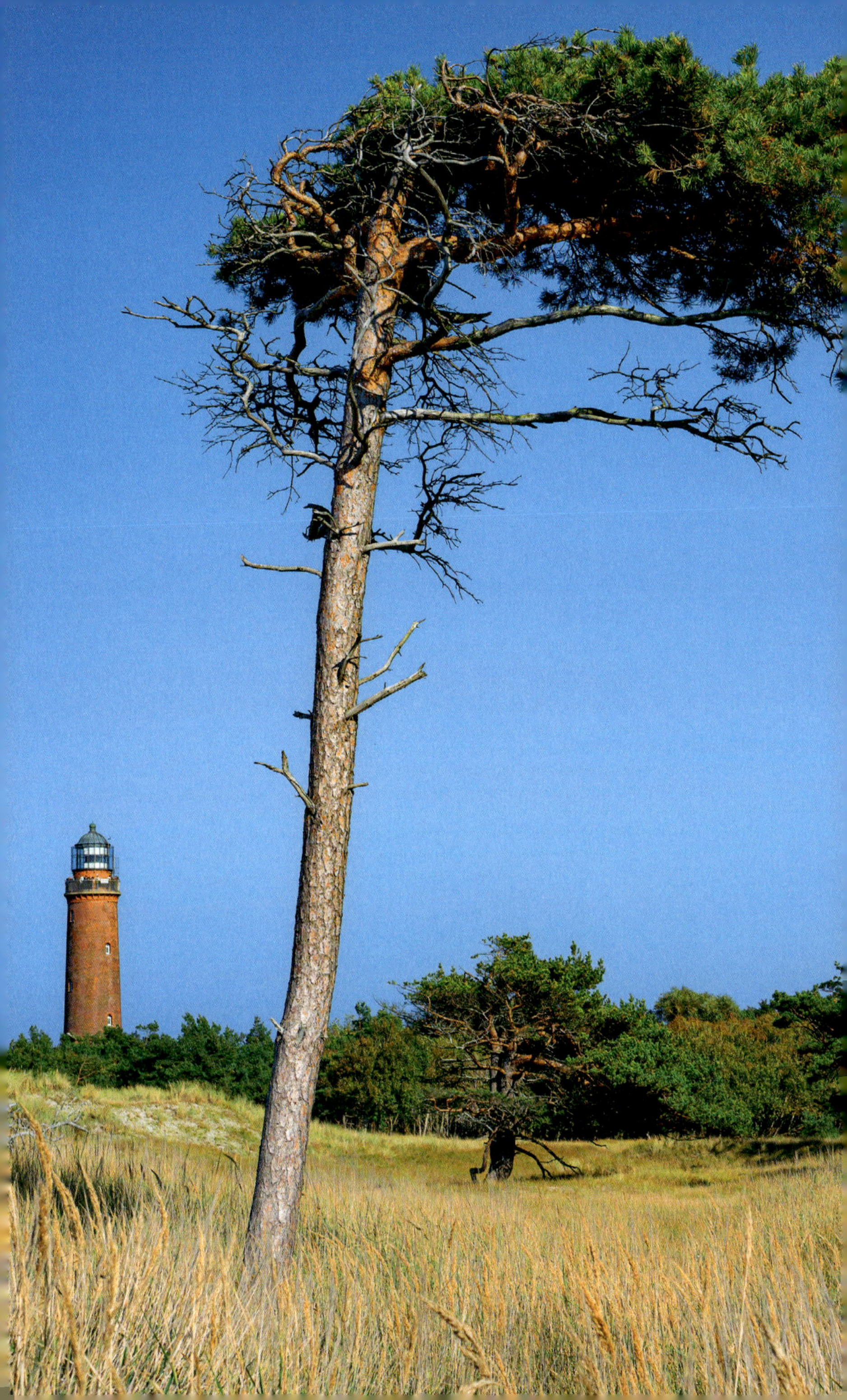

Schreib deinen Lieblingsfilm

45

VHS-Kurse zum Drehbuchschreiben

Wer glaubt, Filme beginnen mit einer dunklen Leinwand, der irrt. Sie beginnen mit einem weißen Blatt Papier. Oder heutzutage: einem weißen Bildschirm. Denn vor dem Filmgenuss kommt der Drehbuchschweiß. Lange bevor Regie, Kamera, Stars und Kulissen in einem Studio oder an einem interessanten Originalschauplatz zusammenkommen, sitzt irgendjemand – oft genug ganz allein – am Schreibtisch und tippt eine aufregende Idee in die Tastatur. Und das heißt: Alles, was man braucht, um seinen eigenen Lieblingsfilm zu kreieren, sind eine Idee und eine Tastatur. Und ein bisschen Know-how. Denn wie schreibt man eigentlich ein Drehbuch? Welche Regeln gibt es? Wie erzeugt man Spannung? Wie haucht man interessanten Figuren Leben ein? Wie entstehen packende Dialoge? Wie konzipiert man explosive Actionszenen oder gefühlvolle Liebesszenen? Und wie kommt man zu einem dramatischen Finale?

In Deutschland werden an den Volkshochschulen zahlreiche Kurse zum Thema Drehbuchschreiben angeboten, die genau diese und noch viele weitere Fragen beantworten und einen Einblick ins Handwerk liefern. Vor allem in den größeren Städten findet man immer wieder verschiedene Angebote, häufig für Einsteiger, manchmal aber auch für fortgeschrittene Drehbuchautoren. Das Kernthema ist dabei immer wieder die Dramaturgie von Filmen. Das Schöne daran: Wer lernen will, wie man ein Drehbuch schreibt, sollte sich die besten Filme der letzten 100 Jahre anschauen. (Es schadet auch nie, die Drehbücher dazu zu lesen.)

Alles, was dann noch zum fertigen Film fehlt, sind Regie, Kamera, Stars und Kulissen. Um die kümmert sich aber jemand anderes, und den muss man erst einmal finden. Darum gehört zu einem guten Drehbuchkurs auch die Frage, wie man sein vollendetes Skript denn nun verkauft. Das ist oft noch schwieriger, als das Drehbuch zu schreiben, aber wenn man eine tolle Idee hat und sie gut niederschreibt, dann ist nichts unmöglich.

TIPP

Keine Drehbuchkurse in der Nähe? Viel Wissenswertes rund um Filmskripts bietet auch Syd Fields Handbuch „Das Drehbuch“.

● Kurse zum Thema Drehbuchschreiben an verschiedenen Volkshochschulen in Deutschland, zum Beispiel VHS Neumünster, Gartenstraße 32, 24534 Neumünster
www.volkshochschule.de/kursfinder.php

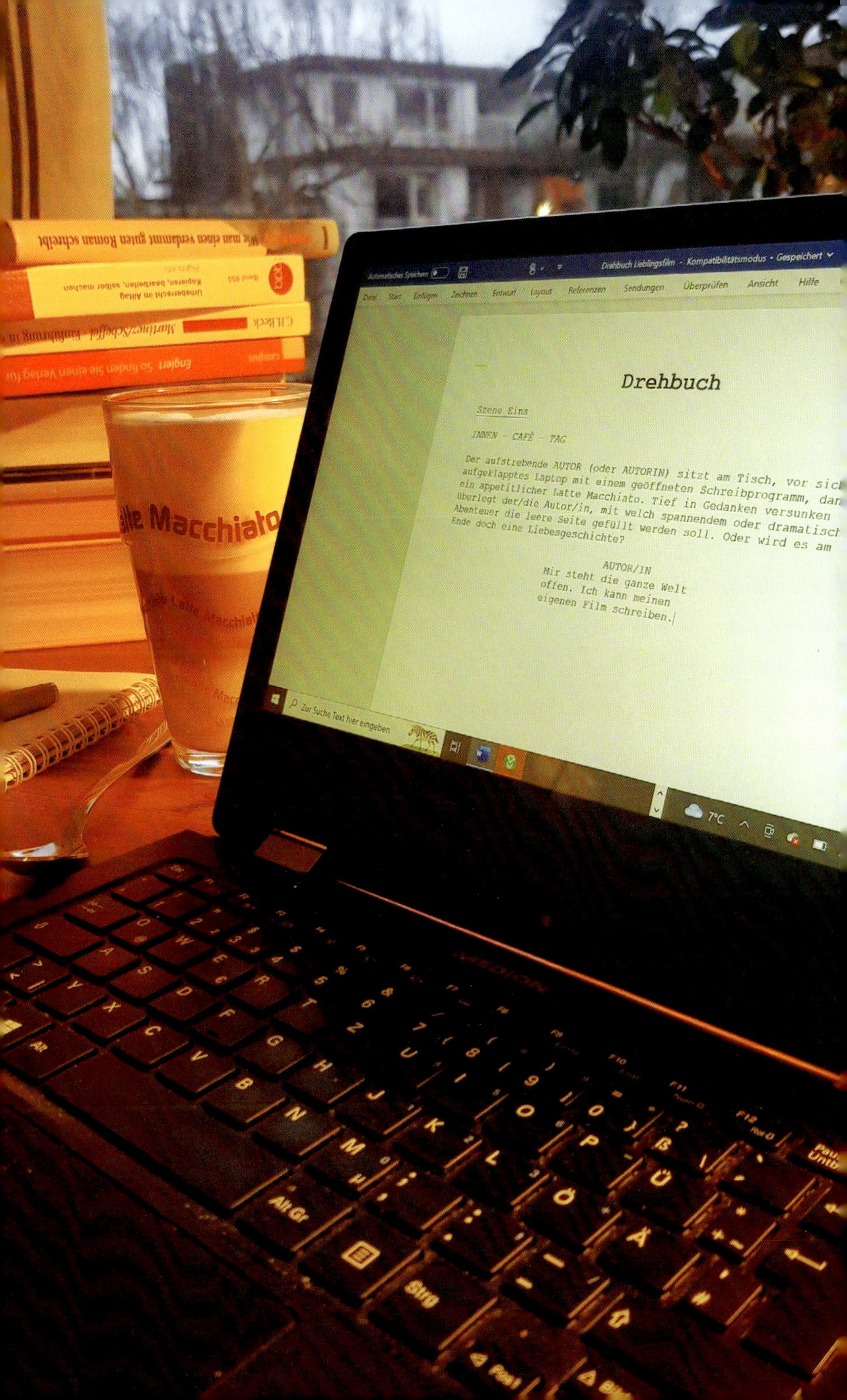
Wie man einen verdammt guten Roman schreibt
Urheberrecht im Alltag
Kopieren, bearbeiten, selber machen
Martinez/Scheffel Einführung in
C.H.Beck
Englert So finden Sie einen Verlag für
Latte Macchiato
Drehbuch Lieblingsfilm - Kompatibilitätsmodus - Gespeichert
Datei Start Einfügen Zeichnen Entwurf Layout Referenzen Sendungen Überprüfen Ansicht Hilfe
Drehbuch
Szene Eins
INNEN - CAFÉ - TAG
Der aufstrebende AUTOR (oder AUTORIN) sitzt am Tisch, vor sic
aufgeklapptes Laptop mit einem geöffneten Schreibprogramm, dan
ein appetitlicher Latte Macchiato. Tief in Gedanken versunken
überlegt der/die Autor/in, mit welch spannendem oder dramatisch
Abenteuer die leere Seite gefüllt werden soll. Oder wird es am
Ende doch eine Liebesgeschichte?
AUTOR/IN
Mir steht die ganze Welt
offen. Ich kann meinen
eigenen Film schreiben.
Zur Suche Text hier eingeben
7°C

Königlicher Filmgenuss

46 Das Filmtheater Sendlinger Tor in München

Als der Kino-Visionär Carl Gabriel dieses imposante Filmtheater 1913 unter dem Namen „Sendlingertor-Lichtspiele" eröffnete, gab es in München bereits 40 Kinos. Schon 1897 hatte Gabriel die ersten Filme gezeigt, doch sein neuestes Projekt sollte etwas ganz Besonderes werden. In seiner Eröffnungsrede reimte Gabriel dann sogar: „Beseelt vom langgehegten Streben, / der neuen Kunst, wie ihr gebührt, / den würdigen Rahmen auch zu geben, / ward dieser Prachtbau ausgeführt." Dem konnte man kaum widersprechen. Als Eröffnungsfilm lief „Die Herrin des Nils" von Enrico Guazzoni, und die Presse überschlug sich mit Lob über das Filmtheater mit „splenditer effektvoller Beleuchtung und Warmwasserheizung". Später schaute sich hier der bayerische König Ludwig III. den Film an, und Carl Gabriel wartete zu diesem Ereignis mit einem weiteren Clou auf: Im Anschluss an die Vorführung flimmerten bewegte Bilder vom Eintreffen des Königs am Kino über die Leinwand, 2 Stunden zuvor gefilmt und flugs entwickelt – ein echter Medien-Coup!

Diverse UFA-Produktionen feierten am Sendlinger Tor Premiere, und es blieb über die Jahrzehnte immer ein Fixpunkt der Münchener Kinoszene als eines der stilvollsten und elegantesten Kinos der Stadt. Selbst nachdem das Gebäude im Zweiten Weltkrieg schwer beschädigt worden war, kamen die Gäste und saßen in dicke Mäntel gehüllt im Saal, um für 1 oder 2 Stunden der Realität zu entfliehen, während der kalte Wind durch die Bombenlöcher in den Wänden wehte. Aber im Zuge des Wiederaufbaus erstrahlte bald auch das Filmtheater Sendlinger Tor in neuem Glanz, und daran hat sich bis heute nichts geändert. Seit einer 1,3 Millionen Mark teuren Komplettrenovierung im Jahr 1997 ist das Kino auch technisch stets auf dem neuesten Multiplex-Stand. Statt 700 haben im Parkett und auf dem Balkon jetzt zwar nur noch 400 Gäste Platz, aber die haben dafür viel mehr Beinfreiheit als früher. Ein Besuch in diesem historischen Kleinod ist nach wie vor ein Muss, wenn man die „Weltstadt mit Herz" bereist!

- Filmtheater Sendlinger Tor, Sendlinger-Tor-Platz 11, 80336 München, Tel. (0 89) 55 46 36, www.filmtheatersendlingertor.de
- ÖPNV: U-Bahn U1, U2, U8, Haltestelle Sendlinger Tor

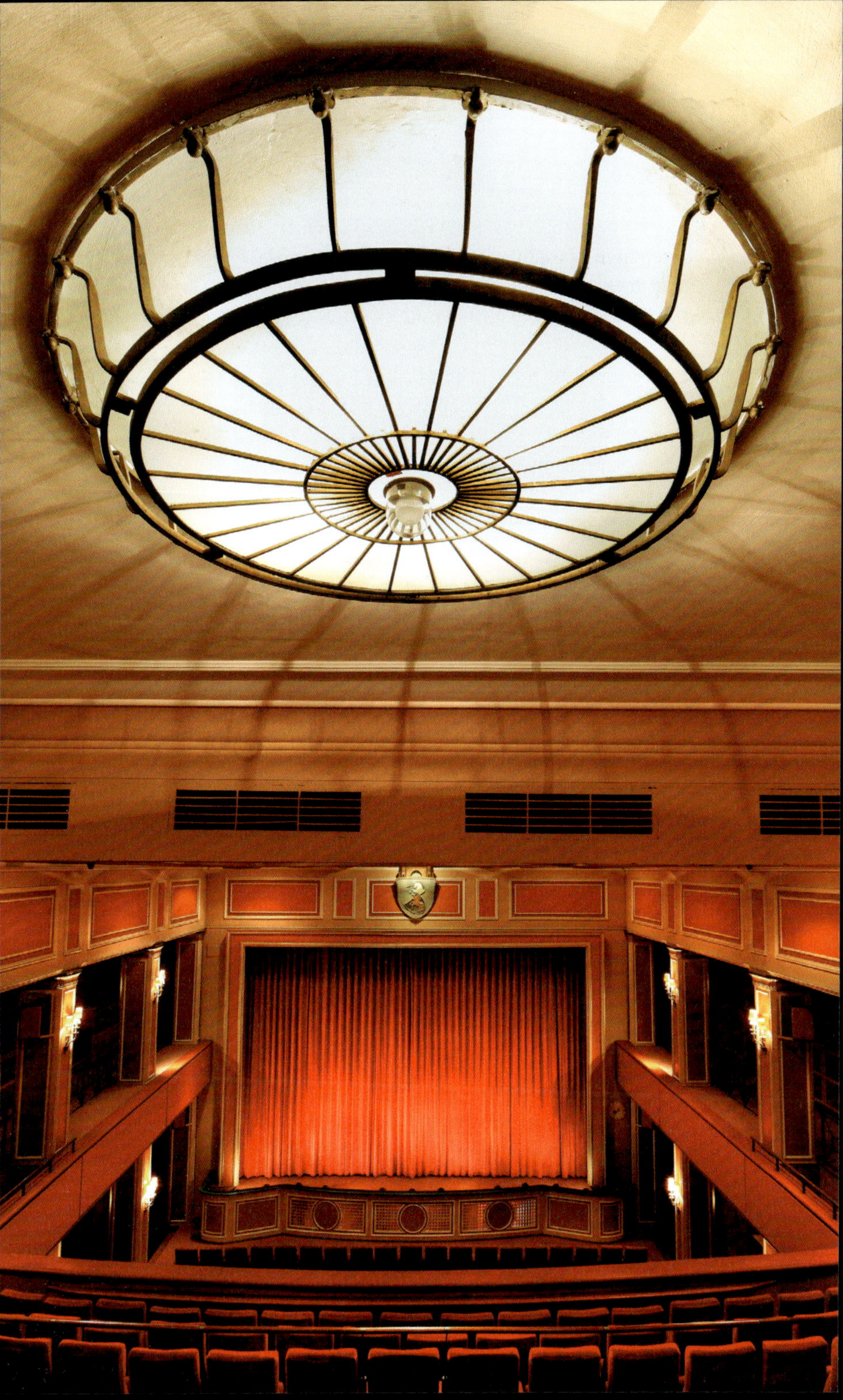

Winnetous Schöpfer

47 Das Karl May Museum in Radebeul

Die weite Prärie, Freundschaft, Zusammenhalt und dieses warme Gefühl von Sehnsucht und Heimat – ganze Generationen von Filmliebhabern empfinden eine tiefe Verbundenheit mit den Karl-May-Verfilmungen, die zu den größten Erfolgen der deutschen Kinogeschichte gehören. Schon die erste Verfilmung, „Der Schatz im Silbersee", brachte neben der heute noch geliebten Filmmusik von Martin Böttcher alles ein, was die späteren „Winnetou"-Filme festigen sollten: Lex Barker und Pierre Brice als standhafte Blutsbrüder Old Shatterhand und Winnetou, die zwischen 1962 und 1968 in insgesamt elf Filmen gemeinsam durch die kroatische Prärie ritten, um böse Schurken in schwarzen Klamotten zur Strecke zu bringen und am Ende zu zeigen, dass man gemeinsam immer stärker ist als allein. Nach dem sensationellen Erfolg im Kino gewannen Winnetou & Co. auch später immer neue (Film-) Fans, denn die Abenteuer von Winnetou werden bis heute regelmäßig im Fernsehen wiederholt und begeistern immer wieder neue junge Zuschauer mit ihren spannenden Abenteuern.

Hinter all diesen Erfolgen steckt die ausladende Fantasie von Karl May, der unzählige Geschichten schrieb. Vom amerikanischen Westen bis in den asiatischen Osten spielen sie an allen denkbaren, aus europäischer Sicht exotischen Orten, aber vor allem seine Wildwest-Abenteuer machten ihn zu einem der erfolgreichsten deutschen Autoren überhaupt. 1895 zog er in eine Villa im sächsischen Radebeul, die er „Villa Shatterhand" taufte und wo er 1912 verstarb. Heute befindet sich dort das Karl May Museum, das man als Winnetou-Fan unbedingt besucht haben sollte. Auf dem Gelände finden sich die Blockhütte „Villa Bärenfett", der denkmalgeschützte „Karl-May-Hain" und der Herzsee. Im Museum werden neben der Dauerausstellung über Karl Mays „Leben & Werk" – die auch seine drei exklusiv angefertigten (weil fiktiven) Gewehre „Silberbüchse", „Bärentöter" und „Henrystutzen" beherbergt – und der Dauerausstellung „Indianer Nordamerikas" in der Villa Bärenfett immer wieder wechselnde Sonderausstellungen gezeigt.

- Karl May Museum, Karl-May-Straße 5, 01445 Radebeul, Tel. (03 51) 8 37 30 10
www.karl-may-museum.de
- ÖPNV: ab Dresden S-Bahn S1, Haltestelle Radebeul-Ost; Tram 4, Haltestelle Schildenstraße/Karl-May-Museum

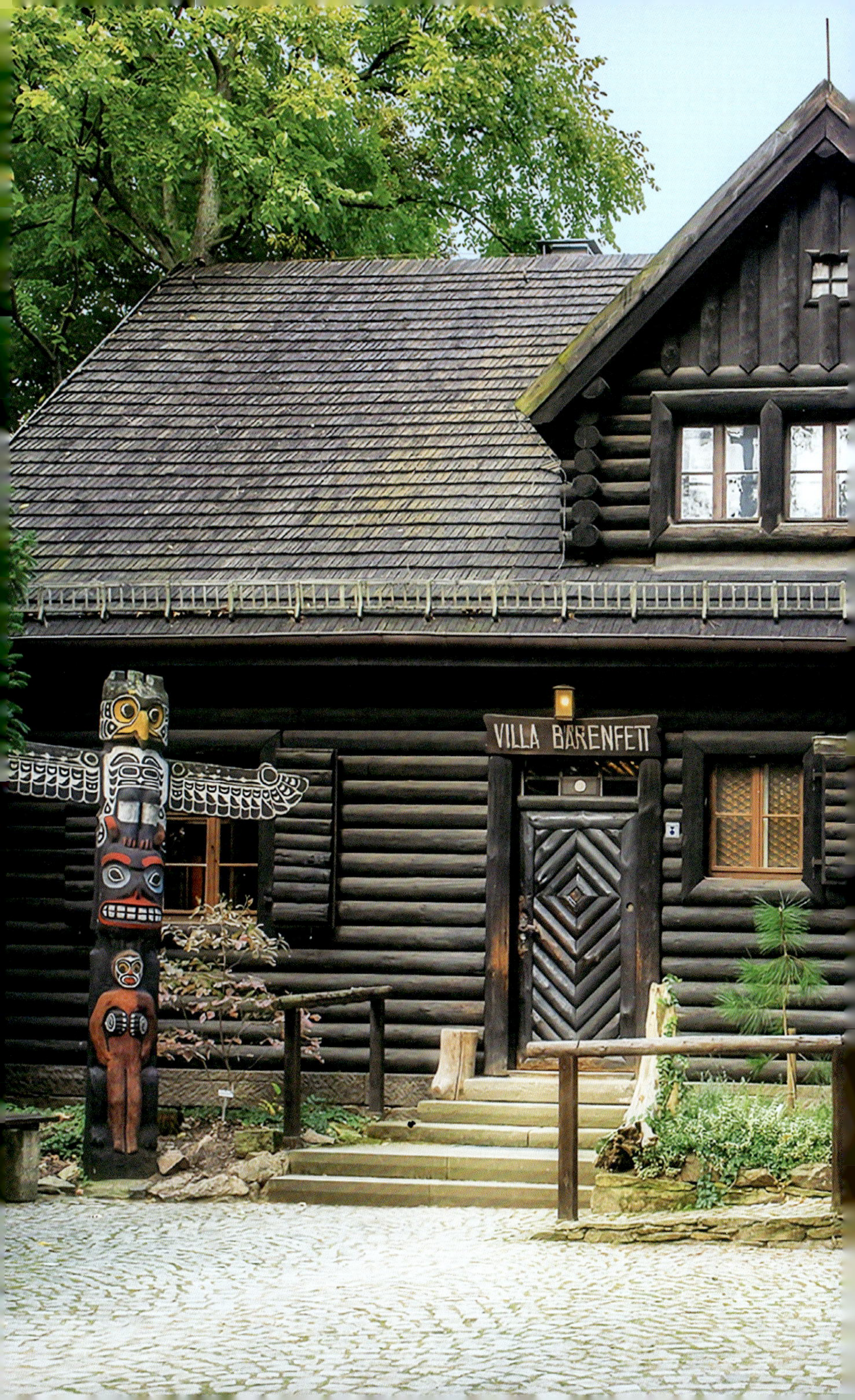
VILLA BÄRENFETT

Stuntmen und Tigerente

48

Der Filmpark Babelsberg in Potsdam

Der Maschinenmensch aus „Metropolis", dem der Erfinder Rotwang mithilfe der jungen Maria Leben einhaucht, ist eine solche Ikone des deutschen Films, dass die meisten Filmfans die Figur kennen, selbst wenn sie Fritz Langs epochalen Stummfilm von 1927 nie gesehen haben. Stilisiert prangt er auch als Logo auf den Trikots des örtlichen Fußballvereins, der vom Studio Babelsberg gesponsert wird. Und selbstverständlich steht er als Statue im Potsdamer Filmpark Babelsberg, dem Freizeitpark südwestlich von Berlin, in dem sich alles um Film und TV dreht.

Schon kurz nach der Wiedervereinigung wurde auf dem Gelände des ältesten Großatelier-Filmstudios der Welt eine Art „Erlebniswelt" eingerichtet. Damals hieß es noch DEFA-Studio Babelsberg – 40 Jahre lang war hier DDR-Filmgeschichte geschrieben worden, vorher, seit 1912, UFA-Geschichte. Die Besucher konnten sich echte Requisiten und Kulissen anschauen und sich über die Arbeit am Filmset informieren. Die Resonanz war so groß, dass der neue Besitzer des Studios, der französische Konzern CGE, beschloss, auf einem Gelände neben dem Studio einen Kino-Freizeitpark einzurichten, angelehnt an erfolgreiche Vorbilder in den USA wie die Universal Studios Hollywood oder die Disney-MGM Studios in Florida. 1993 fiel der Startschuss.

TIPP

Für alle Besucher ab 18 Jahren wird ein 60-minütiger Stuntkurs mit Body- und Feuerstunts angeboten.

Heute erwarten die Besucher mehr als ein Dutzend Attraktionen wie der „Jim Knopf"-Abenteuerspielplatz, das Erlebnisrestaurant „Prinz Eisenherz", eine Freiluftausstellung zu berühmten Filmschaffenden oder Janoschs Panama-Kinderpark (mit der größten Tigerente der Welt). Weitere Highlights sind ein 4D-Kino und ein „XD-Erlebniskino", eine Western- und eine Stunt-Show. Und man kann sich auch diverse Originalkulissen berühmter Filme und Serien anschauen wie die „Berliner Straße", in der Szenen für „Herr Lehmann" und „Inglourious Basterds" gedreht wurden. Wer sich für Film und Fernsehen interessiert, wird hier einen wunderbaren Tag verbringen.

- Filmpark Babelsberg, Großbeerenstraße 200, 14482 Potsdam, Tel. (03 31) 7 21 23 45, www.filmpark-babelsberg.de
- ÖPNV: Bus 601, 690, Haltestelle Filmpark Babelsberg

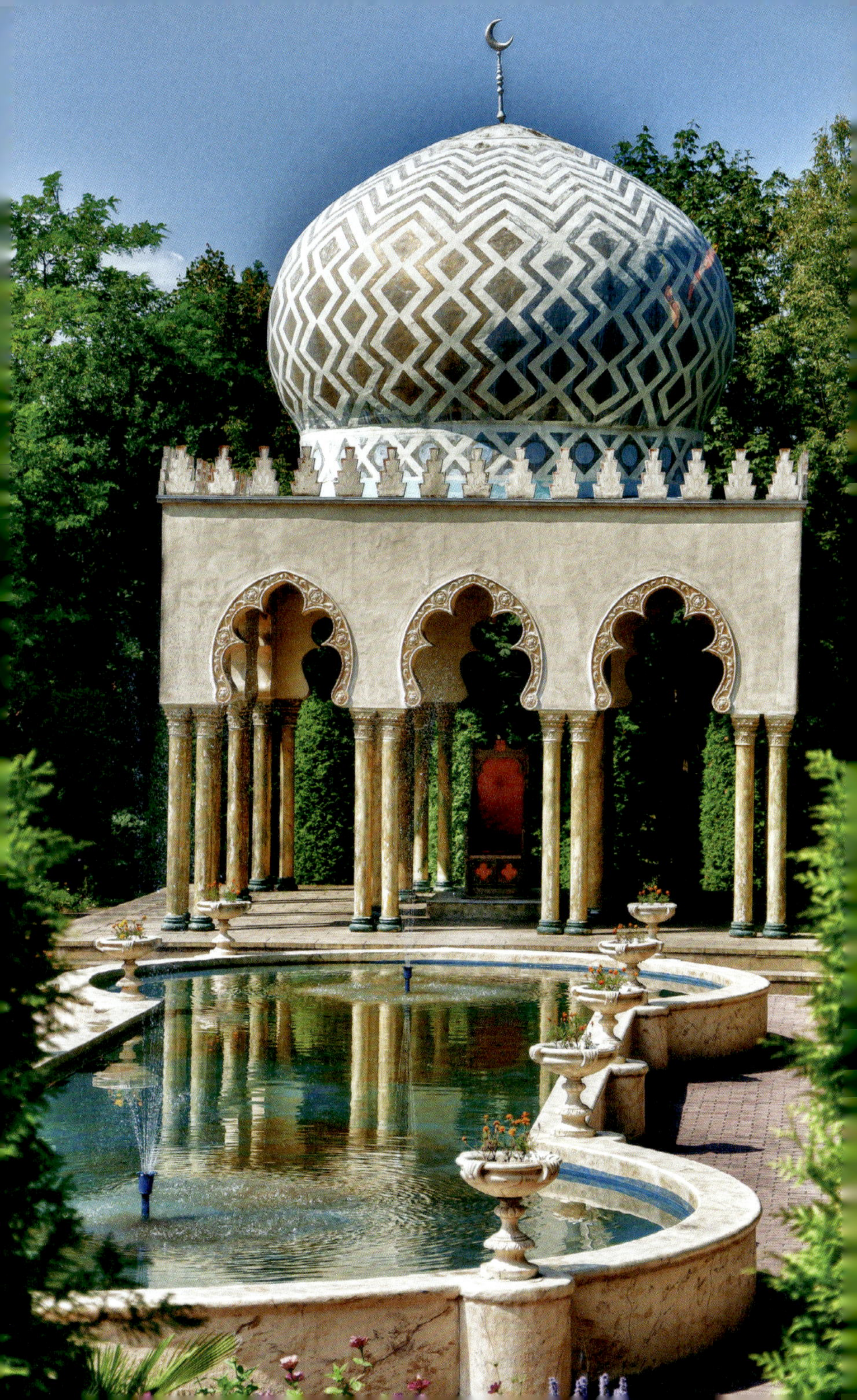

Bunt, bunter, HIQFF

49

Hamburg International Queer Film Festival

Filmfeste sind immer auch Zusammenkünfte von Gleichgesinnten, die eine besondere Leidenschaft teilen. Doch kaum ein deutsches Filmfest macht das Gefühl von Community und Gemeinsamkeit so greifbar wie das Hamburg International Queer Film Festival (HIQFF). Seine Entstehung verdankt das Festival einem Filmseminar der Universität Hamburg zum Thema „Homosexualität im Film" im Wintersemester 1989, bei dem man Filme suchte, die überhaupt das Thema aufgriffen. Kurz darauf liefen erstmals die „Lesbisch Schwulen Filmtage" im Metropolis Kino (Glücksort 65). Schon 1995 war das Festival so groß, dass der Verein Querbild e. V. für die Organisation gegründet wurde. Und heute ist die inzwischen unter dem Namen Hamburg International Queer Film Festival laufende Veranstaltung mit mehr als 15.000 Besuchern das zweitgrößte Filmfestival Hamburgs.

TIPP
Wer das Festival unterstützen möchte, kann sich melden: mail@hiqff.de (Orga-Hilfe), helfen-filmtage@hiqff.de (Festival-Hilfe).

Mit über 70 Filmen aus aller Welt und einem Rahmenprogramm aus Schulvorstellungen, Talks, Bartreffen und Gastprogrammen präsentiert das Festival sechs Tage lang internationale queere (Film-)Kultur und queere Filmschaffende. Das Programm bietet Spiel-, Dokumentar- und Kurzfilme. Außerdem werden in fünf Wettbewerben Publikumspreise verliehen. Der Querbild e. V. verfügt über ein Archiv von über 6000 queeren Filmen, die zu wissenschaftlichen Zwecken einsehbar sind. Zurzeit wird daran gearbeitet, das Archiv öffentlich zugänglich zu machen.

Dabei ist das Hamburg International Queer Film Festival vor allem eine Community-Leistung, ohne Festivalleitung oder Programmdirektion. Stattdessen organisiert das Team vom Querbild e. V. das Festival in Gruppenleistung, und jeder kann sich hier einbringen, sowohl finanziell als auch organisatorisch oder während des Festivals direkt. Besonders gern gesehen ist dabei die Unterstützung von Gruppen, die auch innerhalb der LGBTIQ+-Community unterrepräsentiert sind, damit das Festival auch wirklich bunt wird.

● Kampnagel (Eröffnungsgala), Jarrestraße 20, 22303 Hamburg, Tel. (0 40) 27 09 49 49, www.lsf-hamburg.de
● ÖPNV: Bus 17, Haltestelle Jarrestraße (Kampnagel)

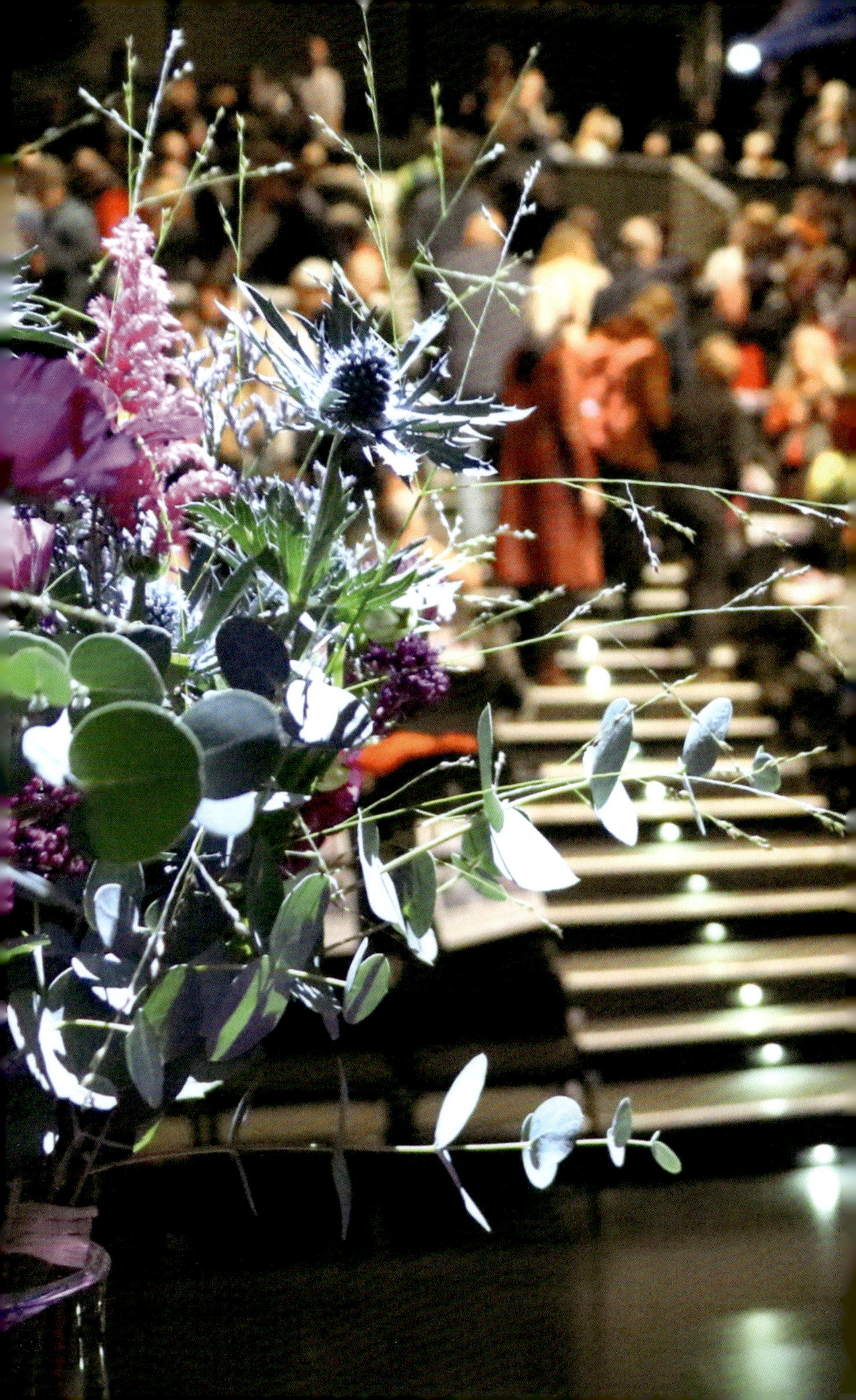

Kleinod in Sachsen-Anhalt

50 Das Burg Theater in Burg

Als das Städtchen Burg bei Magdeburg 1908 sein erstes reguläres Kino bekam, konnte es auf eine fast tausendjährige Geschichte zurückblicken. Überregional war Burg für seine vielen Kulturdenkmäler bekannt und als Geburtsort von Carl von Clausewitz. Bald sollte eine weitere Attraktion hinzukommen: ein Filmtheater, das heute noch die Gäste begeistert. Das war allerdings nicht das bereits erwähnte, denn das befand sich in einem Wohnhaus, das 1910 niederbrannte. Der Kinobetreiber, der Zeitzer Ingenieur Otto Wohlfahrt, der bereits um die Jahrhundertwende mit seinem mobilen Kino in Dörfern und auf Jahrmärkten dem staunenden Publikum kurze Filme vorgeführt hatte, beantragte Anfang 1911 den Bau eines neuen Kino-Zweckbaus. Schon am 3. Juni öffnete das Haus unter dem Namen „Lichtspiele/Palast-Theater" seine Pforten, als „erstes, größtes und modernstes Spezial-Lichtspiel-Theater der Provinz Sachsen", wie Wohlfahrt per Annonce mitteilen ließ. 650 Plätze hatte das Kino mit der aufwendigen Kassettendecke, aufgeteilt auf das Parkett und eine höher gelegene Galerie. Die Leinwand maß damals gerade einmal 4 × 5 Meter.

Zu DDR-Zeiten, als das Kino staatlich betrieben wurde, taufte man es in „Theater des Friedens" um und modernisierte den Saal. Die braune Wandbespannung, die Mosaike und die Lampen im Saal stammen aus den Sechzigern und versprühen heute nostalgischen Charme. 1985 wurde die Galerie in eine Bar mit gemütlichen Sesseln und Tischen umgewandelt, in der man bis heute beim Getränk sitzen und gleichzeitig den Film genießen kann. Nach der Wende erhielt das Kino seinen jetzigen Namen und wechselte mehrmals den Besitzer. Heute betreibt der Verein Weitblick e. V. das Burg Theater als Programmkino mit anspruchsvollen aktuellen Filmen. Und nicht nur das: Im Eingangsgebäude hat der Verein einen Ausstellungsbereich eingerichtet, in dem man historische Projektoren und Scheinwerfer bestaunen kann und viele Informationen über die Geschichte eines der ältesten Kinos im deutschsprachigen Raum erhält.

- Burg Theater, Magdeburger Straße 4, 39288 Burg, Tel. (0 39 21) 24 34
  www.kinoburg.de
- ÖPNV: ab Magdeburg Regionalexpress R1 bis Burg, dann Bus 712, Haltestelle Magdeburger Straße

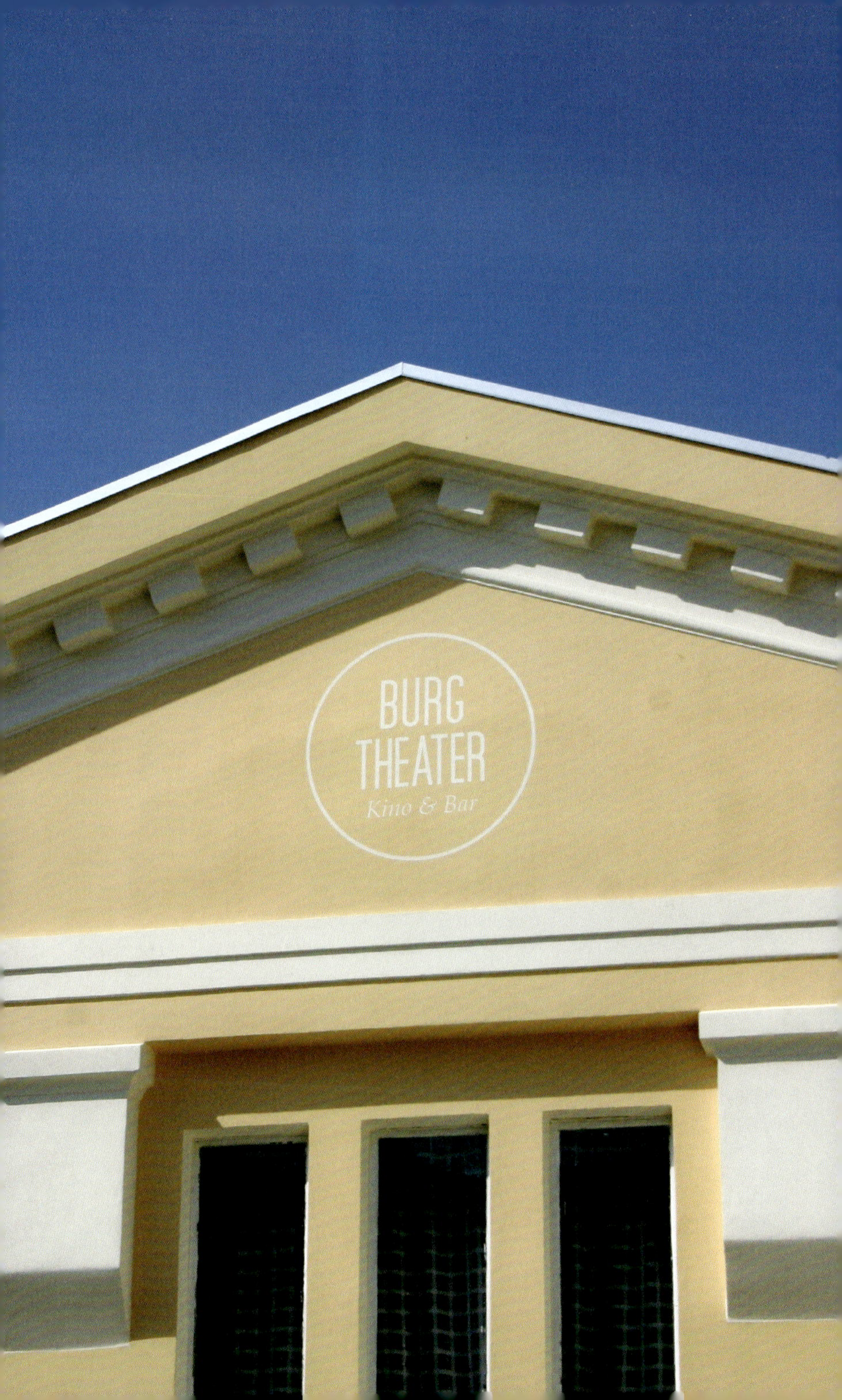
BURG
THEATER
Kino & Bar

Träume sichtbar machen

51

Das Kinomuseum in Vollbüttel

Erstaunlicherweise beschäftigen sich viele Filmmuseen vor allem mit einer Hälfte des technischen Prozesses, nämlich dem, mit dem man die Träume und Visionen der Filmemacher einfängt und auf Film bannt: Kameras, Beleuchtung, Drehbücher und Tricktechnik. Sehr viel seltener findet man Museen, die sich mit der anderen Hälfte der Kinotechnik auseinandersetzen, nämlich wie diese Träume und Visionen am Ende wieder sichtbar gemacht und auf die Leinwände gestrahlt werden. Und dieser Hälfte widmet sich das Kinomuseum Vollbüttel. In dem 1997 eröffneten und ehrenamtlich vom Verein der Freunde und Förderer des Museums für Kinematographie e. V. geführten Museum findet sich ein Abriss durch die Geschichte der Kinotechnik, also all dessen, was sich normalerweise hinter den kleinen Fenstern zum Vorführraum verborgen hält, vornehmlich die Projektoren und die Tontechnik, die sich immer wieder an die neuen technischen Entwicklungen anpassen mussten – vom Stumm- zum Tonfilm, vom Schwarzweiß- zum Farbfilm, vom Normalbild zum Breitbildformat. Daneben werden aber auch Fernsehtechniken aus den frühen Tagen der Republik und Amateurfilm-Techniken vorgestellt, und selbstredend gibt es auch hier einige Kameras und Exponate aus der Schnitttechnik. Das (über die Wintermonate übrigens geschlossene) Museum bietet Rundgänge und Führungen an, bei denen die Vereinsmitglieder gerne über alle ausgestellten Stücke informieren. Und natürlich hat ein Museum über die Kinogeschichte auch ein kleines Kino: 30 Sitze, eine kleine Leinwand, ein Vorführraum sowie eine Orgel und natürlich ein paar stilvolle Art-déco-Lampen an der mit Samt verhängten Wand verleihen einer Hälfte des Raums echte Kinoatmosphäre. Und wenn man schon so schöne Kinotechnik hat, will das auch genutzt werden. Darum veranstaltet das Kinomuseum einmal im Sommer einen Abend lang ein Freilichtkino mit einem thematisch passenden Film und oft musikalischem Begleitprogramm.

TIPP

Der Verein sucht immer begeisterte Leute, die mithelfen, die Technik instand zu halten oder das Freilichtkino mit zu organisieren.

- Kinomuseum, Raiffeisenstraße 11, 38551 Vollbüttel, Tel. (0 53 73) 12 38
www.kinomuseum.de
- ÖPNV: ab Gifhorn Bus 111, Haltestelle Vollbüttel Ortsmitte

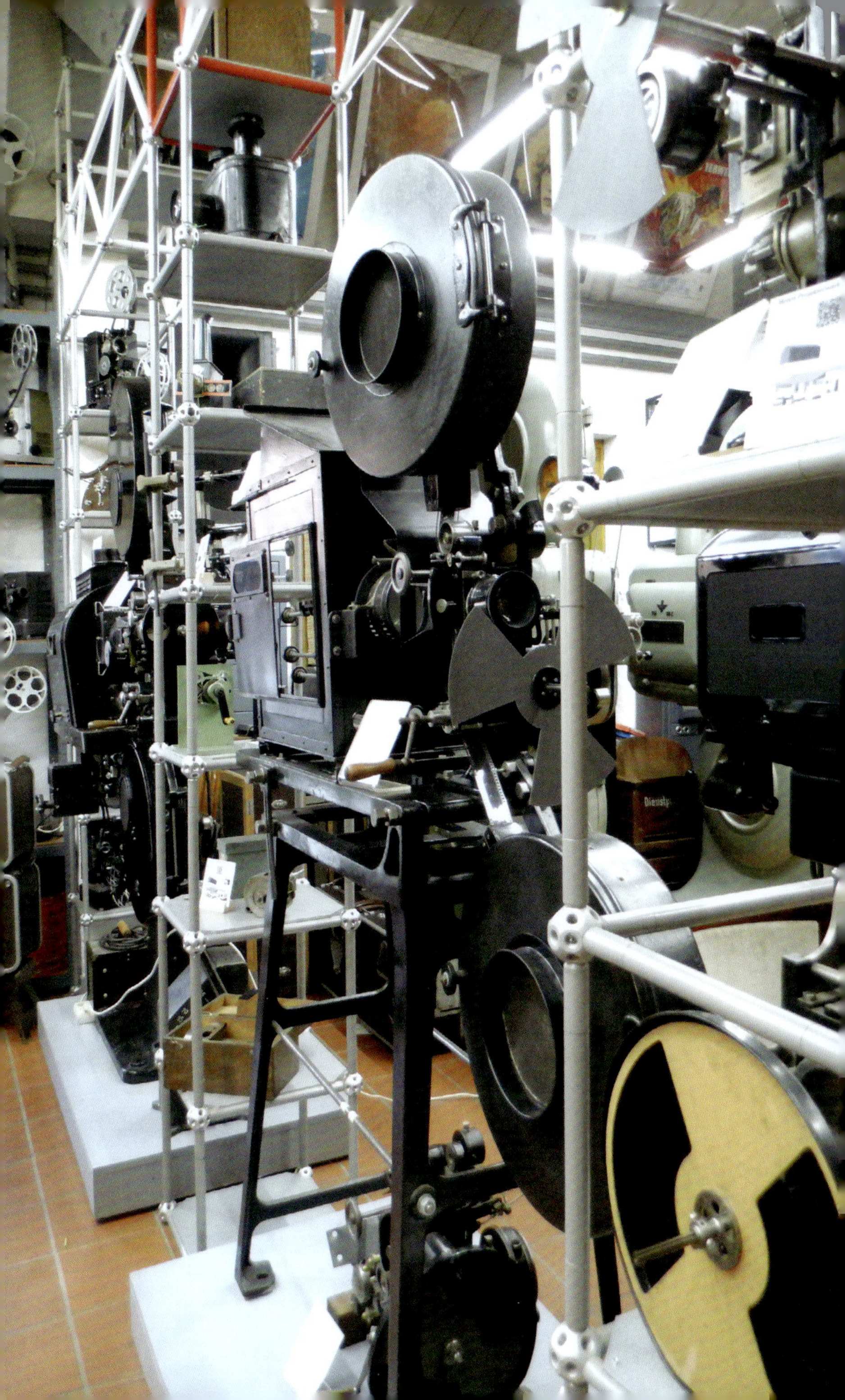

Tafelberge und Straßenbahn

52 Filmkulisse Elbsandsteingebirge in Sachsen

Das halb in Sachsen, halb im tschechischen Nordböhmen aufragende, 700 Quadratkilometer große Elbsandsteingebirge am Oberlauf der Elbe gilt als eine der schönsten Naturlandschaften Deutschlands: Tafelberge mit schroffen Wänden, steile Schluchten und weite Ebenen prägen die Sächsische Schweiz.

Kein Wunder also, dass das Gebirge ein überaus beliebter Arbeitsplatz für Filmteams ist und jährlich bis zu 70 Anfragen kommen, das Naturschutzgebiet als Kulisse nutzen zu dürfen. Zu den bekanntesten Vertretern gehört wohl Quentin Tarantino, der hier für die Eröffnungsszene von „Inglourious Basterds" eine alte Steinhütte in die Landschaft bauen ließ. Tom Tykwer und die Wachowski-Geschwister drehten unter anderem im Felsenlabyrinth Langenhennersdorf ihr Sci-Fi-Epos „Cloud Atlas", und der auf tschechischer Seite liegende große Steinbogen des Prebischtors wurde in „Die Chroniken von Narnia" eindrucksvoll in Szene gesetzt. Und wenn Kate Winslet in „Der Vorleser" das Straßenbahndepot betritt, dann tut sie das in der Wagenhalle der 1898 eröffneten Kirnitzschtalbahn. Die Bahn pendelt einspurig auf nur knapp 8 Kilometern Länge zwischen dem Lichtenhainer Wasserfall und Bad Schandau und fährt dabei an pittoresken Fachwerkbauten vorbei, die einen in eine andere Zeit zurückversetzen.

In dem kleinen Kurort Bad Schandau findet man auch den immer wieder beeindruckenden Personenaufzug. Der gut 52 Meter hohe Fachwerkstahlturm wurde 1905 auf Initiative eines Hoteliers hin erbaut, und allein diese Tatsache machte ihn schon zu einem idealen Schauplatz für Wes Andersons „Grand Budapest Hotel". Der Film nutzte noch einen Höhepunkt der Region, denn die Hochzeitsszene wurde auf der Spitze der Bastei gedreht, dem wohl bekanntesten (und prachtvollsten) Aussichtspunkt in der Sächsischen Schweiz. Die Region ist vor allem für Wanderungen aller Schwierigkeitsgrade, für Kururlaube und natürlich auch für Drehortbesichtigungen geeignet, nicht zuletzt weil Görlitz alias „Görliwood" (Glücksort 76) gleich um die Ecke liegt.

● Kirnitzschtalbahn (Startpunkt Bad Schandau), Kirnitzschtalstraße 8, 01814 Bad Schandau
www.ovps.de/Verkehrsmittel/Kirnitzschtalbahn/443
● ÖPNV: Bus 241, Haltestelle Bad Schandau Kurpark

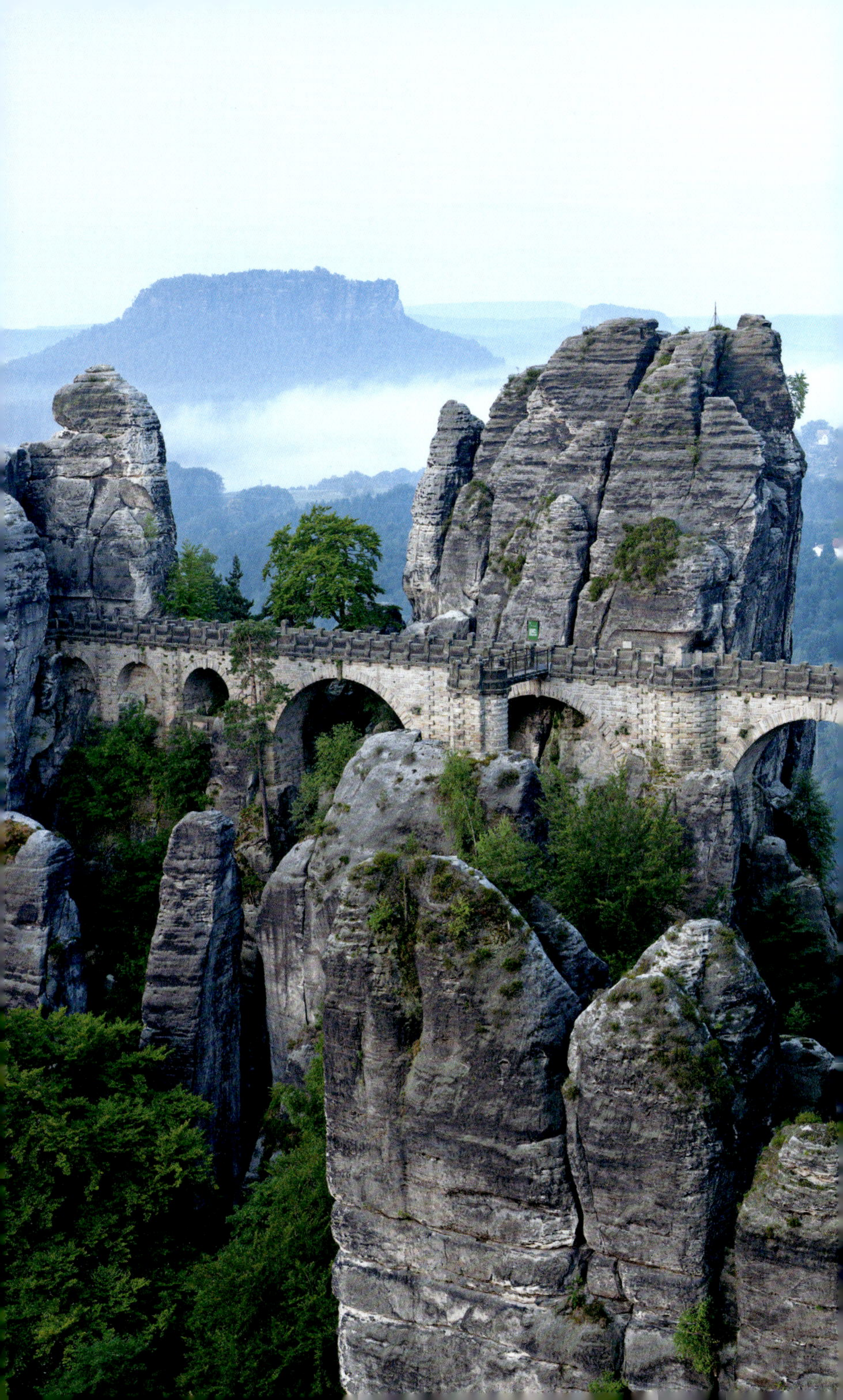

Kinder an die Macht

53

Das Festival Goldener Spatz in Gera und Erfurt

Das Deutsche Kinder Medien Festival Goldener Spatz ist in mehrerlei Hinsicht etwas ganz Besonderes: Es ist das größte deutsche Filmfestival, das sich speziell an Kinder richtet. Erstmals in den 1970er-Jahren veranstaltet, blickt es auf eine besonders lange Tradition zurück. Es ist eines der wenigen lebendigen Überbleibsel der Film- und Fernsehkultur der DDR. Und die Preisträger werden von der Zielgruppe selbst ausgewählt, einer 25-köpfigen Jury, deren Mitglieder alle zwischen 9 und 13 Jahren alt sind.

1979 wurde das Festival erstmals veranstaltet, damals noch nur in Gera und unter dem Titel „Nationales Festival Goldener Spatz für Kinderfilme der DDR in Kino und Fernsehen". Das staatlich organisierte und finanzierte Festival fand alle zwei Jahre statt und löste die DDR-Kinderfilmwochen ab, die bis dahin in diversen Städten veranstaltet worden waren. Auch damals gab es schon verschiedene Kategorien wie Spielfilm, Dokumentarfilm und Animation, nur wurden die Preisträger zu DDR-Zeiten von einer erwachsenen Jury ausgewählt, die vom Kultusministerium und dem Verband der Fernsehschaffenden besetzt wurde. Immerhin gab es damals auch schon eine Kinderjury, die ein paar Sonderpreise vergeben durfte.

Wie so viele Facetten ostdeutscher Kultur hing ab Ende 1989 dann auch der Fortbestand des DDR-Kinderfilmfestivals in der Schwebe. Niemand wusste, wer den Goldenen Spatz in Zukunft finanzieren würde. Und ließ sich das Konzept mit gesamtdeutschen Inhalten füllen? Aber die Veranstaltung war so einzigartig, dass sie genügend Fürsprecher in der Kommunal- und Bundespolitik fand, und schon 1990 bewilligte das Bundesinnenministerium für die nächsten zwei Festivaljahrgänge Fördermittel. Das Format war nicht nur gerettet, sondern wurde sogar noch ausgebaut: 2008 wurde Geras Schwesterstadt Erfurt mit ins Boot geholt, und seither präsentiert der Goldene Spatz jedes Jahr deutschsprachige Filme, Fernsehproduktionen und inzwischen natürlich auch digitale Medienangebote für Kinder und beschäftigt sich mit aktuellen Entwicklungen des Kinderfilms.

● Metropol Kino Gera (Eröffnungsveranstaltung), Leipziger Straße 24, 07545 Gera, Tel. (03 65) 22 69 79 50, www.goldenerspatz.de
● ÖPNV: Tram 3, Haltestelle Metropol Kino/Leipziger Straße

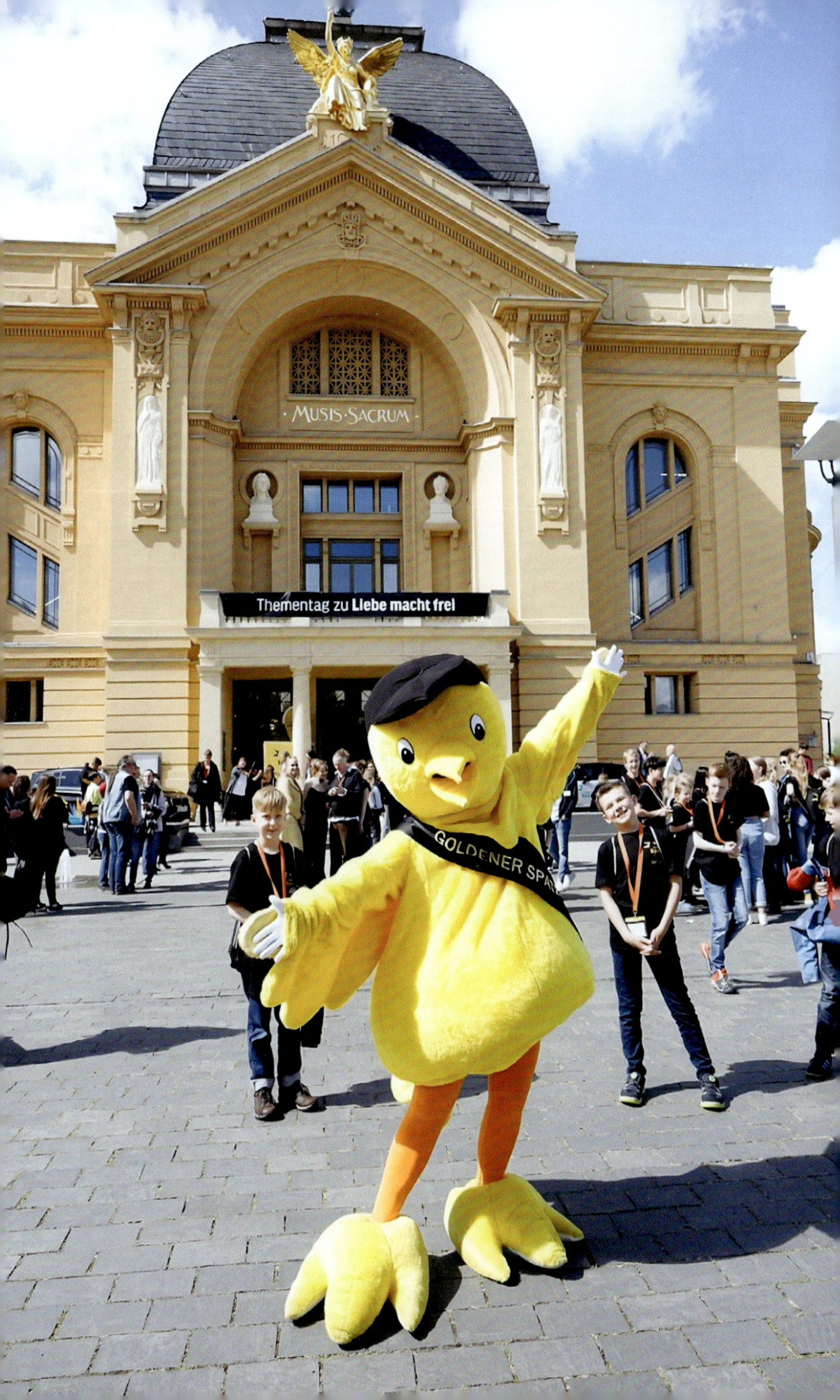
MUSIS·SACRUM
Thementag zu Liebe macht frei
GOLDENER SPA

Lang leben die Sixties!

54 Das Kino International in Berlin

Dieser markante Sechzigerjahre-Bau ist ein absoluter Hingucker. Er wirkt zugleich wuchtig-massiv und luftig-verspielt und hebt sich wohltuend von den im Stil des Sozialistischen Klassizismus gebauten Wohnblöcken ab, die sonst die Karl-Marx-Allee prägen. Das Kino International wurde 1961–63 gebaut, nach den Plänen der Architekten Josef Kaiser (der gerade erst das berühmte Kosmos-Großraumkino um die Ecke entworfen hatte) und Heinz Aust (der später für den Ostberliner Fernsehturm und den Palast der Republik mitverantwortlich zeichnete). Der architektonische Clou des Filmtheaters ist der 9 Meter tiefe Erker mit Glasfront, der dem Gebäude auf ganzer Breite vorgelagert ist und hinter dem sich die Panorama Bar befindet. Die drei übrigen Seiten der Fassade ziert das sozialistische Relief „Aus dem Leben heutiger Menschen". Heller Sandstein, Glas und Metall, gerade Kanten, strenge rechte Winkel – der Zweckbau ist ein markantes Beispiel für die Formsprache des DDR-Designs der Sechziger, und zugleich wächst er über sie hinaus.

Früher war das Kino International das bedeutendste Premierenkino der DDR. Konrad Wolfs „Solo Sunny" feierte hier 1980 Premiere, genau wie Heiner Carows „Coming Out", der erste (und letzte) DEFA-Film mit homosexueller Thematik, der ausgerechnet am Tag des Mauerfalls, dem 9. November 1989, seine Uraufführung erlebte. Als die Premierengäste nach der Vorstellung das Kino International verließen, hatte sich die ganze Welt verändert. Bis heute würdigt das Kino dieses denkwürdige Ereignis in Form der Veranstaltungsreihe „Mongay": Seit über 25 Jahren läuft jeden Montag um 22 Uhr ein aktueller queerer Film.

Ein Besuch in diesem schönen Filmtheater, das weit über die Grenzen Berlins hinaus als Ikone des Kinobaus bekannt ist, lohnt sich immer. Was sich seit 1963 ebenfalls nicht geändert hat, heute aber eine absolute Seltenheit darstellt: An der dafür vorgesehenen Fläche der Fassade wirbt nach wie vor stets ein riesiges handgemaltes Plakat für den aktuellen Film. Das Kino International ist nun einmal zeitlos.

- Kino International, Karl-Marx-Allee 33, 10178 Berlin, Tel. (0 30) 3 22 93 13 22
  www.yorck.de/kinos/kino-international
- ÖPNV: U-Bahn U5, Haltestelle Schillingstraße

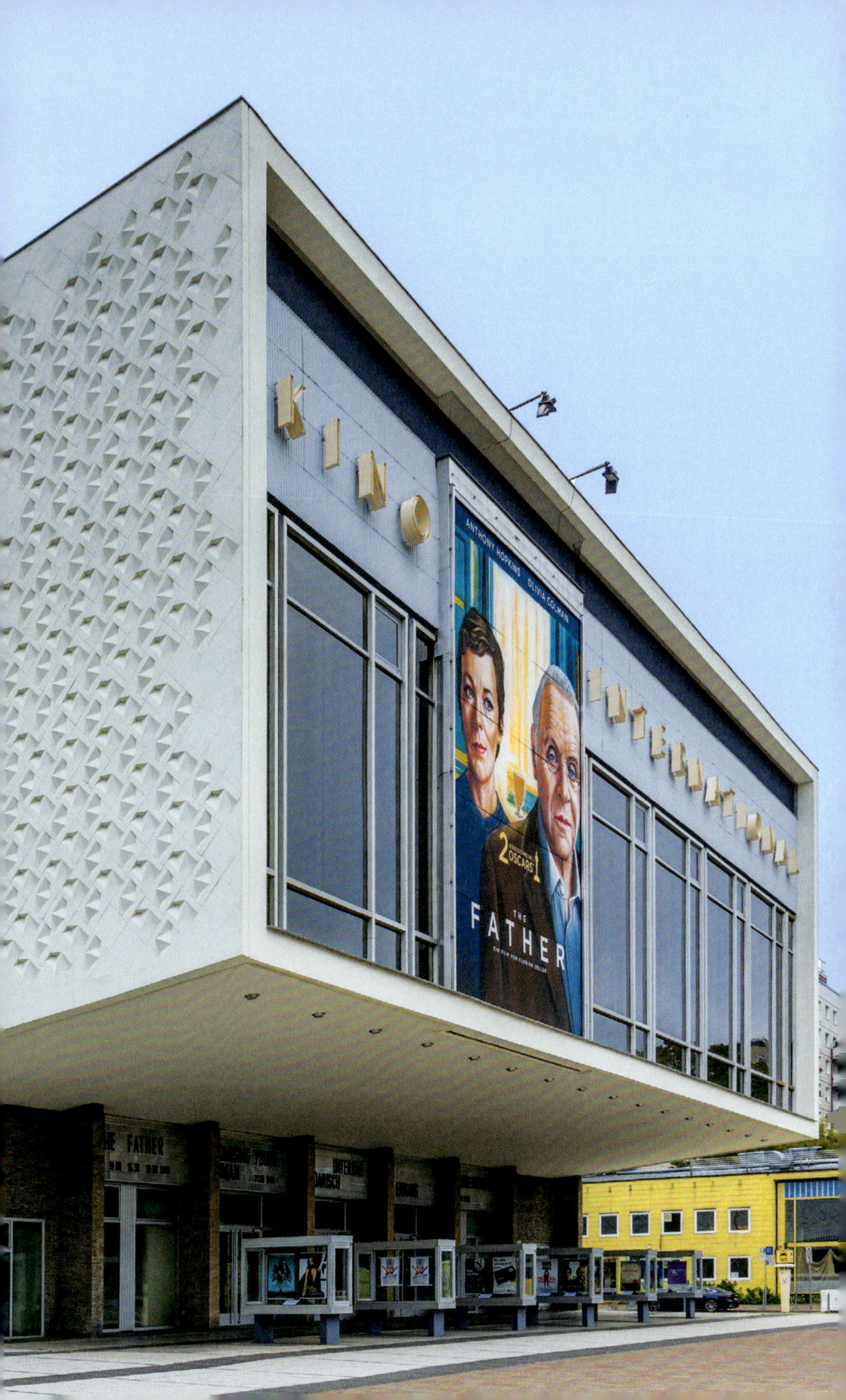
KINO
ANTHONY HOPKINS
OLIVIA COLMAN
2 OSCARS
THE FATHER

Vorgeschichte des Films

55

Die Camera Obscura in Mülheim

Heute, im Zeitalter von Digitalkameras, LED-Fernsehern, digitalem HFR und Tonnen von CGI-Effekten, kann man sich kaum noch vorstellen, dass die Wiege der „bewegten Bilder" tatsächlich aus reiner Mechanik und Optik bestand und Bilder erst viel später mithilfe der Chemie fest auf Film gebannt werden konnten. Dieser Vor- und Frühgeschichte des Films widmet sich das Museum der Camera Obscura in Mülheim an der Ruhr. Das Museum wurde 2006 in einem ehemaligen Wasserturm für den Dampflokbetrieb eingerichtet und zeigt spielerisch – hier gibt es viel auszuprobieren – und informativ, wie die Bilder laufen lernten, nämlich indem man mit optischen Tricks und Kniffen aus einzelnen Standbildern in rascher Darstellungsfolge die Illusion von Bewegung erzeugte. Dabei wurden damalige Zeitgenossen außerordentlich erfindungsreich und zeigten: Alles, was sich drehen und rotieren lässt, kann als Hilfsmittel genutzt werden. Den Durchbruch der Filmtechnik aber brachte die Erfindung der Camera Obscura, einer „dunklen Kammer" mit einem kleinen Loch, durch das das Licht ein Abbild der Außenwelt auf die Wand der Kammer wirft – ein faszinierender optischer Trick, der später mittels chemischer Prozesse half, Fotos und schließlich Filmstreifen zu belichten.

Schon Anfang der 1990er-Jahre wurde in der Spitze des Wasserturms die größte begehbare Camera Obscura der Welt eingerichtet. Hier kann man hautnah miterleben, wie mittels eines drehbaren Teleskops in der Turmspitze der Blick auf Mülheim aus der Vogelperspektive in den Raum projiziert wird, ganz ohne Kamera- oder andere elektrische Technik. Zwar sind die über 1000 Exponate zum Selberausprobieren vor allem bei Kindern beliebt, aber auch Erwachsene erfahren hier schnell, welche Faszination bewegte Bilder auf die Menschen ausübten, lange bevor die ersten Digitalprojektionen auch nur denkbar waren.

TIPP

Die Camera Obscura liegt direkt am Radschnellweg RS1 – für Radwanderer eine wunderbare Gelegenheit für eine Pause.

● Camera Obscura, Am Schloß Broich 42, 45479 Mülheim an der Ruhr, Tel. (02 08) 3 02 26 05, www.camera-obscura-muelheim.de

● ÖPNV: Bus 122, 124, 131, Tram 102, Haltestelle Schloß Broich

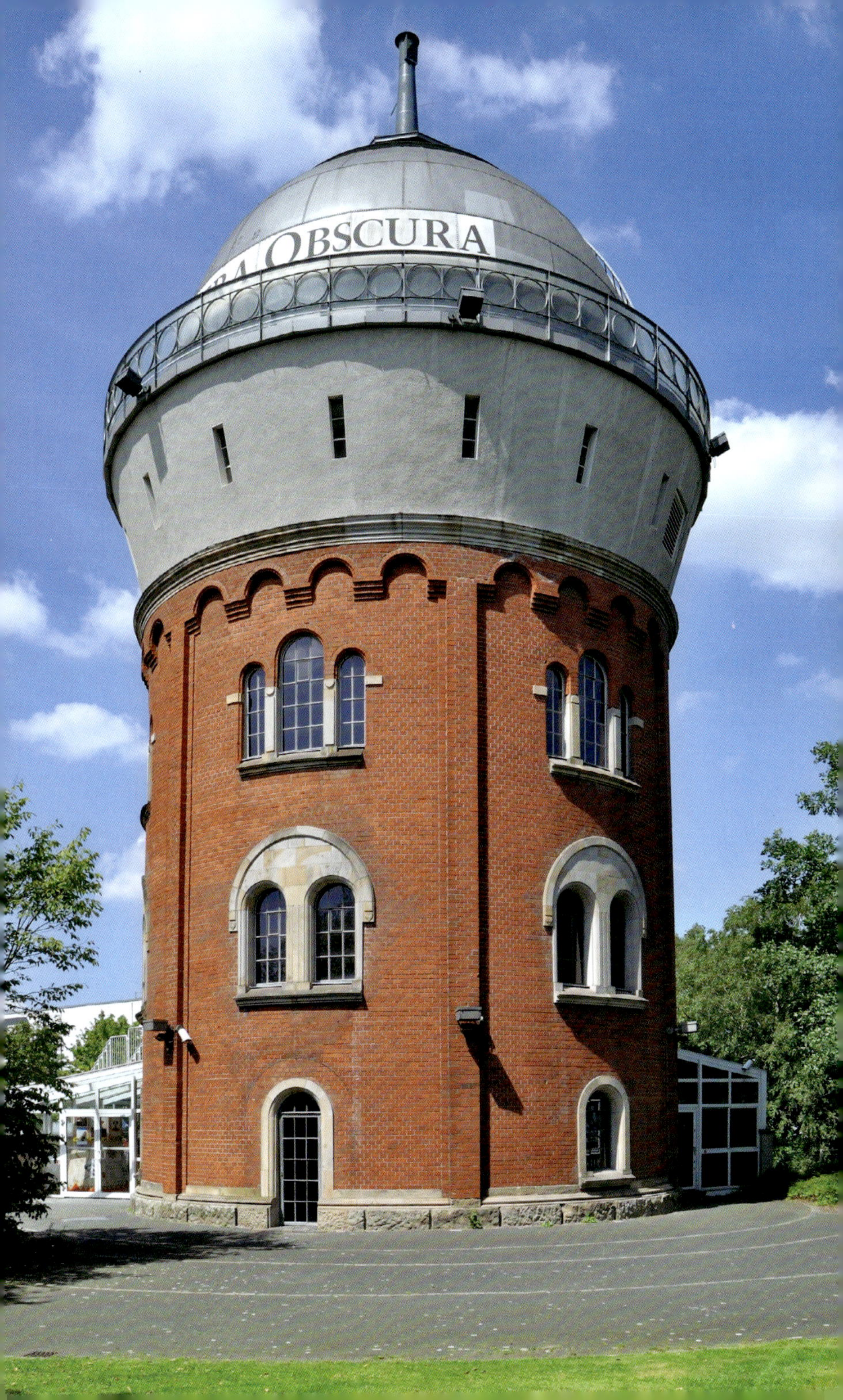
OBSCURA

„Heimatfilme“ im Hunsrück

56 Café und Kino Heimat in Morbach

Die „Heimat“-Reihe von Regisseur und Autor Edgar Reitz ist ein Meilenstein des Filmschaffens und ein wichtiger Beitrag zur öffentlichen Auseinandersetzung mit der jüngeren und jüngsten deutschen Vergangenheit. Das Mammutprojekt, das als Chronik den deutschen Alltag zwischen 1919 und 1999 beschreibt, hat eine Gesamtlaufzeit von 52 Stunden und 11 Minuten und besteht aus den drei Teilen „Heimat – Eine deutsche Chronik“ (1984), „Die zweite Heimat – Chronik einer Jugend“ (1992) und „Heimat 3 – Chronik einer Zeitenwende“ (2004), die wiederum aus jeweils 6 bis 13 abendfüllenden Spielfilmen bestehen. Vor allem im ersten Teil spielt Reitz' Heimat, der Hunsrück, eine zentrale Rolle.

Edgar Reitz kam 1932 in Morbach zur Welt, zwischen Trier und Idar-Oberstein. Seit 2013 befindet sich in seinem Morbacher Elternhaus das Café Heimat, das sich mit einer kleinen Ausstellung dem Werk des Regisseurs widmet. Hier bekommt man unter anderem Szenenfotos aus „Heimat“, Requisiten und Originaldrehbücher zu sehen. Außerdem kann man Kaffeespezialitäten, hausgemachte Limonaden, Kuchen und Waffeln genießen, alles aus regionalen Erzeugnissen. Ein besonderer Tipp ist der Flammkuchen „Heimat“ mit Blutwurst, Apfel und Sauerkraut. Und man kann hervorragend frühstücken.

Seit 2019 sind an das Café die Edgar-Reitz-Kinemathek und das Kino Heimat angeschlossen. Mit seinen 30 Plätzen auf 40 Quadratmetern gilt es als das kleinste Kino von Rheinland-Pfalz, trotzdem verfügt es über modernste Bild- und Tontechnik. Die Kinemathek enthält Reitz' Gesamtwerk, alle seine Dokumentar- und Spielfilme können im Saal gezeigt werden. Natürlich stehen auch Filme aus „Heimat“ immer wieder auf dem Spielplan. Besuchergruppen können das Kino auf Anfrage auch außerhalb des normalen Filmprogramms buchen. Eine weitere Aufgabe des Kino Heimat ist die Zusammenarbeit mit Kultureinrichtungen und Schulen, denn viele von Reitz' sozialkritischen Filmen eignen sich (abseits von „Heimat“) hervorragend für die Aufarbeitung gesellschaftlich relevanter Themen.

● Café und Kino Heimat, Biergasse 5, 54497 Morbach, Tel. (0 65 33) 9 58 82 03
www.cafe-heimat-morbach.de

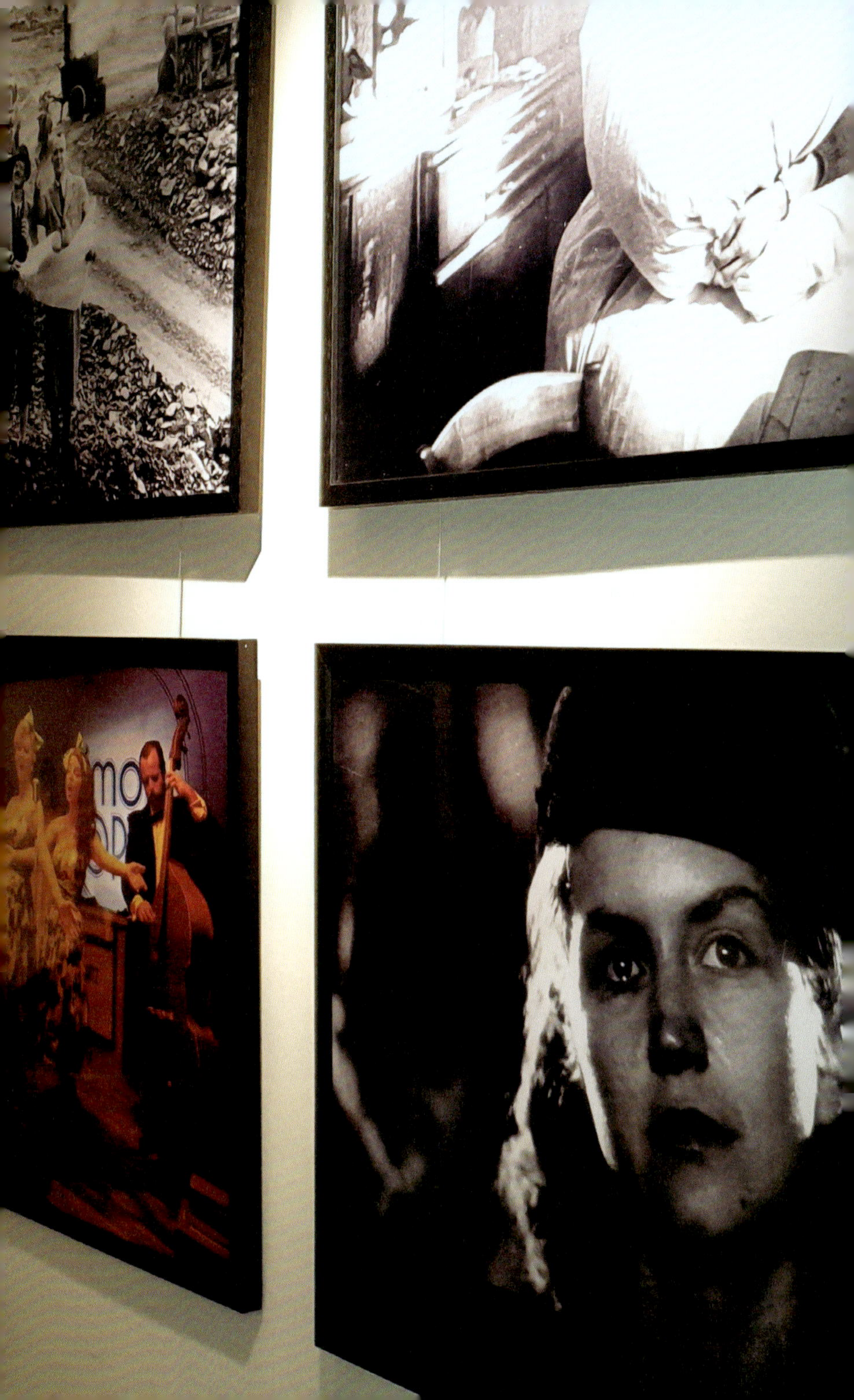

Forscherdrang im Kino

57

cinefest mit historischen Filmen in Hamburg

Filme haben diese besondere Gabe der Alterslosigkeit: Ganz gleich, wann sie gedreht wurden, und egal, wie viele Entwicklungen die Filmkunst seitdem gemacht hat, sie rühren auch heute noch etwas in uns an, und ein Film, der vor über 100 Jahren gedreht wurde, kann uns heute noch so begeistern wie der aktuellste HFR-Sommerblockbuster in 3D. Um genau diese Alterslosigkeit dreht sich das Internationale Festival des deutschen Film-Erbes unter dem Namen cinefest, das CineGraph, das Hamburgische Centrum für Filmforschung e. V., ins Leben gerufen hat. Das cinefest findet im Rahmen des Internationalen Filmhistorischen Kongresses statt und zeigt unter wechselnden Themen wie zum Beispiel „Kameratechnik und Filmkunst in der deutschen Kinematografie" zahlreiche historische Filme, begleitet von einem Kongressprogramm aus Vorträgen, Präsentationen und Panels, das bestimmte historische Aspekte des Films tiefgehend beleuchtet und vorstellt. Denn hier geht es nicht nur darum, die Filme zu genießen, sondern auch die historische Kultur hinter dem deutschen Filmerbe zu erforschen. Mit diesem Anspruch ist das cinefest mehr als ein bloßes Filmfestival. Hier geht es um eine Informations-, ja sogar Bildungsveranstaltung, die Praktiken, Kultur und Einschätzungen der Filmhistorie analysiert und in die Gegenwart bringt. Damit ist sie nicht nur für Filmfans von Interesse, sondern auch für Filmschaffende, die ihren Erfahrungsschatz erweitern möchten, oder für kulturhistorisch interessierte Filmfreunde. Um an dem Kongress teilzunehmen, auch als Gast, ist eine Akkreditierung über die Website nötig, während die Filme dem breiten Publikum offenstehen. Das Programm findet in mehreren unabhängigen Hamburger Kinos statt, etwa im Metropolis (Glücksort 65), im Abaton, dem Alabama oder Lichtmess. Der ungewöhnliche Aufbau und das breite Themenspektrum der Reihe machen aus dem cinefest ein einzigartiges Angebot für Freunde der historischen Filmkunst und alle, die sich näher mit der Zeitlosigkeit früherer Filme befassen wollen.

TIPP

In Koblenz fand im März 2023 im Odeon-Apollo-Kino erstmals das Koblenzer Cinefest nach Hamburger Vorbild statt.

- Metropolis Kino (Beispielspielstätte), Kleine Theaterstraße 10, 20354 Hamburg, Tel. (0 40) 34 23 53, www.cinefest.de
- ÖPNV: U-Bahn U2, Bus 4, 5, 19, Haltestelle Gänsemarkt; U-Bahn U1, Haltestelle Stephansplatz

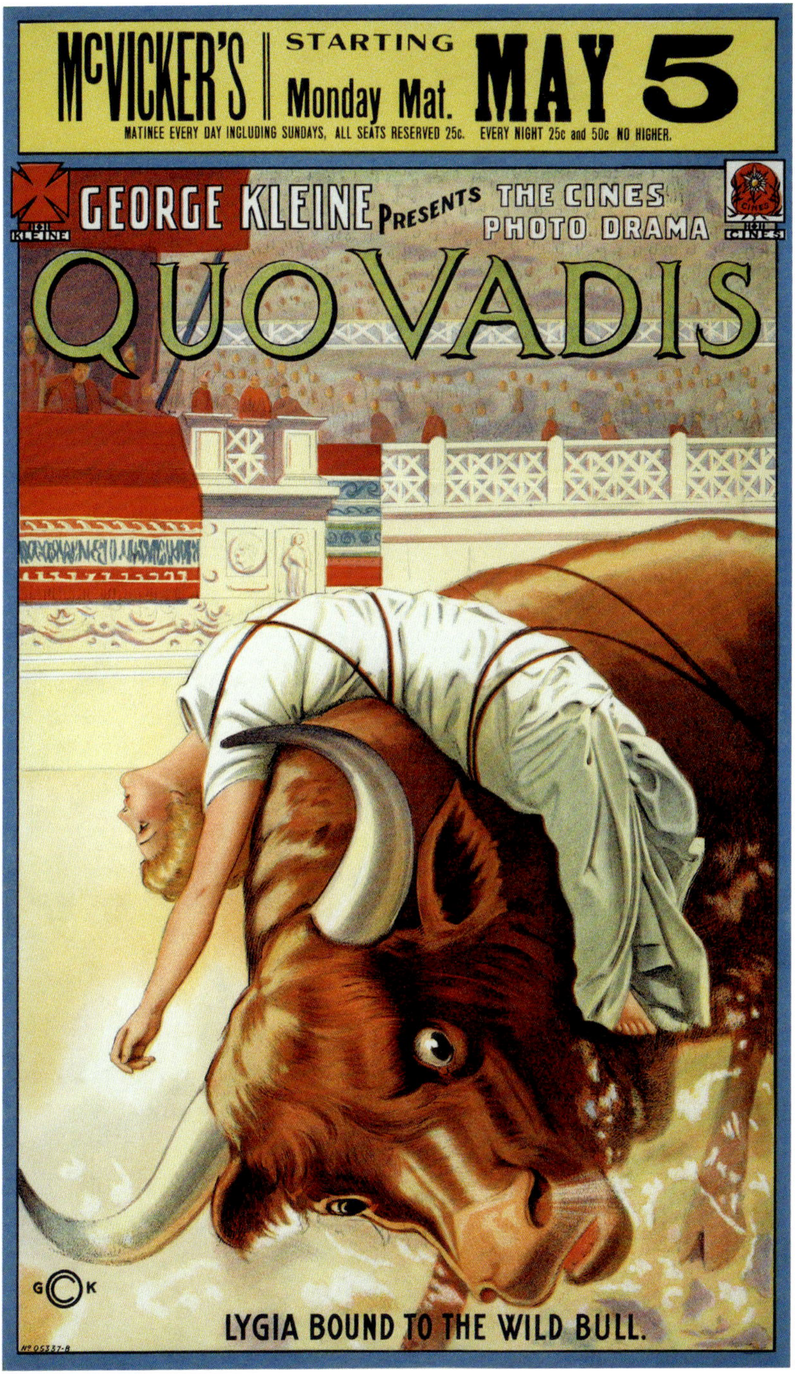
McVICKER'S
STARTING
Monday Mat.
MAY 5
MATINEE EVERY DAY INCLUDING SUNDAYS, ALL SEATS RESERVED 25c. EVERY NIGHT 25c and 50c NO HIGHER.
KLEINE
GEORGE KLEINE PRESENTS THE CINES PHOTO DRAMA
CINES
QUO VADIS
GCK
LYGIA BOUND TO THE WILD BULL.

Lizenz zum Springen

58 Der Verzasca-Staudamm im Tessin

Wenn der weltberühmte Agent mit der Doppelnull für etwas bekannt ist, dann für seinen exquisiten Geschmack, nicht zuletzt, wenn es um seine Reiseziele geht. Kaum ein Agent kommt so in der Welt herum und genießt so viele exotische Regionen wie Bond – James Bond.

Dazu gehört auch die italienischsprachige Region Tessin in der südlichen Schweiz. Von hohen Alpengipfeln über beschauliche Täler und malerische Dörfer erstreckt sich hier eine prachtvolle Bergkulisse bis zu den palmengesäumten Ufern des Lago Maggiore, des Luganersees und des Comer Sees. An Letzterem liegt, wenn auch auf italienischer Seite, nur eine kurze Autofahrt entfernt die Villa Balbianello bei Lenno, wo die berühmte Liebesszene aus „Star Wars – Episode II", aber auch einige Szenen aus dem James-Bond-Film „Casino Royale" inszeniert wurden.

Doch zurück ins Schweizer Tessin, denn das lädt Besucher zu herrlichen Wanderrouten mit atemberaubenden Aussichten ein, die größtenteils im mittelschweren und schweren Bereich liegen und rund 3 bis 4 Stunden dauern. Eine besonders lohnenswerte Route führt durch das Verzascatal und dort zum Diga Verzasca – dem Verzasca-Staudamm. Dieser 220 Meter hohe, 1960–65 errichtete Damm, der den künstlich angelegten Vogorno-See am Nordzipfel des Lago Maggiore staut, bietet nicht nur einen fantastischen Ausblick, sondern auch puren Nervenkitzel: Von hier oben stürzte sich der britische Superagent in „GoldenEye" an einem Bungee-Seil in die Tiefe und lieferte einen der spektakulärsten Stunts der ganzen Filmreihe. Und genau diesen unverfälschten 007-Adrenalinkick kann sich hier jeder holen, denn inzwischen wurde an dem Staudamm eine Bungee-Plattform für alle errichtet, die einmal den tiefen Fall des James Bond nacherleben wollen. Von April bis Oktober ist die Plattform geöffnet und sowohl für Bungee-Neulinge wie auch für erfahrene Springer geeignet, sodass sich hier jeder auch ohne Lizenz zum Töten in die Tiefe stürzen kann – ein Erlebnis, das man garantiert nie wieder vergisst!

- 007 Bungy Jump Anlage, Via Valle Verzasca, CH-6596 Gordola
www.007bungy.ch
- ÖPNV: ab Gordola Bus 321, Haltestelle Diga Verzasca

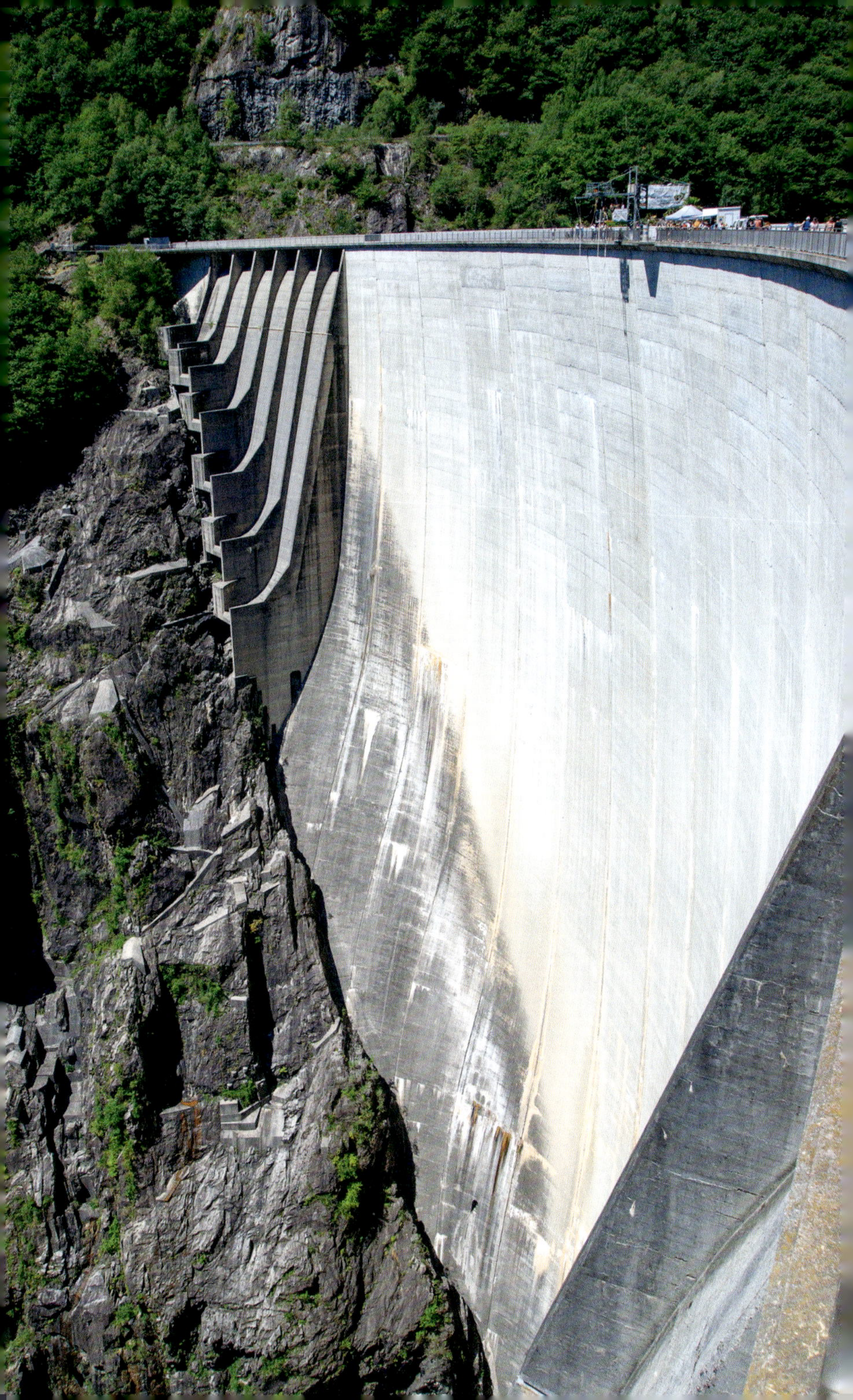

O-Ton in Reihe 1

59 Das Savoy Filmtheater in Hamburg

Der Streit ist so alt wie das Kino selbst: Wo sitzt man am besten? Mitte/Mitte, wo man sich im bestmöglichen Abstand von der Leinwand wähnt? In der letzten Reihe, wo man ungestört tun kann, was die Drifters 1974 in „Kissin' in the Back Row of the Movies" besangen? Oder ganz vorne, wo einem niemand die Sicht nimmt? Im Savoy-Kino ist für mich der Fall klar.

Seit seiner Eröffnung 1957 ist das Savoy Filmtheater eines der Prunkstücke der Hamburger Kinoszene, und mit einer damals brandneuen 70-mm-Technik und HiFi-Tonanlage war das Savoy auch in technischer Hinsicht einer der Vorreiter in der Hansestadt und hatte zumindest für eine Weile die größte Leinwand. 2013 modernisierte der Unternehmer Hans-Joachim Flebbe, der auch den Berliner Zoo Palast (Glücksort 1) auf Vordermann brachte, das Savoy Filmtheater für über eine Million Euro, und das wunderschöne Kino, das längere Zeit geschlossen war, erwachte aus dem Dornröschenschlaf. Heute zeigt es ausschließlich Filme in der englischen Originalversion und ohne störende Untertitel – ein Konzept, das voll und ganz aufgegangen ist. Regelmäßig stehen auch Klassiker auf dem Programm sowie Übertragungen aus dem National Theatre in London. Auch die analoge 70-mm-Projektion kommt hin und wieder noch zum Einsatz. Besonders schön sind die Sitzplätze geworden: Im gleichen Saal, wo sich einst fast 1000 Gäste drängten, bieten heute 327 bequeme Ledersessel extrem viel Beinfreiheit.

TIPP

Die Plätze 3+4, 6+7, 9+10 und 12+13 in Reihe 1 sind Doppelliegen, die sich besonders für Pärchen eignen.

Um aber zur Eingangsfrage zurückzukommen: Die vorderste Reihe der „Loge" (die letzten vier Reihen) hat Sitze mit kippbarer Rückenlehne und einem Lederhocker, auf dem man bequem die Füße platzieren kann. Wer weiter hinten sitzen will, ist hier gut aufgehoben. Mein persönlicher Favorit ist aber die Reihe 1: Hier gibt es Liegesitze, wo man es sich so richtig bequem machen kann, man hat niemanden vor sich, und es ist trotzdem immer noch genug Abstand zur Leinwand, dass man keine Genickstarre bekommt und alles sehen kann. Ein herrlicher Kinogenuss!

- Savoy Filmtheater, Steindamm 54, 20099 Hamburg, Tel. (0 40) 2 84 09 36 28
www.savoy-filmtheater.de
- ÖPNV: diverse Zug- und Buslinien, Haltestelle Hamburg Hauptbahnhof

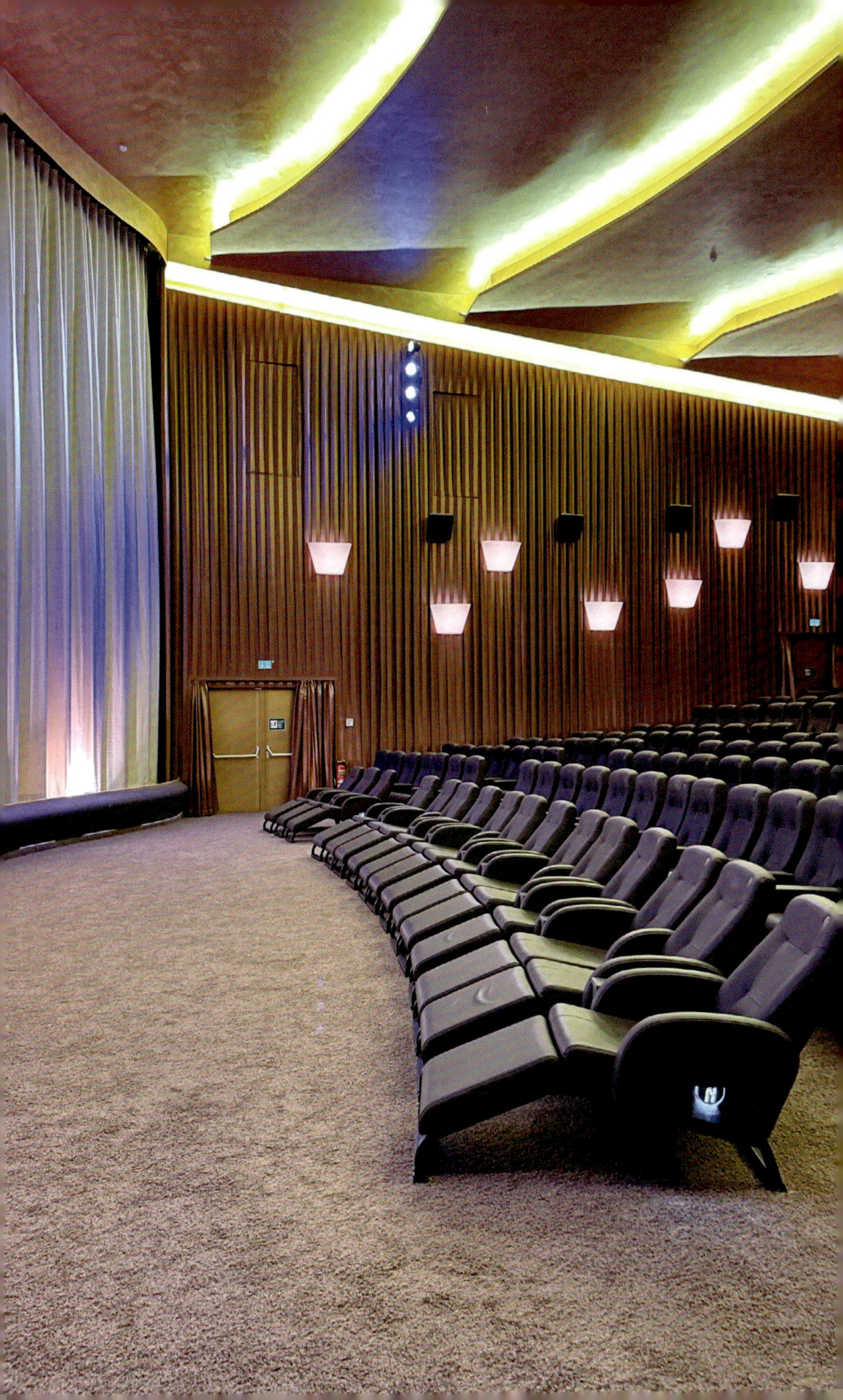

Das O und Ho der Genrefilme

60

Das Obscura Filmfestival in Berlin und Hannover

Abseits der großen Blockbuster und stillen Arthouse-Streifen ist es in der heutigen Kinolandschaft nicht einfach, gute Filme auf deutschen Leinwänden zu finden. Umso besser, wenn jemand anderes das für einen tut. Seit 2016 widmet sich das Obscura Filmfestival, das jährlich in Berlin und Hannover stattfindet, genau diesen Genre-Perlen, die aus aller Welt ihren Weg zu uns finden. Hier bekommen die Fans Horror, Splatter, Action, Sci-Fi, Fantasy und alles dazwischen und daneben frisch und spritzig serviert.

Festivalgründer David Ghane, begeisterter Fan des „extremen Films“ und selbst leidenschaftlicher Festivalgänger, gründete das Obscura Filmfestival, als ihm die Filmauswahl vergleichbarer Veranstaltungen in Deutschland zu sehr in den Bereich Arthouse abglitt: „Viele interessante Filme, die im Ausland auf vergleichbaren Festivals liefen, kamen bei uns nicht.“

Inspiriert von den Fans des Münchner Asia Festivals, die nach dem Aus der Veranstaltung einfach ein Kino mieteten und die Nachfolge selbst organisierten, stellte er 2016 dank einer Crowdfunding-Kampagne und mit vier Genrefilmen (drei davon aus seiner eigenen umfangreichen Sammlung) etwas Ähnliches auf die Beine. Mittlerweile wird jedes Jahr ein knappes Dutzend Filme über mehrere Abende hinweg präsentiert, dazu Weltpremieren und Kurzfilme. Außerdem kommen die Macher zu Besuch, um den Zuschauern Rede und Antwort zu stehen oder sich für Foto- und Video-Events zur Verfügung zu stellen. Im Rahmen des Festivals laufen inzwischen sogar erfolgreiche Verleihtitel wie Blumhouses bitterböse Satire „The Hunt“. Das Festival richtet sich ganz bewusst an alle Filmfreunde, die nicht nur über das reguläre Kinoprogramm, sondern auch die sonstige Festivallandschaft hinaus nach unterhaltsamen und fantastischen Titeln suchen, und möchte die Genrelandschaft um genau die Filme erweitern, die sonst – und oft zu Unrecht! – durch das Raster fallen.

TIPP

David ist immer auf der Suche nach Mitstreitern, die ihn bei der Ausrichtung des Festivals unterstützen wollen.

- Kino in der Kulturbrauerei, Schönhauser Allee 36, 10435 Berlin
  www.dvdscot.wixsite.com/obscura
- ÖPNV: Bus N2, Haltestelle Sredzkistraße; Tram 12, M1, M10, U-Bahn U2, Haltestelle Eberswalder Straße

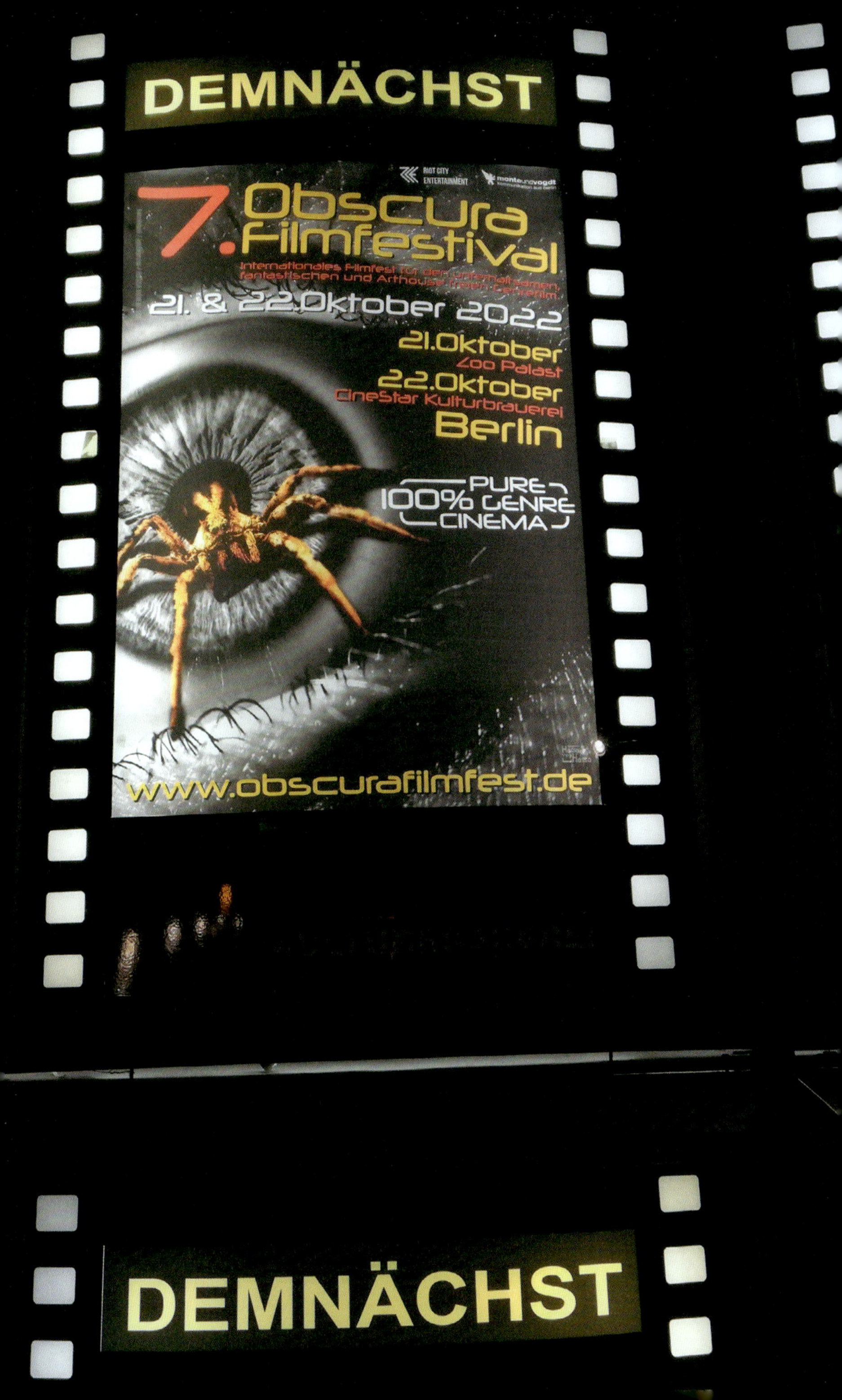
DEMNÄCHST
RIOT CITY ENTERTAINMENT
7. Obscura Filmfestival
21. & 22.Oktober 2022
21.Oktober
Zoo Palast
22.Oktober
CineStar Kulturbrauerei
Berlin
PURE 100% GENRE CINEMA
www.obscurafilmfest.de
DEMNÄCHST

Vier tolle Abende

61 Kölner Kino Nächte

Der Sommer war hierzulande kinotechnisch schon immer eine Saure-Gurken-Zeit. Anders als in den USA, wo seit Jahrzehnten die meisten großen Blockbuster in den Sommermonaten ins Kino kommen, sind bei uns traditionell eher Herbst und Winter die Kinomonate. Das ändert sich zwar, seit die deutsche Fassung eines Hollywood-Films möglichst gleichzeitig erscheinen soll und kein halbes Jahr mehr Zeit ist, um eine vernünftige Synchronisation anzufertigen. Trotzdem können gerade kleine Kinos hierzulande ein Lied davon singen, dass die Menschen im Sommer lieber im Freien ihre Zeit verbringen, als sich in ein dunkles Kino zu setzen.

Um hier gegenzusteuern, lassen sich viele Betreiber Sonderaktionen einfallen. Eine solche Aktion sind die Kölner Kino Nächte, die seit 2007 veranstaltet werden: An vier Abenden im Juli oder August, von Donnerstag bis Sonntag, kann man sich an über einem Dutzend Standorten in Köln 40 verschiedene Filme anschauen, und das alles mit einem einzigen Ticket für 20 Euro. Die Auswahl ist sehr vielfältig: Highlights der letzten Saison, neues deutsches Kino, moderne Klassiker, Independent-Produktionen, Kinderfilme, internationale Filmkunst, Dokumentarfilme und sogar die eine oder andere Filmpremiere. Welche Spielstätten mitmachen, ändert sich immer wieder leicht. Stets beteiligen sich diverse unabhängige Kinos wie die Filmpalette, das Odeon oder das Cinenova, aber auch besondere Orte wie das Bürgerhaus Zollstock, das Schauspiel Köln oder das Museum für angewandte Kunst.

Bei den Kölner Kino Nächten klappt, was man sich bei vielen Filmfestivals wünschen würde und was man von Veranstaltungen wie der Langen Nacht der Museen in vielen deutschen Städten kennt: einmal Eintritt zahlen und alles angucken. Zugegeben, alle Filme kann man an den vier Tagen nicht schaffen, zumal das Wort „Nächte" sehr frei interpretiert ist – los geht es in der Regel um 18 Uhr, die letzten Vorstellungen laufen um 23 Uhr. Aber es macht trotzdem immer jede Menge Spaß, denn hier ist buchstäblich für jeden etwas dabei.

● Filmhaus Köln (Vorverkauf), Maybachstraße 111, 50670 Köln
www.koelner-kino-naechte.de
● ÖPNV: S-Bahn S6, Haltestelle Hansaring; Tram 16, 18, Haltestelle Ebertplatz

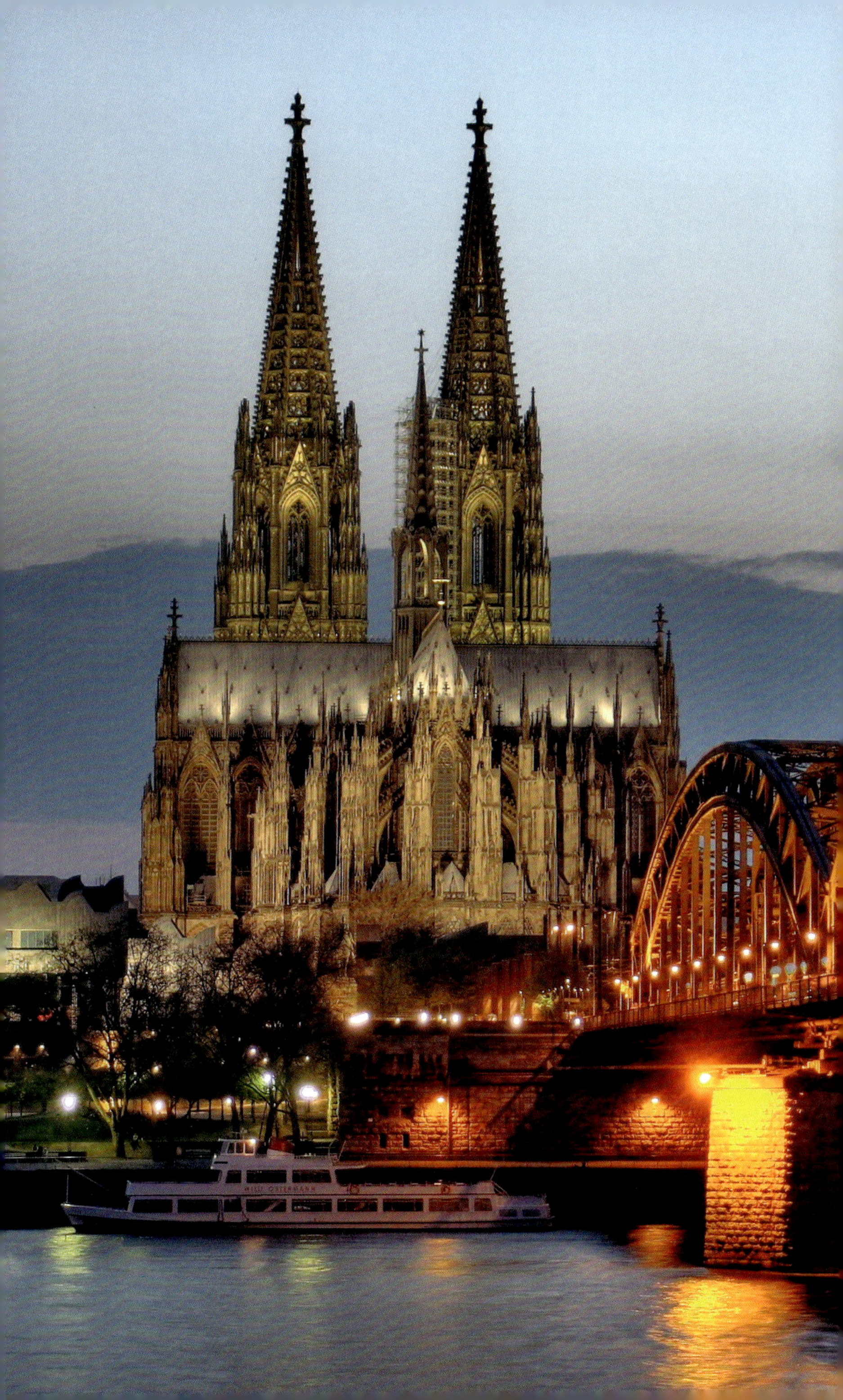

Geeks in heaven

62 Die German Comic Con in Dortmund

Man mag es kaum glauben, aber vor einem guten Dreivierteljahrhundert hatten es Comichefte noch sehr viel schwerer als heute. Die Hefte voller bunter Bilder erzählten von fremden Welten, mutierten Menschen, Außerirdischen und anderen fantastischen Dingen und hatten es damit nicht leicht, in einer Welt ernst genommen zu werden, die klassische Musik und literarische Wälzer als Speerspitze der Kunst definierte. Vor allem Jugendliche erkannten, dass die Zeichnungen, die Geschichten und die Form des bildhaften Erzählens ebenfalls Kunst darstellten. Langsam, aber sicher wurden sie immer populärer und damit auch der Wunsch, sich mit anderen Comic-Liebhabern auszutauschen, also veranstaltete man groß angelegte Treffen.

Die ersten „Comicbook Conventions", heute nur noch „Comic Con" genannt, fanden Anfang der 1960er-Jahre in New York statt. Schon bald wurden die Treffen immer beliebter, und es entstanden überall in den USA kleine und große Ableger. Spätestens seit den 1980er-Jahren sind sie ein fester Bestandteil der Fantasy- und Science-Fiction-Popkultur, auch wenn manche Stars das erst nicht glauben wollten. Patrick Stewart, bekannt als Captain Jean-Luc Picard („Raumschiff Enterprise – Das nächste Jahrhundert"), fragte vor seinem ersten Besuch einer „Con" noch unsicher: „Was, wenn niemand kommt?" 4000 Fans hießen ihn willkommen und belehrten ihn eines Besseren. „Seitdem war ich zwei- oder dreimal pro Jahr auf einer Convention."

Die Comic Cons sind *der* Treffpunkt der „Geeks", wie sich die leidenschaftlichen Fans fantastischer Welten oft selbst nennen. Hier können sie Gleichgesinnte und die Macher und Stars ihrer liebsten Geschichten treffen. Seit 2015 hat Deutschland endlich seine eigene Comic Con, die es den Fans ermöglicht, sich als ihre Lieblingsfiguren zu verkleiden und mit vielen Stars aus Film, Fernsehen und natürlich der Comic-Kunst, vor allem aber mit zahllosen anderen „Geeks" zusammenzukommen, um gemeinsam die bunteste und fantasievollste Form der Filmkunst zu feiern, die zum Glück schon lange keine Subkultur mehr ist.

● Messe Dortmund (Westfalenhallen), Rheinlanddamm 200, 44139 Dortmund
www.germancomiccon.com
● ÖPNV: U-Bahn U45, U46, Haltestelle U-Westfalenhallen

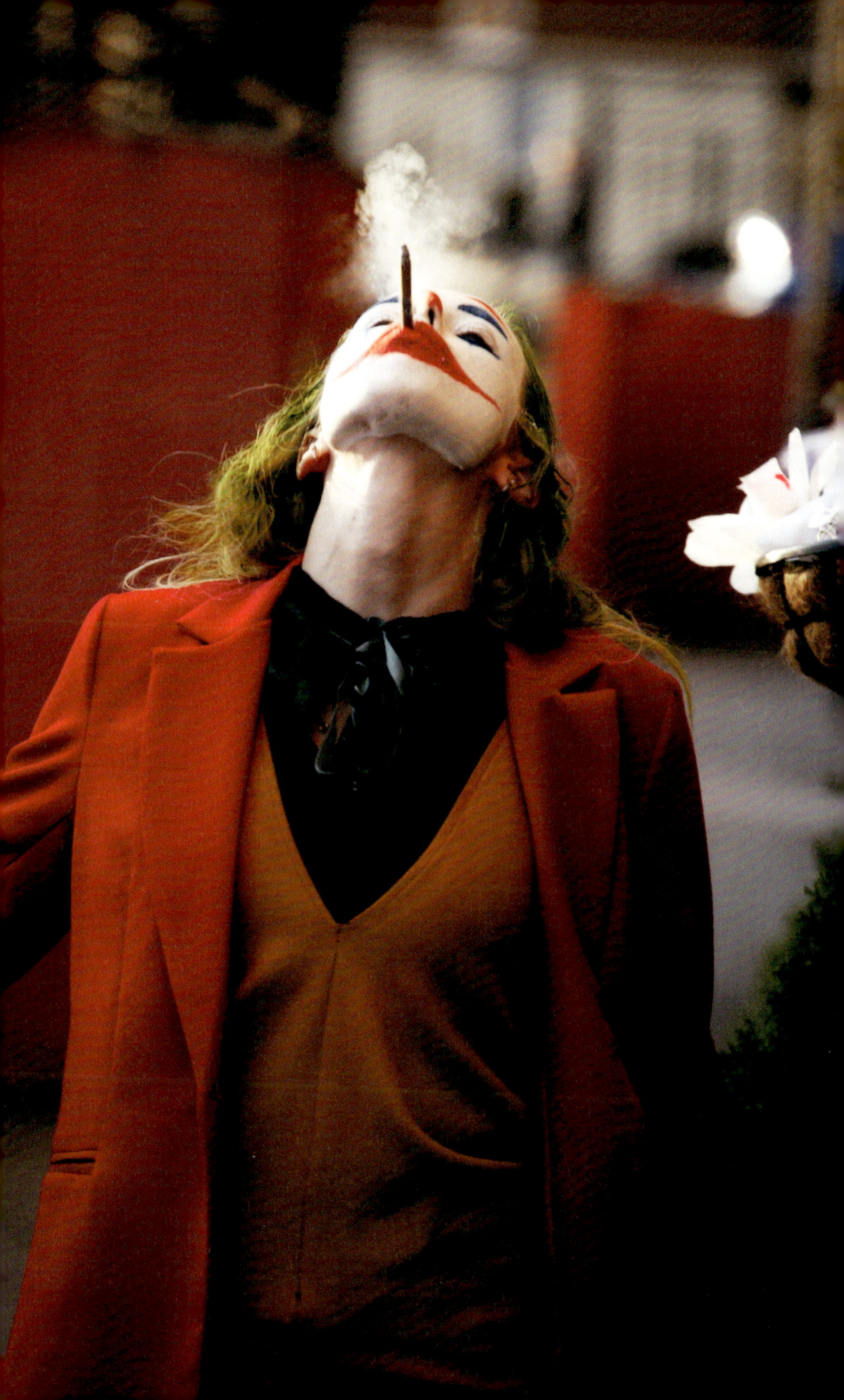

Kino zwischen Fachwerk

63 Monschauer Filmnächte

Das Städtchen Monschau in der Eifel unweit der Grenze zu Belgien besitzt eine der schönsten intakten Fachwerk-Innenstädte im Westen Deutschlands. Genauso sehenswert ist die im 13. Jahrhundert von den Herzögen von Limburg erbaute Burg, die über der Altstadt thront. Kein Wunder, dass Monschau schon mehrmals als Filmkulisse diente. 1971, im selben Jahr, als der berühmte Verpackungskünstler Christo Teile der Monschauer Burg verhüllte, drehte der Regisseur Tom Toelle („Das Millionenspiel") hier für den WDR mit „Kressin und der Laster nach Lüttich" einen echten Kult-„Tatort", und auch Schimanski ermittelte in „Sünde" in Monschau. Seit 2015 wird im Städtchen die ARD-Arztserie „Die Eifelpraxis" gedreht, 2021 entstand hier die Miniserie „Ferdinand von Schirach – Glauben". Aber auch internationale Produktionen haben sich die malerische Kulisse als Hintergrund ausgeguckt, zum Beispiel „Collide" mit Felicity Jones und Anthony Hopkins oder die britische Thriller-Serie „The Missing". Wer auf den Spuren dieser und weiterer Filme und Serien wandeln möchte, sollte das im Sommer tun, insbesondere dann, wenn oben auf der Burg das alljährliche Musikfestival stattfindet: Dann verwandelt sich das Zentrum der Altstadt nämlich einmal pro Woche in einen Kinosaal, wenn von Mitte Juli bis Mitte August die Monschauer Filmnächte zum Open-Air-Kino einladen. Man sitzt ganz zwanglos auf dem Marktplatz, wer früh kommt, erwischt einen der Stühle, die die Stadt bereitstellt, etliche Einwohner bringen sich ihre Sitzgelegenheit aber durchaus auch selbst mit. Ein Open-Air-Kino in einer historischen Altstadt wie dieser ist kein alltägliches Erlebnis, zumal man vorher Gelegenheit hat, den Ort auf eigene Faust zu erkunden. Es gibt in Monschau mehr als 300 denkmalgeschützte Bauwerke und obendrein mehrere Museen, die einem die bürgerliche Wohnkultur des 18. Jahrhunderts oder die Senfherstellung näherbringen.

TIPP

Monschau liegt auf der Eifel-Höhen-Route, einem Radwanderweg, der auf 230 Kilometern um den Nationalpark Eifel führt.

● Marktplatz, 52156 Monschau
www.monschau.de/de/aktuell/veranstaltungen
● ÖPNV: ab Aachen Bus SB66

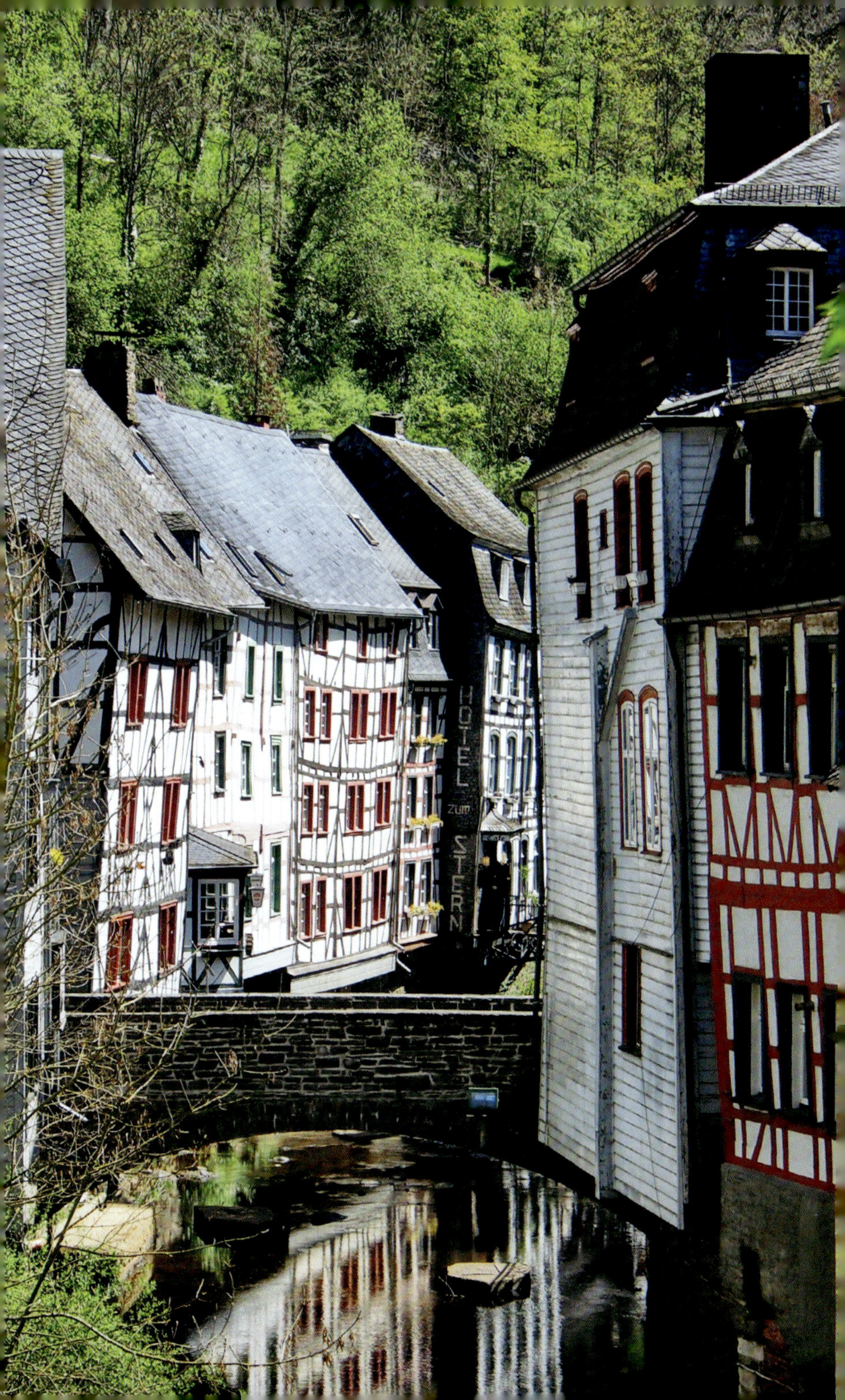
HOTEL
zum
STERN

Boot und Bux

64 Die Bavaria Filmstadt bei München

Alles begann mit einem U-Boot. Von Juli 1980 bis Juni 1981 drehte Regisseur Wolfgang Petersen in den Bavaria Filmstudios den Film, der ihn (und Herbert Grönemeyer) berühmt machen sollte: „Das Boot" nach dem Erfolgsroman von Lothar-Günther Buchheim. Die Kinofassung lief im September 1981 im Kino an, die längere Fernsehfassung wurde 1985 ausgestrahlt. Es gab einen enormen Medienrummel um den Kriegsfilm. Das Interesse am „Boot" war so groß, dass die Bavaria noch vor der Kinopremiere eine offizielle Studiotour einrichtete, bei der Besucher sich die U-Boot-Kulissen und die im Film verwendeten Modelle anschauen konnten. Die Leute standen Schlange. Der nächste Welterfolg, der in den Bavaria Filmstudios gedreht wurde, war im Jahr 1984 „Die unendliche Geschichte", und wieder gab es einen regelrechten Run auf die Filmsets, auf die Kulissen und die animatronischen Puppen. Spätestens jetzt waren die Bavaria Studios eine der größten Attraktionen von München und Umgebung.

Die Filmtour ist immer noch das große Highlight der Bavaria Filmstadt. Die Führung dauert etwa 1,5 Stunden. Dabei bekommt man neben den Dauerbrennern, dem begehbaren Inneren des U 96 aus „Das Boot" und den Figuren aus „Die unendliche Geschichte", unter anderem Kulissen aus „Jim Knopf" und „Wickie und die starken Männer" sowie das Klassenzimmer der 10b aus „Fack ju Göhte" zu sehen. Man darf sogar einen Blick hinter die Kulissen von Film- und TV-Produktionen werfen, die gerade gedreht werden. Denn was die Führung so authentisch macht, ist der Umstand, dass der normale Studiobetrieb rundherum weitergeht. Zwölf Studios besichtigt man auf der Tour, außerdem Werkstätten, den Kostümfundus und die Postproduktion-Studios. Die fachkundigen Tourguides haben dabei immer zahlreiche interessante Fakten auf Lager. Neben der Führung kann man sich auf eigene Faust das Filmstadt-Atelier anschauen, wo man auf 1500 Quadratmetern in Szenenfotos und Filmausschnitten stöbern und Originalrequisiten und -kostüme diverser Klassiker bestaunen kann. Und sich dabei filmen lassen, wenn man Bastian Balthasar Bux auf dem Glücksdrachen Fuchur reitet.

- Bavaria Filmstadt, Bavariafilmplatz 7, 82031 Grünwald, Tel. (0 89) 64 99 20 00 www.filmstadt.de
- ÖPNV: Tram 25, Haltestelle Bavariafilmplatz

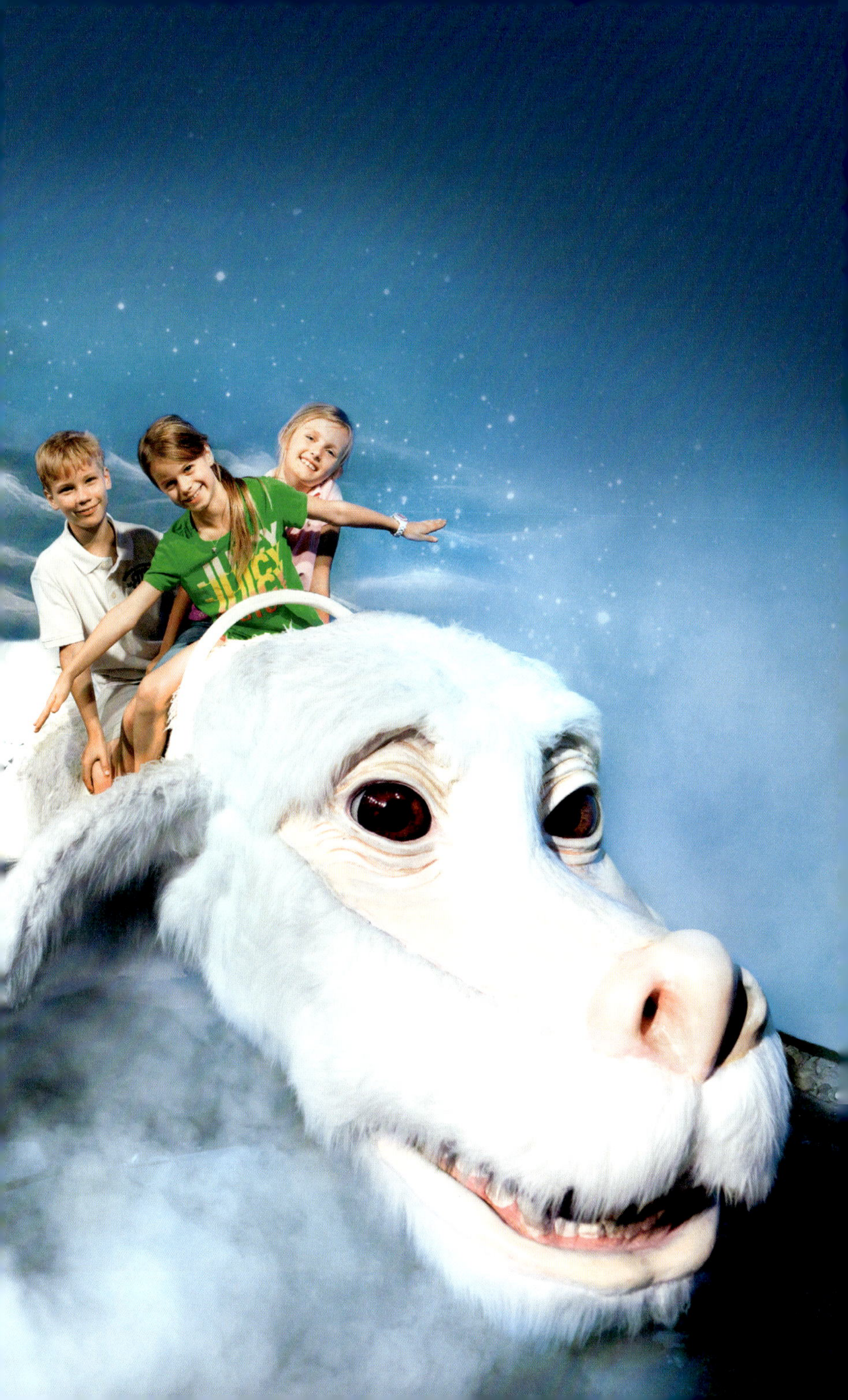
JUICY

Original aus den Fünfzigern

65

Das Metropolis Kino in Hamburg

Man geht schon eine gewisse Verpflichtung ein, wenn man sein Kino nach dem vielleicht größten und einflussreichsten deutschen Film aller Zeiten benennt. Von daher weckt das Metropolis Kino in der Hamburger Innenstadt gewisse Erwartungen. Doch schnell spürt man diese bestimmte, ganz eigene „Lichtspieltheater-Atmosphäre", wenn man durch den Eingang in der kleinen Nebenstraße das Metropolis-Haus betritt. Schon das Foyer strahlt die kühle Eleganz einer Marlene Dietrich aus, bevor es die mit rotem Teppich ausgelegten Treppen (oder barrierefrei mit dem Fahrstuhl) hinab zum Saal geht – seit dem großen Umbau 2011, als der Saal zwei Stockwerke nach unten verlegt wurde, verfügt das Metropolis über einen der wenigen Kinosäle, die komplett im Tiefgeschoss liegen.

TIPP

An Filmkultur Interessierte können Mitglied des Kinemathek Hamburg e. V. werden, um das Kino zu unterstützen.

Begonnen hat das Metropolis 1952 als „Aktualitätenkino" am Dammtorbahnhof, wo Wochenschauen liefen und Fahrplanänderungen der Bahn ausgehängt wurden. Später wurde es zum Filmtheater umgerüstet, bevor 1978 eine Initiative die Stadt Hamburg davon überzeugte, ein kommunales Kino zu unterhalten. Seitdem führt der Kinemathek Hamburg e. V. das ehemalige Dammtorfilmtheater als Metropolis Kino.

Und so dient das Kino als bedeutender Hamburger Schauplatz für Filmkunst, der nicht nur aus einem Eigenarchiv von über 5500 Filmen schöpfen kann, sondern auch zentraler Spielort fast aller großen Hamburger Filmfeste ist, vom Hamburger Filmfest über das Hamburg International Queer Festival (Glücksort 49), den Filmhistorischen Kongress (Glücksort 57) und das Japan Filmfestival. Außerdem gibt es hier Dokumentationen, Premierenfeiern, Live-Auftritte, Lesungen und Panels. Und dieses bunte, vielfältige Programm präsentiert sich in einem glanzvoll eleganten Originalsaal samt Balkon aus den 1950er-Jahren, denn die Innenausstattung des Saals ist denkmalgeschützt und wurde nach dem Umbau originalgetreu wiederhergerichtet.

- Metropolis Kino, Kleine Theaterstraße 10, 20354 Hamburg, Tel. (0 40) 34 25 53 www.metropoliskino.de
- ÖPNV: U-Bahn U1, Bus 4, 5, 19, Haltestelle Stephansplatz

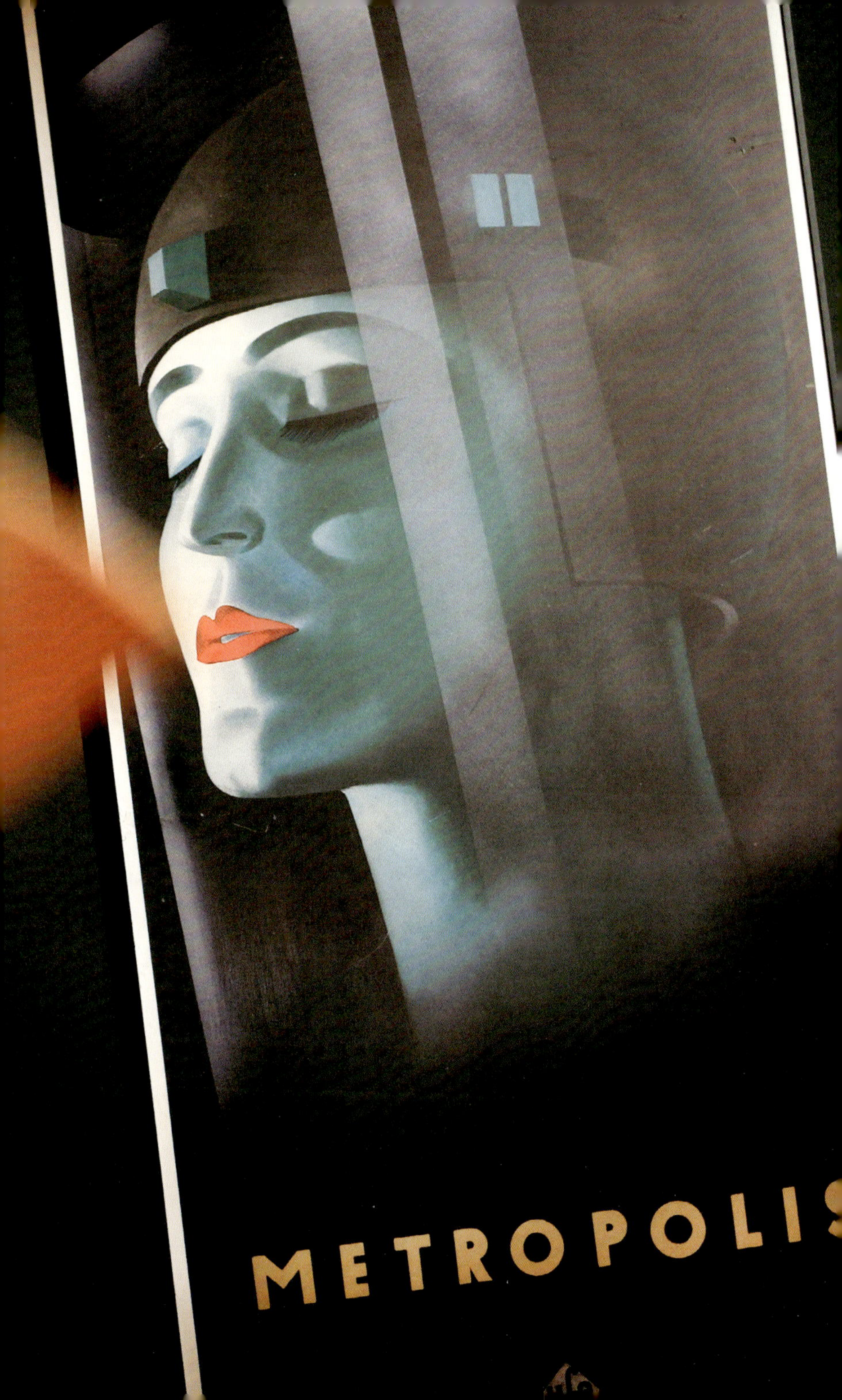
METROPOLIS

18 Leben und ein Land

66 Ständige Ausstellung im Filmmuseum Golzow

1961 kam dem berühmten DDR-Dokumentarfilmer Karl Gass die Idee, im ländlichen Golzow im Oderbruch einen dokumentarischen Kurzfilm über Erstklässler an einer damals extrem fortschrittlichen Schule zu drehen, und er beauftragte seinen Assistenten Winfried Junge mit der Umsetzung. Aus dieser schlichten Idee entsprang im Laufe der nächsten 46 Jahre ein einzigartiges Zeitdokument und eines der längsten Dokumentarprojekte der Welt. Denn Junge beließ es nicht bei dem 13-minütigen Film „Wenn ich erst zur Schule geh", sondern er begleitete die 18 Schülerinnen und Schüler einfach immer weiter, zunächst bis zum Ende des ersten Schuljahres, dann durch die Pubertät und schließlich bis ins hohe Erwachsenenalter.

Dabei zeichnete er, später zusammen mit seiner Frau Barbara, nicht nur eine Reihe einzigartiger Porträts von 18 Menschen, die in der DDR aufwuchsen und mit Mitte 30 die Wiedervereinigung erlebten, sondern dokumentierte auch die Geschichte eines Landes. Denn Junges erster Drehtag mit den Kindern war der 28. August 1961, zwei Wochen, nachdem das Land sich komplett vom Westen abgeriegelt hatte, und die Arbeiten dauerten bis 2005, weit in die Wiedervereinigung hinein. Die letzte Klappe fiel im Oktober 2005, als die einstigen Kinder Anfang 50 und damit längst selbst Familienoberhäupter geworden waren. Der letzte Film erschien 2007.

Diesem Projekt und seiner Entstehung ist die ständige Ausstellung im Filmmuseum „Kinder von Golzow" gewidmet. Die Ausstellung präsentiert die technische Ausrüstung, Briefe und Dokumente der über 40 Jahre dauernden Produktionszeit. Außerdem wurde ein originalgetreuer, funktionierender Schneideraum eingerichtet, in dem heute noch Material gesichtet und aufbereitet werden kann, denn nur ein Teil der über 400 Kilometer Filmmaterial flossen in die knapp 43 Stunden Spielzeit der Dokumentation ein. Im hauseigenen Kino können einzelne Filme der 19-teiligen Reihe gesichtet werden, dazu gibt es Chroniken, Bücher und einen Einblick in die Geschichte von Golzow und des Oderbruchs.

- Filmmuseum „Kinder von Golzow", Hauptstraße 16, 15328 Golzow (Oderbruch), Tel. (03 34 72) 5 18 82, www.kinder-von-golzow.com
- ÖPNV: ab Berlin Ostkreuz Regionalbahn RB26 bis Golzow (Oderbruch), dann Bus 956, 969, Haltestelle Golzow (MOL), Dorf

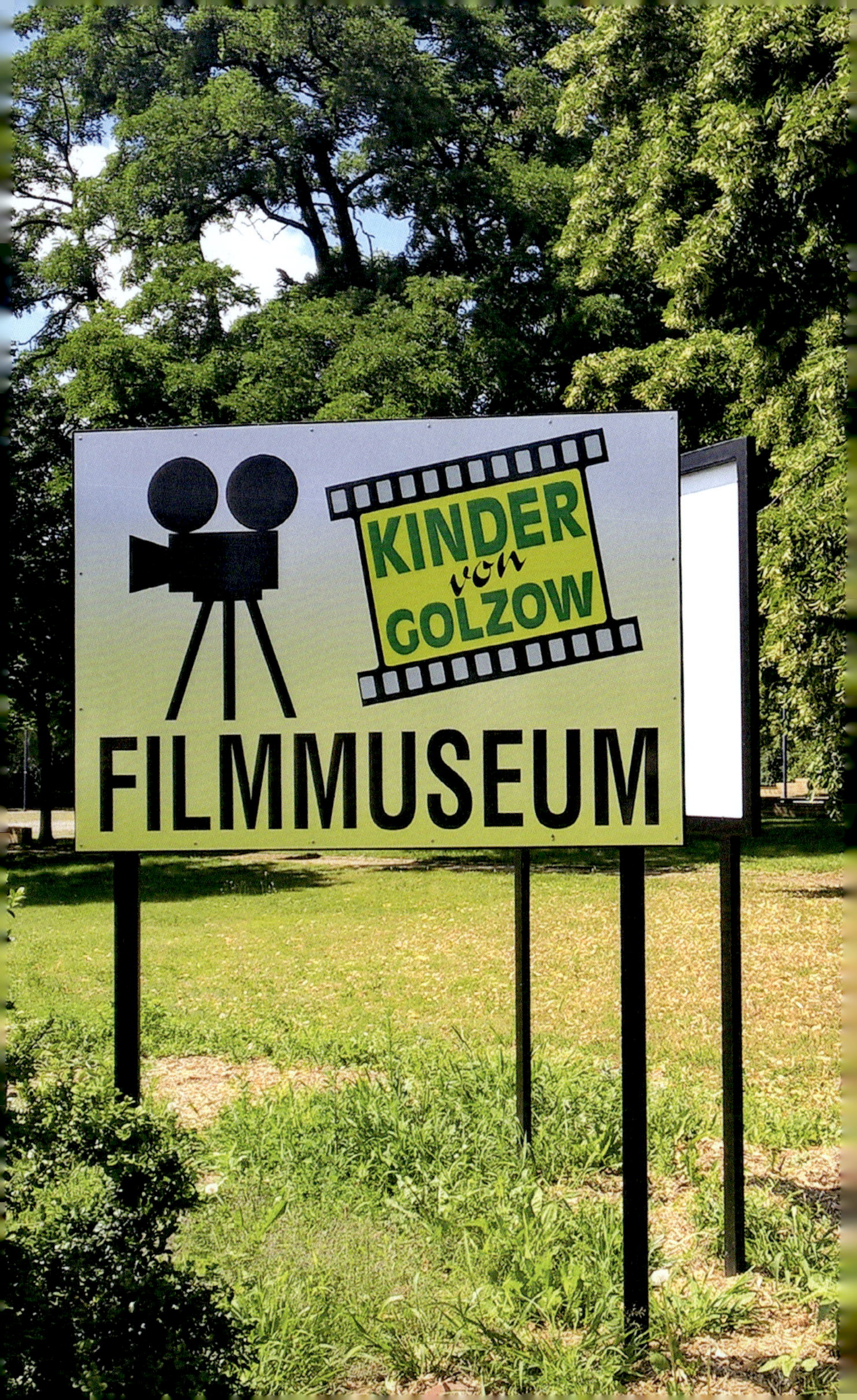
KINDER
von
GOLZOW
FILMMUSEUM

Reif für die Insel

67 Drehort Usedom

Deutschlands zweitgrößte Insel (nach Rügen) ist in jeder Hinsicht ein echter Glücksort: 42 Kilometer feine Sandstrände, Europas längste Strandpromenade, über 1900 Sonnenstunden im Jahr, Naturschutzgebiete und so viele Kurorte und Heilbäder, wie man sich nur wünschen kann. Kein Wunder eigentlich, dass diese prachtvolle Insel, die von der deutsch-polnischen Grenze durchzogen wird und deren östlicher Zipfel zu unserem Nachbarland gehört, auch ein überaus beliebter Drehort ist, an dem man nahezu überall bekannte Ecken findet.

Die vielleicht meistgenutzte Kulisse Usedoms ist die Seebrücke Ahlbeck, die letzte deutsche Seebrücke vor dem polnischen Swinemünde. Berühmt wurde diese durch die finale Szene in Loriots Erfolgskomödie „Pappa ante portas“ (siehe Glücksort 30), die er 1991 dort drehte und für die das Filmteam das gleichnamige Restaurant in dem Weiß streichen ließ, in dem es heute noch strahlt. Dabei war Loriots Abstecher auf die Insel fast ein Familienbesuch: Sein Vorfahr Georg Bernhard von Bülow erwarb 1817 größere Landflächen auf Usedom und ließ auf diesen Bade- und Gästehäuser errichten. Er begründete damit nicht nur Usedoms Status als Tourismusziel, sondern auch die Stadt Heringsdorf direkt neben dem Seebad Ahlbeck.

Für seinen Thriller „Der Ghostwriter“ ließ Roman Polanski, der nicht in den USA drehen konnte, am Strand von Peenemünde im Norden der Insel eine Villa samt Pool und Tennisplatz errichten, die als Double für die amerikanische Insel Martha's Vinyard herhalten musste. Ein Ausflug an den Strand lohnt sich, auch wenn von den Gebäuden heute leider nichts mehr zu sehen ist. Sehr viel umfangreicher sind die Dreharbeiten für die ARD-Serie „Der Usedom-Krimi“, in der Katrin Sass seit 2014 die ehemalige Staatsanwältin Karin Lossow spielt, die auf und rund um Usedom Verbrecher jagt. In den bisher gut 20 Folgen erfährt man viel über die Insel und vor allem über ihre deutsch-polnische Gegenwart, denn für Gangster – und die Ermittler, die sie jagen – gibt es keine Grenzen.

- Restaurant & Bar Seebrücke Ahlbeck, Dünenstraße 37, 17419 Heringsdorf
www.seebruecke-ahlbeck.de
- ÖPNV: Zug bis Bahnhof Ahlbeck Ostseetherme; Bus 281, 284, 285, 286, 290, Haltestelle Ahlbeck Zentrum Parkplatz

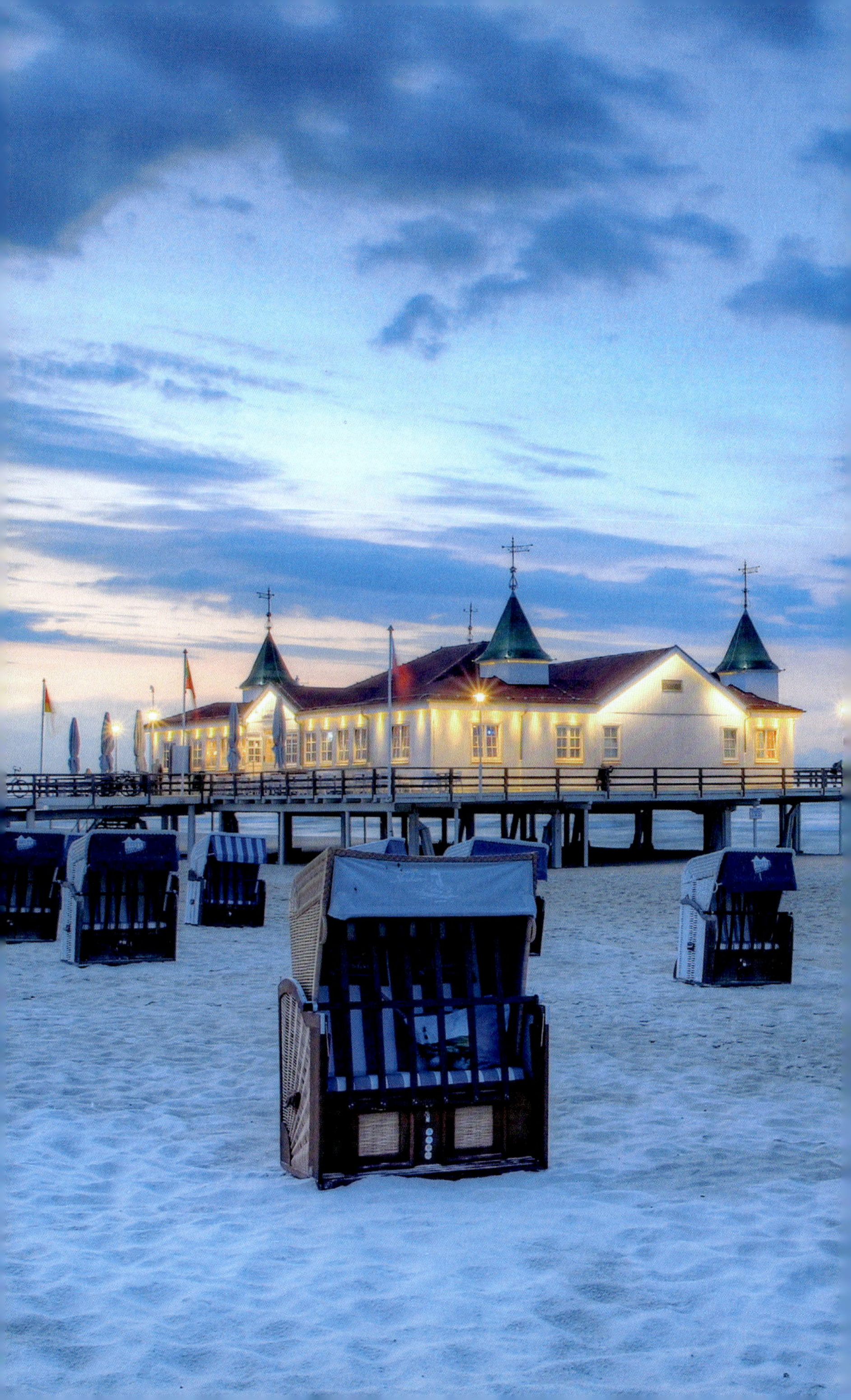

Kostbarer Bilderschatz

68 Deutsches Filmhaus in Wiesbaden

F. W. Murnau, 1888 in Bielefeld geboren und 1931 in Kalifornien verstorben, gilt neben Fritz Lang und Paul Wegener als einer der bedeutendsten deutschen Regisseure des Expressionismus der Stummfilmära. Er hat mit Filmen wie „Nosferatu“ oder „Der letzte Mann“ ganze Genres geprägt, und sein „Sonnenaufgang – Lied von zwei Menschen“ gilt als einer der besten Filme aller Zeiten. Von daher ist er ein passender Namensgeber für die 1966 gegründete Friedrich-Wilhelm-Murnau-Stiftung, die mit dem Ziel ins Leben gerufen worden war, den Abverkauf deutscher Filmklassiker ins Ausland zu verhindern. Heute besitzt die Murnau-Stiftung das größte Archiv deutscher Filmkunst von 1895 bis 1960 und archiviert, restauriert und bewahrt mehr als 2000 Stumm-, 1000 Ton- und 3000 Kurz-, Werbe- und Dokumentarfilme, dazu Werbematerialien und Plakate. Treuhänderisch verwaltet die Stiftung auch die Rechteverwertung all dieser Filme.

2009 wurde dieser historische Filmschatz schließlich mit dem Deutschen Filmhaus am Wiesbadener Hauptbahnhof gekrönt. Es bietet allen Liebhabern deutscher Filme ein buntes und immer wieder faszinierendes Angebot. Ein technisch brillanter Kinosaal, ein großes Foyer, moderne Konferenzräume und ein variabler Multifunktionsbereich ermöglichen hier die Veranstaltung von Events, Preisverleihungen, Filmretrospektiven, Lesungen und Premieren (etwa von restaurierten Klassikern). Darüber hinaus können Filme gekauft und für Festivals oder Veranstaltungen geliehen werden.

Und wem das alles noch nicht reicht, der kann auch selbst aktiv werden: Seit 2012 wird die Murnau-Stiftung vom Freunde und Förderer des deutschen Filmerbes e. V. unterstützt, der immer auf der Suche nach aktiven oder fördernden Mitgliedern ist. Dabei geht es auch und gerade darum, die zum Teil über 100 Jahre alten Filme zu digitalisieren, bevor sie vollständig verloren gehen. Übrigens: Im Deutschen Filmhaus sitzt auch die Freiwillige Selbstkontrolle (FSK), die über die Altersfreigaben von Filmen in Deutschland entscheidet.

● Deutsches Filmhaus in Wiesbaden, Murnaustraße 6, 65189 Wiesbaden
www.murnau-stiftung.de/filmhaus
● ÖPNV: Bus 3, 6, 27, 33, Haltestelle Welfenstraße

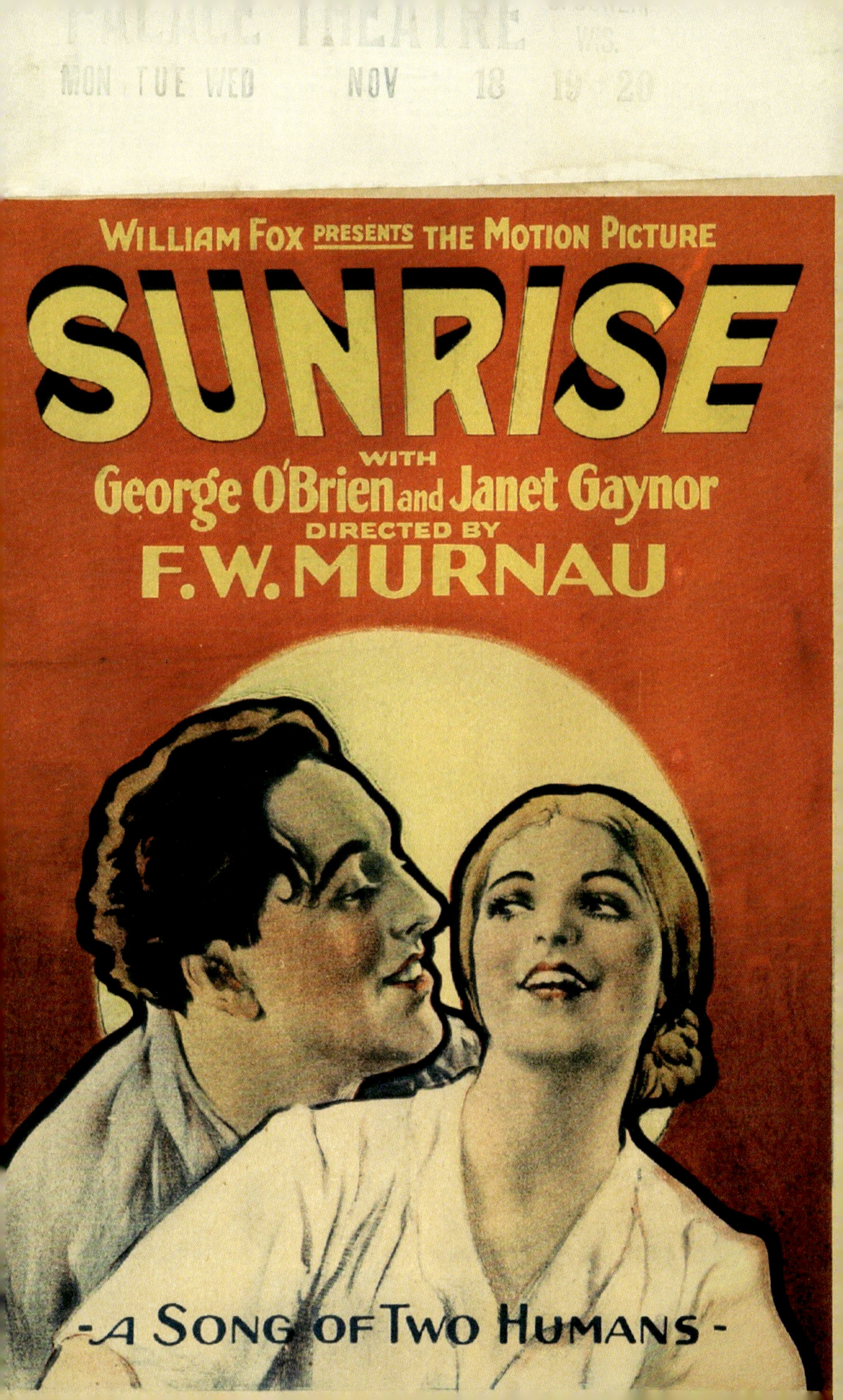
MON TUE WED NOV 18 19 20
WILLIAM FOX PRESENTS THE MOTION PICTURE
SUNRISE
WITH
George O'Brien and Janet Gaynor
DIRECTED BY
F. W. MURNAU
-A SONG OF TWO HUMANS-

Der Magen guckt mit

69 Orfeos Erben in Frankfurt/Main

Eines von Deutschlands stilvollsten Programmkinos steht in Frankfurt: Orfeos Erben verbindet auf einzigartige Weise einen kleinen, aber edlen Kinosaal, in dem ein ausgewähltes Arthouse-Programm läuft, und ein gehobenes Restaurant mit erstklassigem Ambiente, das vornehmlich mediterrane Küche serviert, sowie einer stylishen Lounge-Bar.

Schon in den 1980er-Jahren eröffnete auf dem Gelände einer ehemaligen Schriftgießerei das Orfeo, ein Arthouse-Kino mit angegliedertem Restaurant, in dem sich legendäre Kunstkino-Größen wie Jim Jarmusch und Aki Kaurismäki nicht nur zum Essen und mit anderen Filmkünstlern trafen, sondern in dem sie auch ihre Filmproduktionen präsentierten. So dauerte es nicht lange, bis das Orfeo zu einem bedeutenden Treffpunkt der Film- und Kunstszene Frankfurts wurde. Nachdem das Kino Ende der 1990er-Jahre schließen musste, wurde es kurze Zeit später unter neuer Leitung, aber mit der alten Philosophie und dem bekannten Konzept als „Orfeos Erben" neu eröffnet. Und auch wenn Kino, Bar und Restaurant sehr wohl getrennt in Anspruch genommen werden können und man einfach nur für eine Mahlzeit oder auf einen Drink einkehren kann, ist es doch das Gesamtkonzept aus kulinarischem und cineastischem Genuss, das den Besuch hier zu einem ganz besonderen Erlebnis macht.

TIPP

Egal, ob für Kino-, Bar- oder Restaurantbesuch: Eine vorherige Reservierung lohnt auf jeden Fall.

Neben dem, was Restaurant und Kino zu bieten haben, eignet sich die Location auch hervorragend für andere Events, von Kleinfestivals und Messen bis hin zu Firmenfeiern, Hochzeiten und Geburtstagen. Auch Weiterbildungs- und Teambuildingmaßnahmen kann man hier veranstalten. Der Fantasie sind keine Grenzen gesetzt, und das Team hilft gerne weiter. Das Filmprogramm bleibt sich derweil treu und bietet gehobenes Arthouse-Niveau, gerne mit dem gustatorischen Kniff, dass Filme, in denen es um Kulinarik oder Gastronomie geht, von einem passenden Menü im Restaurant begleitet werden.

- Orfeos Erben, Hamburger Allee 45, 60486 Frankfurt/Main, www.orfeos.net
- ÖPNV: Tram 17, Haltestelle Nauheimer Straße; Bus N16, Haltestelle Varrentrappstraße

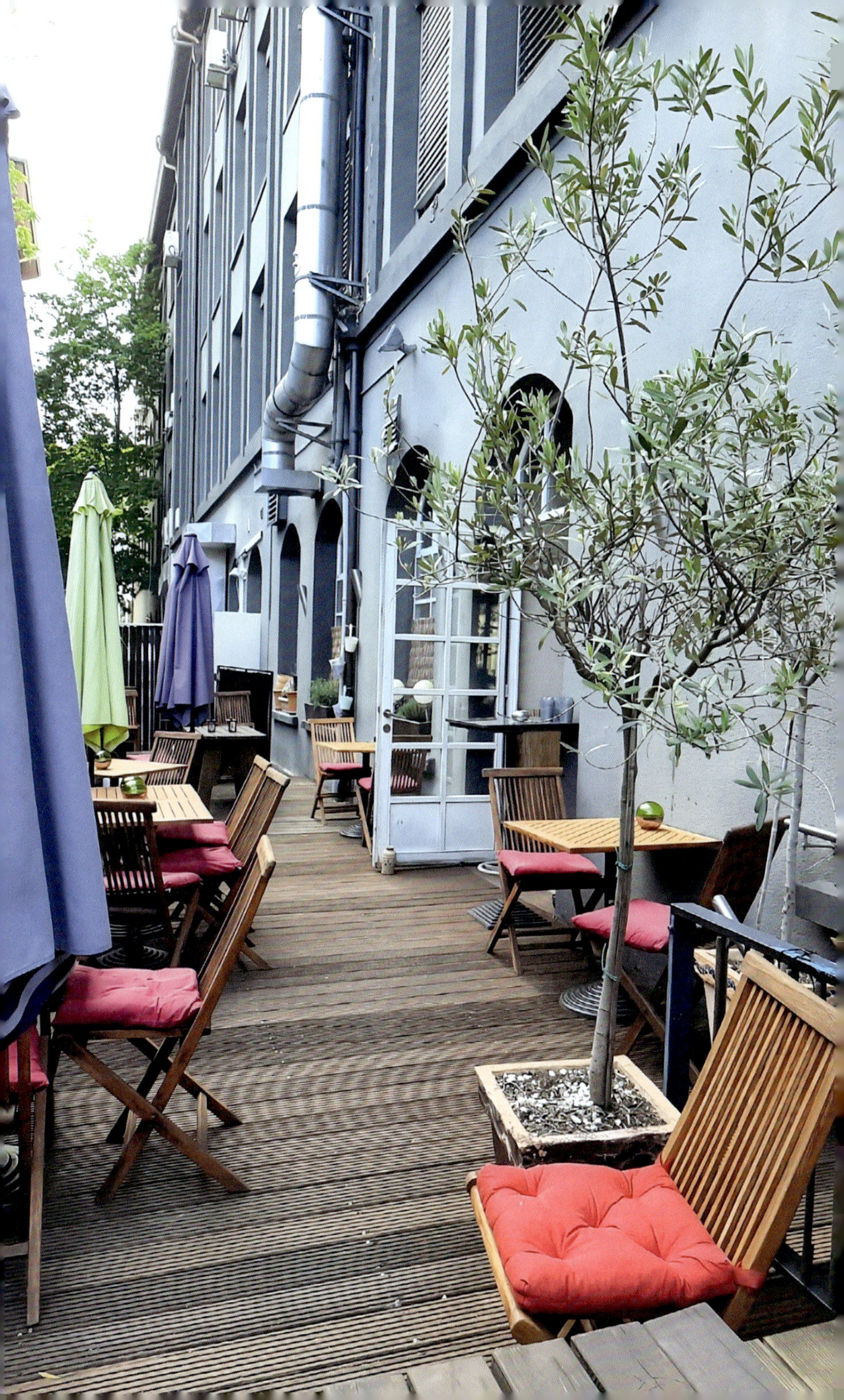

Ein Preis von und für Kids

70

Das Kinderfilmfestival in Wien und der Steiermark

Für Kinder ist der Kinosaal immer wieder ein ganz besonderes Erlebnis – vom magischen Augenblick an, wenn das Licht erlischt und die ersten Bilder über die Leinwand flimmern, bis zum spannenden Finale, wenn alle Schurken besiegt sind. Und wer erinnert sich nicht daran, welche Filme er als Kind im Kino gesehen hat – immerhin ist das oft der Ursprung der Liebe zum Kino. Dabei sind Kinderfilme gar nicht so leicht zu drehen, denn Kinder lernen die Welt oft durch Filme kennen: fremde Kulturen und die eigene. Soziale Verhaltensweisen. Problemlösungen. Den Wert von Freundschaft und Hilfsbereitschaft. Die Kraft der eigenen Stärke. Dass Kinder, auch wenn sie klein sind und oft Hilfe von Erwachsenen brauchen, trotzdem etwas in der Welt bewirken können und ihren eigenen Platz darin haben. Und Kinder lernen durch Filme, sich eigene Meinungen zu bilden und diese auszudrücken. Dafür müssen die Geschichten altersgerecht aufbereitet sein, denn Kinder sehen und verstehen die Welt anders als Erwachsene, sie erleben Spannung anders und lachen über andere Dinge.

Darum ist das Internationale Kinderfilmfestival, das jährlich in Wien und der Steiermark stattfindet, immer wieder ein ganz besonderer Glücksort für die kleinsten Kinogäste. Das bunte Programm aus aller Welt wird bewusst in Originalsprache mit Live-Übersetzung präsentiert, was das Verständnis für fremde Lebenswelten stärkt. Die Filme bieten viele für Kinder zwischen 4 und 14 Jahren relevante Themen: Abenteuer, Märchen, Alltag und das Erwachsenwerden, alles begleitet von Workshops, schriftlichem Material zur Nachbearbeitung sowie Gesprächsrunden. Das fördert die Konzentration und das Verständnis des erlebten Films. Und weil Kinder hier lernen sollen, das Gesehene zu verstehen, verleihen nicht Erwachsene, sondern eine Kinderjury und das Publikum den Highlights des Festivals die Preise in den verschiedenen Kategorien. Die lesenswerten Filmkritiken und Erklärungen der Jury, warum welche Filme ausgezeichnet wurden, gibt es auf der Website.

● CineCenter (Hauptspielstätte), Fleischmarkt 6, A-1010 Wien, Tel. +43 (1) 5 33 24 11
www.kinderfilmfestival.at
● ÖPNV: U-Bahn U2, U4, Tram 1, Bus 2A, Haltestelle U-Schwedenplatz

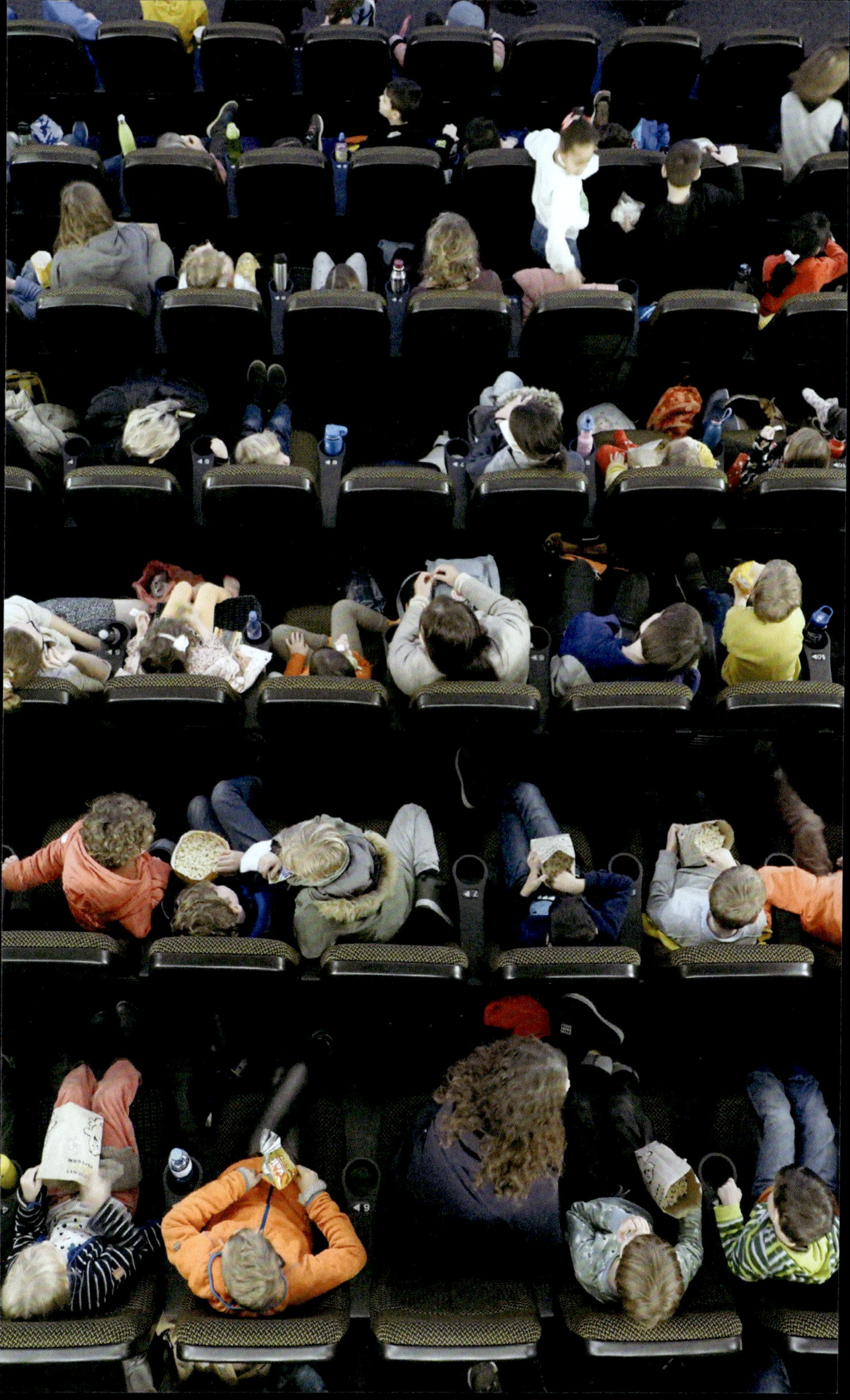

Kino aus der Hansestadt

71 Best-of-Drehorte-Tour in Hamburg

In Hamburg wurden schon Hunderte Filme und Serien gedreht. Der Tatortreiniger Schotty ist hier ebenso zu Hause wie die „Pfefferkörner", James Bond flog im BMW über die Mönckebergstraße, Otto Waalkes jagte 9876,50 Mark hinterher. Wer einen Tag auf den Spuren bekannter Filmproduktionen verbringen und dabei mehrere Stadtteile erkunden will, ist bei der Best-of-Drehorte-Tour bestens aufgehoben. 13 Stationen umfasst der Rundgang, den Hamburg Tourismus zusammengestellt hat. Ungefähr 5 bis 6 Stunden Gehzeit sollte man für die 21 Kilometer einplanen.

Los geht es beim Dockland-Bürogebäude am Hafen, wo in dem Film „Um jeden Preis" Kim Basinger arbeitet. Über die Reeperbahn geht es weiter zu den Landungsbrücken und zum Alten Elbtunnel, den man unter anderem aus „Der amerikanische Freund" von Wim Wenders oder dem Kultfilm „Absolute Giganten" kennt. Zu den weiteren Stationen zählen der Hauptbahnhof, das Atlantic Hotel, dessen Dach in „James Bond 007 – Der Morgen stirbt nie" als Kulisse diente, die Astra Stube, die man aus Faith Akins „Soul Kitchen" kennt, das Brahms Kontor, das in Anton Corbijns Film „A Most Wanted Man" vorkommt, und Hagenbecks Tierpark, wo bereits 1918 der Stummfilm „Sadja" mit Hans Albers spielte. Die letzte Station ist der Flughafen Fuhlsbüttel, ein weiterer Drehort von „Der Morgen stirbt nie". Die genaue Liste der Stationen des Rundgangs findet man auf der Website von Hamburg Tourismus, zusammen mit weiteren Infos über die einzelnen Filme. Natürlich kann man die Tour auch mit dem Fahrrad absolvieren.

Wer keine weiten Wege mag, bleibt am besten gleich auf St. Pauli: Rund um die Reeperbahn wurden Dutzende bekannter Filme und TV-Serien gedreht, von „Auf der Reeperbahn nachts um halb eins" und „Große Freiheit Nr. 7" über „Rocker" und „Backbeat" bis hin zu „Polizeirevier Davidswache", „Großstadtrevier", „St. Pauli Nacht" und „Gegen die Wand".

TIPP

Ein Glücksort für Fans der Kultserie „Dittsche" ist der Drehort von Ingos Imbiss: die Eppendorfer Grillstation in Hoheluft-West (Eppendorfer Weg 172).

● Best-of-Drehorte-Tour, Startpunkt: Dockland, Van-der-Smissen-Straße 9, 22767 Hamburg
www.hamburg-tourism.de/sehen-erleben/routen-touren/best-of-drehorte-tour
● ÖPNV: Bus 111, Haltestelle Kreuzfahrtterminal Altona; Fähre 62, Haltestelle Dockland (Fischereihafen)

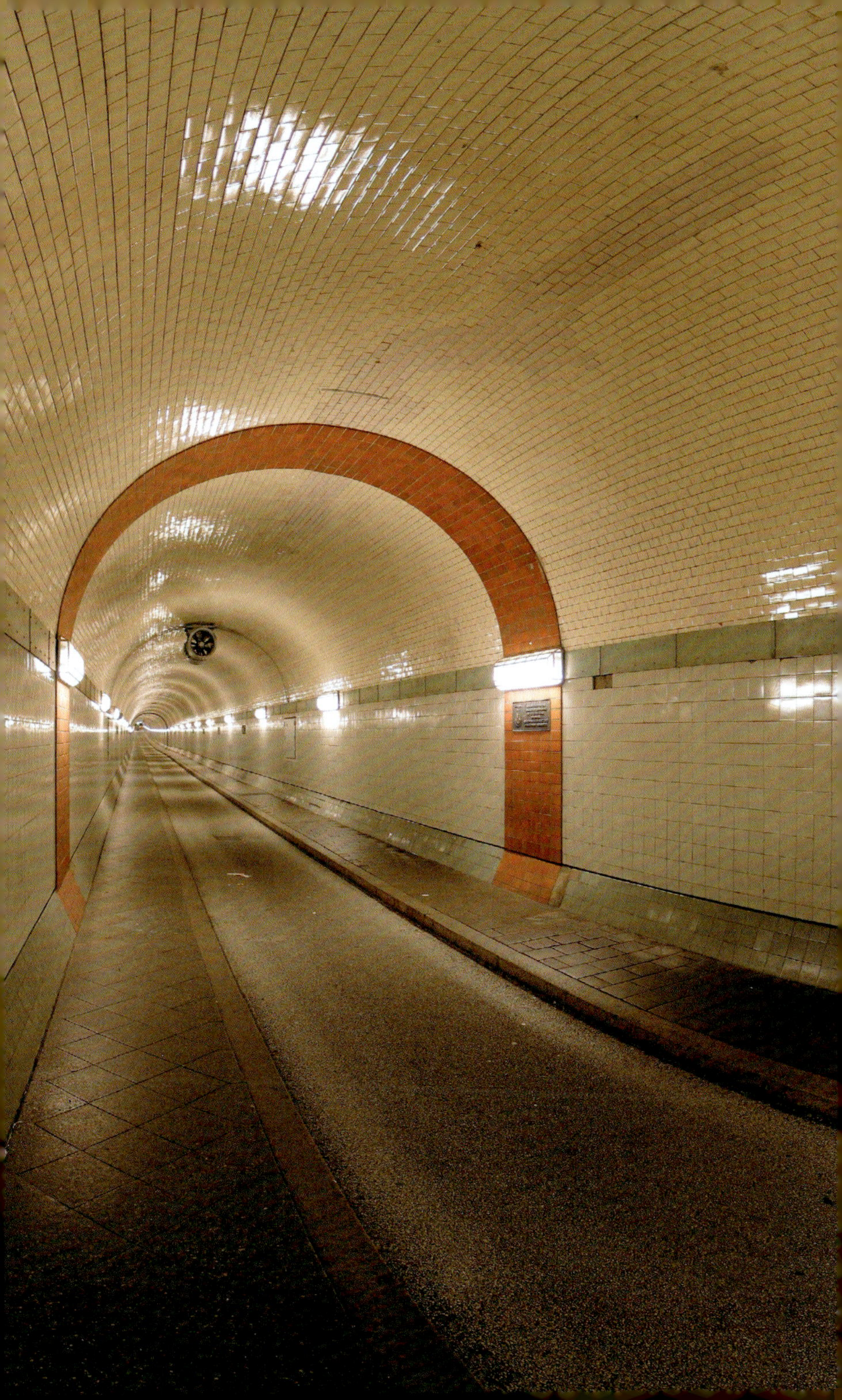

Die erste Nerd-Sammlung

72 Die Deutsche Kinemathek in Berlin

Jeder Film-Nerd besitzt seine eigene kleine oder große Kollektion von Erinnerungsstücken und Raritäten. Die vermutlich größte Sammlung dieser Art findet man in der Deutschen Kinemathek, und zu verdanken haben wir sie Deutschlands wohl erstem echten Film-Nerd: Gerhard Lamprecht (1897–1974) liebte das Kino sein Leben lang, dabei war es kaum älter als er selbst. Schon mit zehn Jahren begann er, Filmexponate zu sammeln. Mit 12 half er bei Dreharbeiten mit, und mit 17 verkaufte er sein erstes Skript. Er wurde Dramaturg, Drehbuchautor und Regisseur und schuf über 60 Filme (zum Beispiel „Irgendwo in Berlin", 1946), bevor er sich schließlich ganz der Filmhistorie widmete. Im Laufe seiner bunten Karriere trug er eine der größten privaten Sammlungen an Filmstücken zusammen, die er seine „Kinemathek" nannte: Filme, Technikausrüstung, Kostüme und vieles mehr. 1962 verkaufte er die Sammlung an die Stadt Berlin, die sie mit der ähnlich großen Sammlung von Albert Fidelius zusammenlegte und ein Jahr später damit die Deutsche Kinemathek eröffnete, die Lamprecht selbst bis 1966 leitete. Nach einigen Ortswechseln steht die Sammlung seit September 2000 am heutigen Standort im Filmhaus am Potsdamer Platz. Inzwischen bietet die Deutsche Kinemathek neben der eindrucksvollen Sammlung von Lamprecht und Fidelius als Dauerausstellung (immer noch ein Highlight!) seit 2006 auch eine ständige Ausstellung zur Geschichte des deutschen Fernsehens. Die Kinemathek veröffentlicht Zeitschriften und Bücher zu großen deutschen Filmen der Geschichte und widmet sich der Archivierung und Restaurierung historisch bedeutender Filme: Rund 26.000 deutsche und internationale Filme werden hier aufbewahrt und zur Sichtung freigegeben. Privatsammlungen aus dem Nachlass von F. W. Murnau, Marlene Dietrich oder Bernd Eichinger erweitern die Sammlung. Dazu kommen jährlich verschiedene Sonderausstellungen und Veranstaltungen zum deutschen Kino und Fernsehen. Kaum irgendwo taucht man so tief in die deutsche Bewegtbildgeschichte ein wie hier.

- Deutsche Kinemathek – Museum für Film und Fernsehen, Potsdamer Straße 2, 10785 Berlin, Tel. (0 30) 3 00 90 30, www.deutsche-kinemathek.de
- ÖPNV: U-Bahn U2, S-Bahn S1, S2, S25, Bus M41, Haltestelle Potsdamer Platz

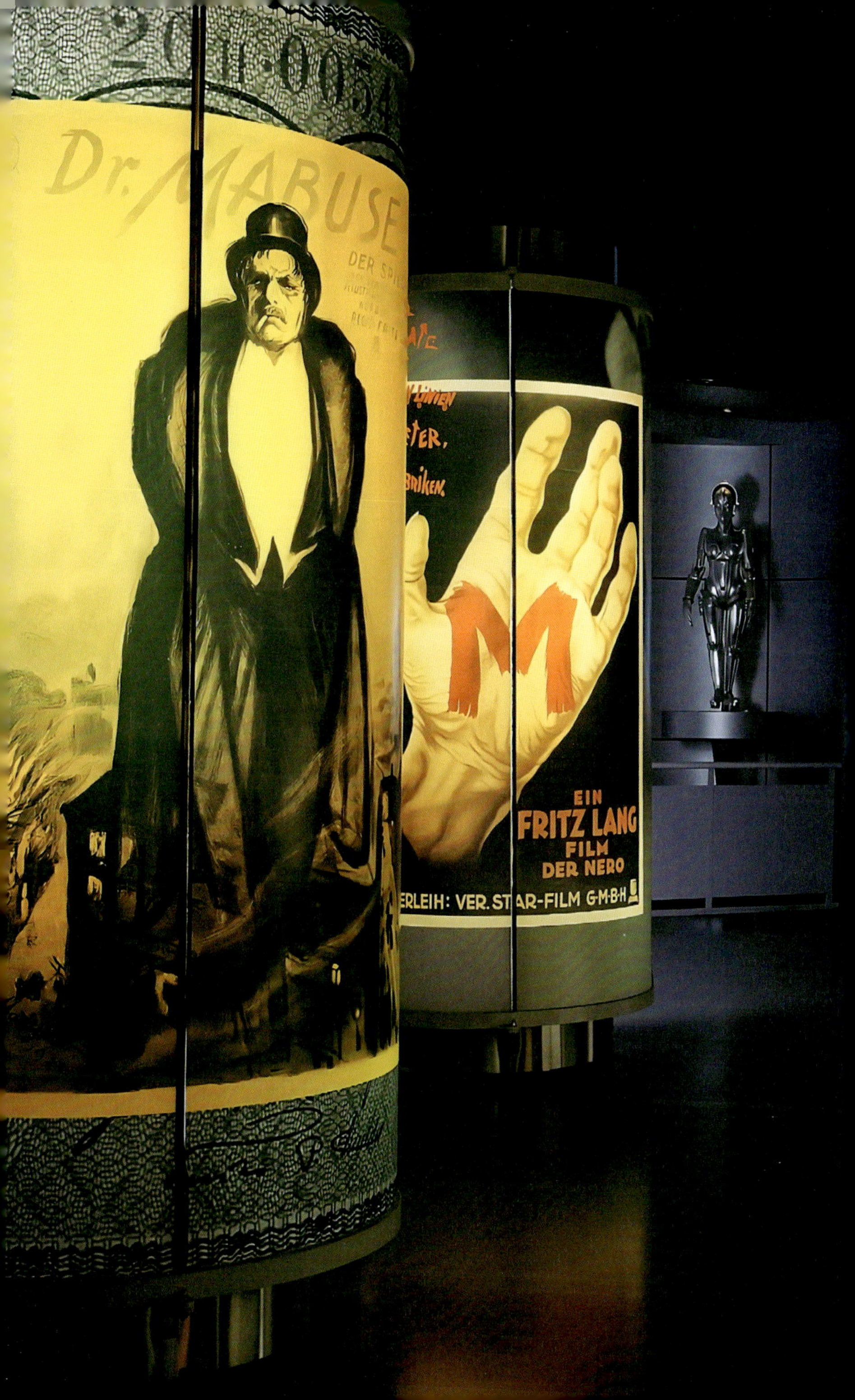
Dr. MABUSE
M
EIN
FRITZ LANG
FILM
DER NERO

Lokal, kommunal, genial

73

Die Caligari FilmBühne in Wiesbaden

Das traditionsreichste und schönste Filmtheater der hessischen Landeshauptstadt ist ein wunderbares Beispiel dafür, wie ein kommunales Kino funktioniert und was es alles leisten kann. Kommunale Kinos, also nicht kommerzielle Kinos mit staatlicher Finanzierung, tragen in vielen Städten auf ihre ganz eigene Art zum staatlichen Bildungsauftrag bei. Im Bundesverband kommunale Filmarbeit in Frankfurt/Main sind über 100 kommunale Kinos organisiert, vom mobilen Kino mit wenigen Vorstellungen pro Monat im Gemeindehaus auf dem Dorf bis hin zu etablierten Häusern mit „Vollprogramm".

Zu Letzteren zählt die Caligari FilmBühne. Das nach Robert Wienes legendärem expressionistischem Film „Das Cabinet des Dr. Caligari" von 1920 benannte Kino in Wiesbaden zeigt alte und neue Klassiker sowie Spielfilme und Dokumentationen abseits des aktuellen Mainstreams. Ein besonderes Highlight sind Stummfilme mit Live-Musikbegleitung. Außerdem ist es Spielort des goEast-Festivals für osteuropäisches Kino, des exground filmfests und des queeren Filmfests Homonale, und im Rahmen des seit 2005 veranstalteten FernsehKrimi-Festivals wird hier jedes Jahr der prestigeträchtige und mit 1000 Litern Wein (!) dotierte Deutsche FernsehKrimi-Preis verliehen.

Für eine Preisverleihung eignet sich das Caligari ganz besonders, denn die Ausstattung des Saals ist wirklich atemberaubend. Die öffentliche Förderung hat mitgeholfen, diese einzigartige Spielstätte bis heute zu erhalten. 1926 eröffnet und 1955 renoviert, versprüht sie nach wie vor den Glanz und Charme der goldenen Zeit des Kinos. 1980 begann das Deutsche Filminstitut hier regelmäßig besondere Filme zu zeigen, und über diese Verbindung erfolgte dann 20 Jahre später die Umstellung auf den kommunal geförderten Filmkunstbetrieb. Damals erhielt das Haus auch seinen jetzigen Namen. Filmfans, die Wiesbaden besuchen, sollten sich einen Abstecher in die Caligari FilmBühne auf keinen Fall entgehen lassen.

TIPP

Mit der Wiesbadener Filmkunstkarte erhält man ermäßigten Eintritt in der FilmBühne und im Murnau-Filmtheater (Glücksort 68).

- Caligari FilmBühne, Marktplatz 9, 65183 Wiesbaden, Tel. (06 11) 31 37 79 www.wiesbaden.de/caligari
- ÖPNV: Bus 1, Haltestelle Friedrichstraße; Bus 4, 14, 27, X26, Haltestelle Dernsches Gelände

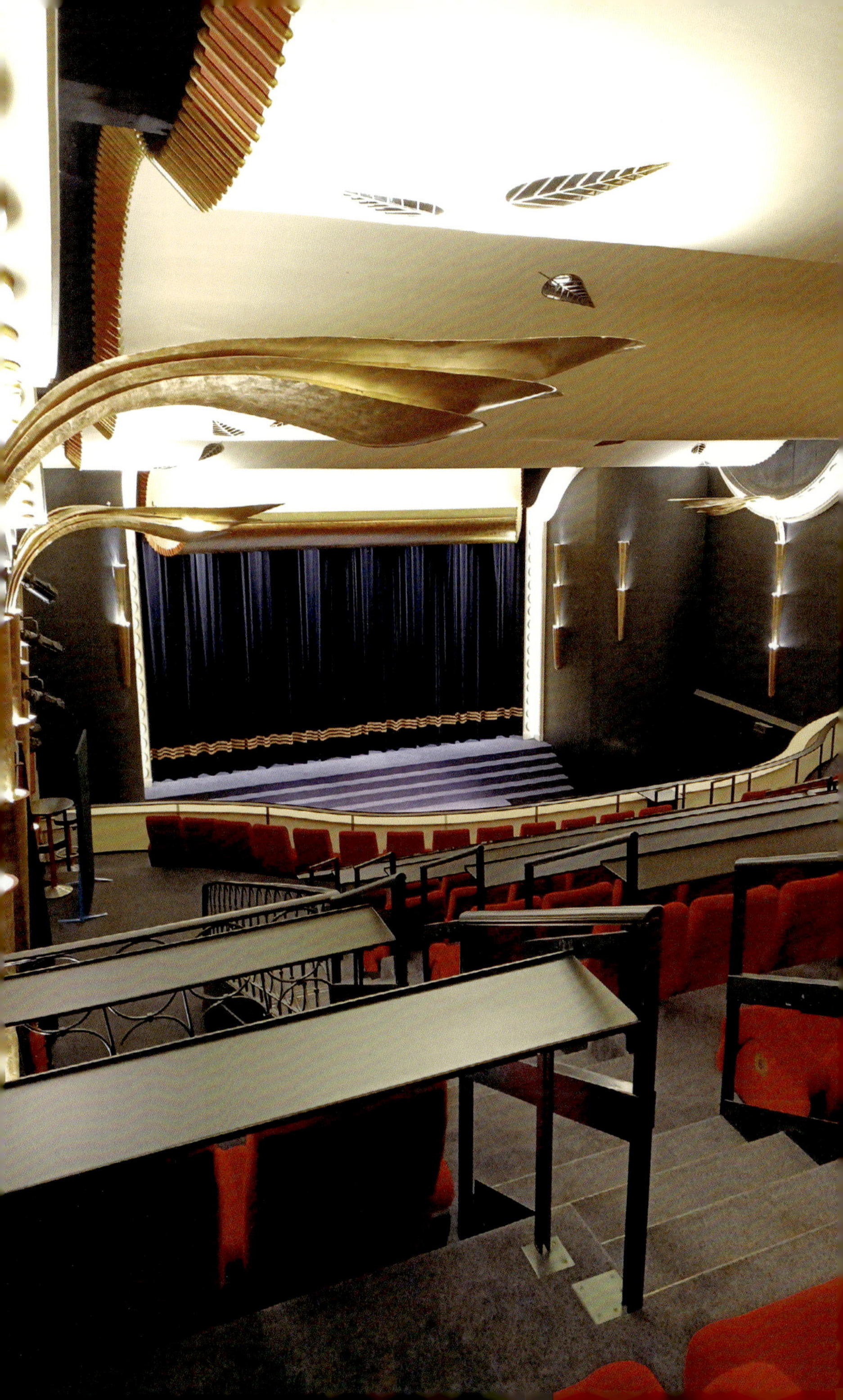

Filme bis zur Sperrstunde

74 Die Filmkunstbar Fitzcarraldo in Berlin

Kaum eine andere cinephile Location in Berlin atmet den Freigeist der Stadt so sehr wie die Filmkunstbar Fitzcarraldo. Zu Beginn des neuen Jahrtausends gründeten die Macher diese Videothek mit angeschlossener Bar und kleinem Raucherkino mit freiem Eintritt und bestückten sie ganz stilecht mit günstigsten Mitteln (wie geschenkten Kühlschränken) und ganz viel Enthusiasmus. Das Konzept kam an, und zwei Umzüge später landete die Bar im Jahr 2010 an ihrem heutigen Platz in der Reichenberger Straße, mitten in Kreuzberg, dem geschichtsträchtigen Postbezirk SO 36. Schon von außen ist die Bar nicht zu übersehen, denn hier sprießt nicht nur die Freude am Filmverleih und Barbetrieb, sondern auch alles, was grünt und blüht. In dem kleinen Außenbereich mit den urigen Tischen und der Markise wähnt man sich in einem verwunschenen Garten. Kommt man durch die Tür, betritt man ein verzaubertes Birkenwäldchen voller Girlanden, Lichter und einer Prise magischem Realismus, bevor es im hinteren Bereich in den Cineasten-Himmel geht.
Für die Anwohner ist der Besuch hier Ehrensache, und selbst wenn die Bar geschlossen ist, kann man Anwohner bei Regen gemütlich unter dem schützenden Blätterdach sitzen und plaudern sehen. Wem der Barbesuch nicht reicht, findet hier eine Auswahl von über 12.000 DVDs zum Ausleihen, die jeden Wunsch bedienen: Klassiker und moderne Hits, Studiokracher und Independent-Perlen aus aller Herren Länder. Dass man hier gleichgesinnte Filmfreunde trifft und sich bei einem leckeren Getränk über das liebste Hobby austauschen kann, versteht sich von selbst. Sogar das kleine Raucherkino hat überlebt, wenn auch an einem anderen Ort: Im Norden der Stadt, in Pankow (Breite Straße 39b), liegt der Veranstaltungsraum Roderich mit einem magisch wirkenden Indoorwald und einem nicht weniger zauberhaften Hinterhof mit Garten und selbst gebautem Hüttendorf. Hier findet unter dem klingenden Namen „Nomadenkino" im Sommer ein Outdoor-Kino statt. Märchenhafter und leidenschaftlicher kann ein Barbesuch kaum sein.

- Filmkunstbar Fitzcarraldo, Reichenberger Straße 133, 10999 Berlin
  www.cinegeek.de/filmkunstbar-fitzcarraldo-roderich
- ÖPNV: U-Bahn U1, U3, Haltestelle U-Görlitzer Bahnhof;
  Bus M29, Haltestelle Ohlauer Straße (Berlin)

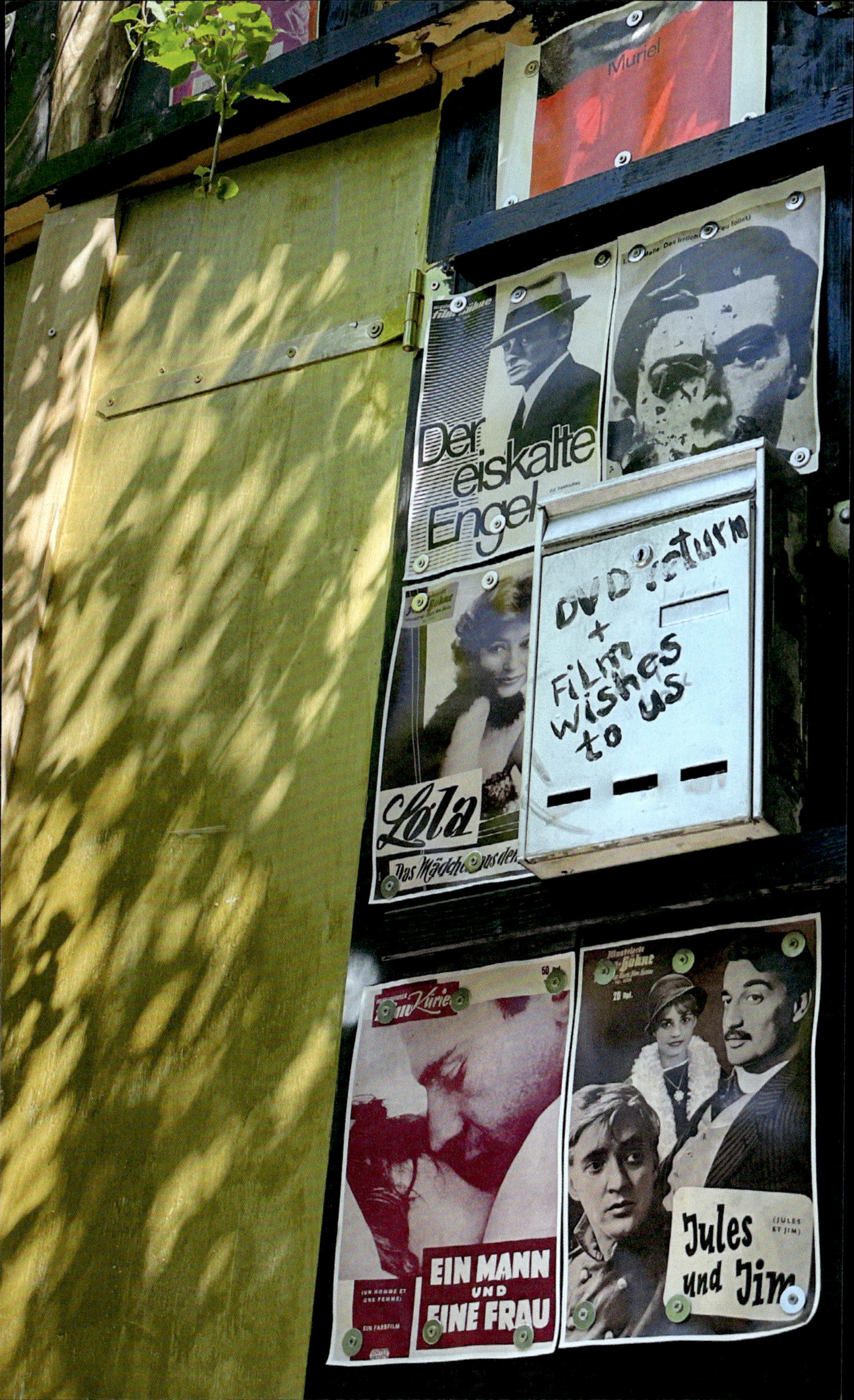
Muriel
Der eiskalte Engel
DVD return
+
Film wishes to us
Lola
EIN MANN UND EINE FRAU
Jules und Jim
(JULES ET JIM)

Holsteinischer Mords-Adel

75

Der Edgar-Wallace-Drehort Schloss Ahrensburg

Die Edgar-Wallace-Kriminalfilme sind legendäre Klassiker. Dabei hätte es sie beinahe nie gegeben: Ein erster Versuch, Mitte der 1950er-Jahre, scheiterte, weil die Geldgeber der Constantin Film davor zurückschreckten – damals galten Krimifilme als Kassengift. Erst 1959 entstand unter der Leitung der dänischen Rialto der erste Edgar-Wallace-Krimi fürs Kino: „Der Frosch mit der Maske" wurde ein überragender Hit. Insgesamt 32 Edgar-Wallace-Krimis produzierte Rialto in den Sechzigern, teilweise vier oder fünf pro Jahr. Und jeder davon wurde ein Kassenschlager. 1961 war eines dieser produktiven Jahre, in denen fünf Filme erschienen. Und drei davon, „Der grüne Bogenschütze", „Die toten Augen von London" und „Die seltsame Gräfin", wurden im oder am Schloss Ahrensburg gedreht.

Das Schloss, das der umliegenden Stadt ihren Namen gibt, liegt wenige Kilometer nordöstlich von Hamburg im südlichen Schleswig-Holstein und war ursprünglich ein Herrenhaus, das Ende des 16. Jahrhunderts auf dem weitläufigen Gutshof der Familie Rantzau erbaut wurde. 1759 verkaufte die Familie das Gebäude und das umliegende Gut an Heinrich Carl von Schimmelmann, der mit Meißner Porzellan zu Reichtum gekommen war (das man heute noch im Schloss besichtigen kann). Von Schimmelmann baute das Herrenhaus in ein spätbarockes Schlösschen um, doch der Niedergang der Gutsherrenschaft und etliche Kriege beendeten schließlich die Ära des Guts um das Schloss herum. Die Ländereien fanden schnell Käufer – das alte Herrenhaus hingegen nicht. Nach 1923 stand es lange leer, bis die örtliche Sparkasse es kaufte und ab den 1930er-Jahren zum Museum umbaute. Im Krieg diente es als Lazarett und Unterkunft für Flüchtlinge, nach dem Krieg bis 1954 als Berufsschule. Seitdem ist es wieder ein Museum – und zumindest 1961 war es auch ein beliebter Drehort. Das Schloss finanziert sich durch sein Museum und diverse Veranstaltungen auf der kleinen Schlossinsel und dem umliegenden Gebiet und ist für malerische, ganz unkriminelle Spaziergänge wunderbar geeignet.

- Schloss Ahrensburg, Lübecker Straße 1, 22926 Ahrensburg
- ÖPNV: ab Hamburg Regionalbahn nach Ahrensburg, dann Bus 469, 569, 669, 769, 8110, Haltestelle Ahrensburg, Schloss

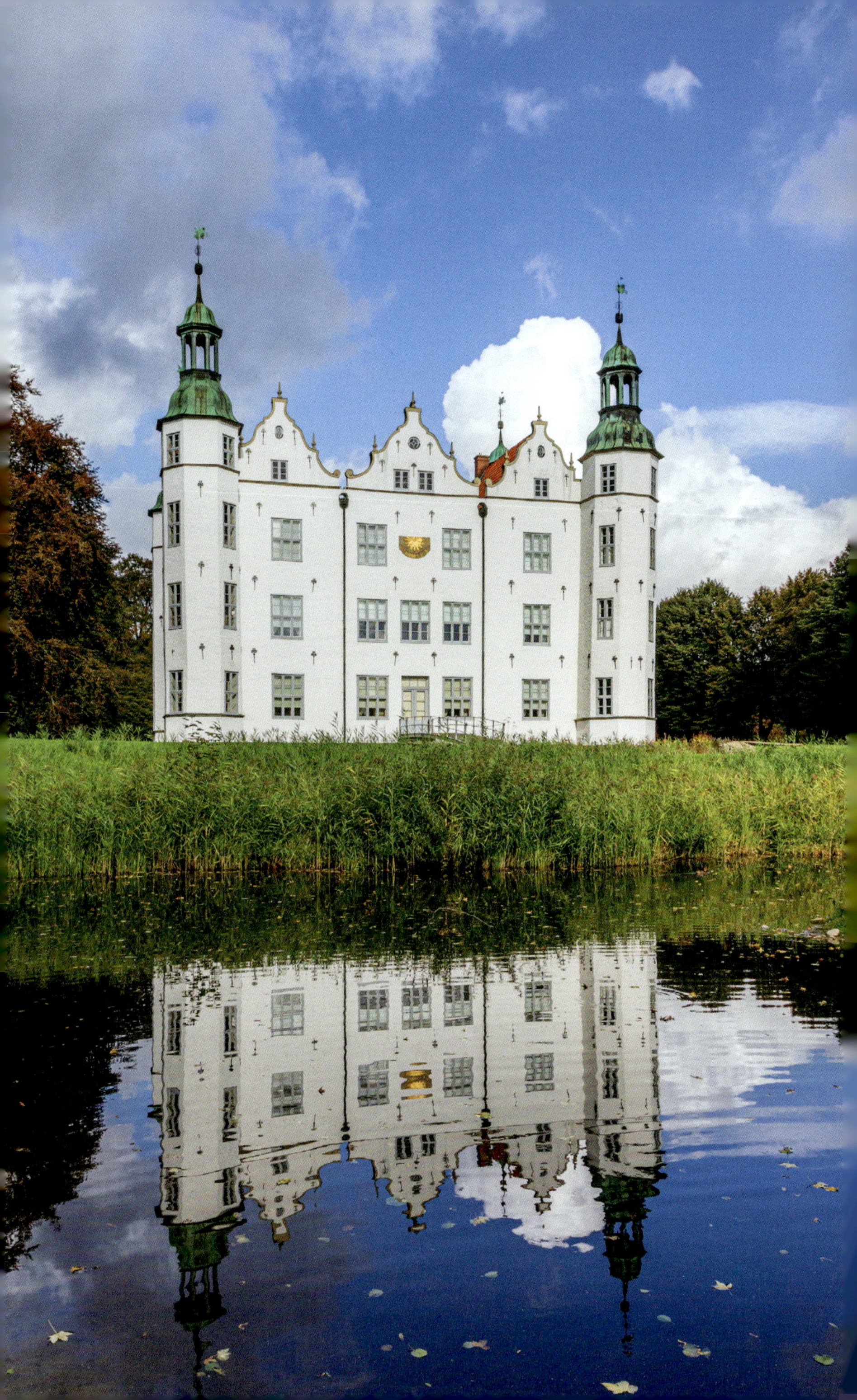

Auf nach Görliwood!

76

Stadtrundgang durch Görlitz

„Grand Budapest Hotel", „Monuments Men – Ungewöhnliche Helden", „Inglourious Basterds" und „Die Bücherdiebin" – all diese Filme wurden (zumindest zum Teil) in Görlitz gedreht. Genau wie rund 100 weitere Produktionen. Und schon bei einem ersten Spaziergang durch den Ort wird einem klar, warum das nur etwas über 50.000 Einwohner zählende sächsische Städtchen an der polnischen Grenze vor allem bei amerikanischen Filmemachern so hoch im Kurs steht: Das historische Stadtbild ist einfach atemberaubend. Und das gilt nicht nur für die mittelalterliche Altstadt mit der spätgotischen Frauenkirche und dem Rathaus am Untermarkt, sondern auch und gerade für mehrere Straßenzüge, die komplett von mehrstöckigen Wohngebäuden aus der Gründerzeit gesäumt sind. Denkt man sich die modernen Autos weg, wähnt man sich direkt im Jahr 1900.

Beinahe wäre alles jedoch ganz anders gekommen: Zu DDR-Zeiten sahen Städtebaukonzepte keinen Erhalt historischer Bausubstanz vor. Folgerichtig sollte die Altstadt von Görlitz 1989 abgerissen werden. Die ersten Löcher für die Sprengladungen waren bereits in die Gebäude gebohrt worden, da kam die Wende und verhinderte den Kahlschlag. Anschließend wurde großzügig saniert, und das ist auch der Grund, warum der Aufschwung von Görlitz zu „Görliwood" vor allem ein Phänomen der letzten 20 Jahre ist: Es gibt in Europa immer weniger unberührte Altstädte, in denen sich historische Szenen ohne großartige Umbaumaßnahmen drehen lassen. Und ebenso wenig selbstverständlich ist es, dass eine Stadtverwaltung internationale Filmemacher mit offenen Armen empfängt und sogar Werbung damit macht, dass ihre Stadt in so vielen Produktionen zu sehen ist. Denn es ist nicht immer damit getan, ein paar Autos aus dem Bild zu scheuchen: Als zum Beispiel Stephen Daldry hier „Der Vorleser" drehte, in dem Kate Winslet eine Straßenbahnschaffnerin der 1950er-Jahre spielt, mussten die städtischen Verkehrsbetriebe für drei Tage ihren Fahrplan komplett umstellen.

TIPP

Das CamilloKino in der Altstadt (Handwerk 13) ist ein engagiertes kleines Konzeptkino mit besonderem Programm.

- Rundgang „Film ab!", Treffpunkt: Obermarkt 32, 02826 Görlitz, Tel. (0 35 81) 4 75 70, www.goerlitz.de/Reise-nach-Goerliwood.html
- ÖPNV: Zug bis Bahnhof Görlitz, von dort ca. 15 Minuten Fußweg

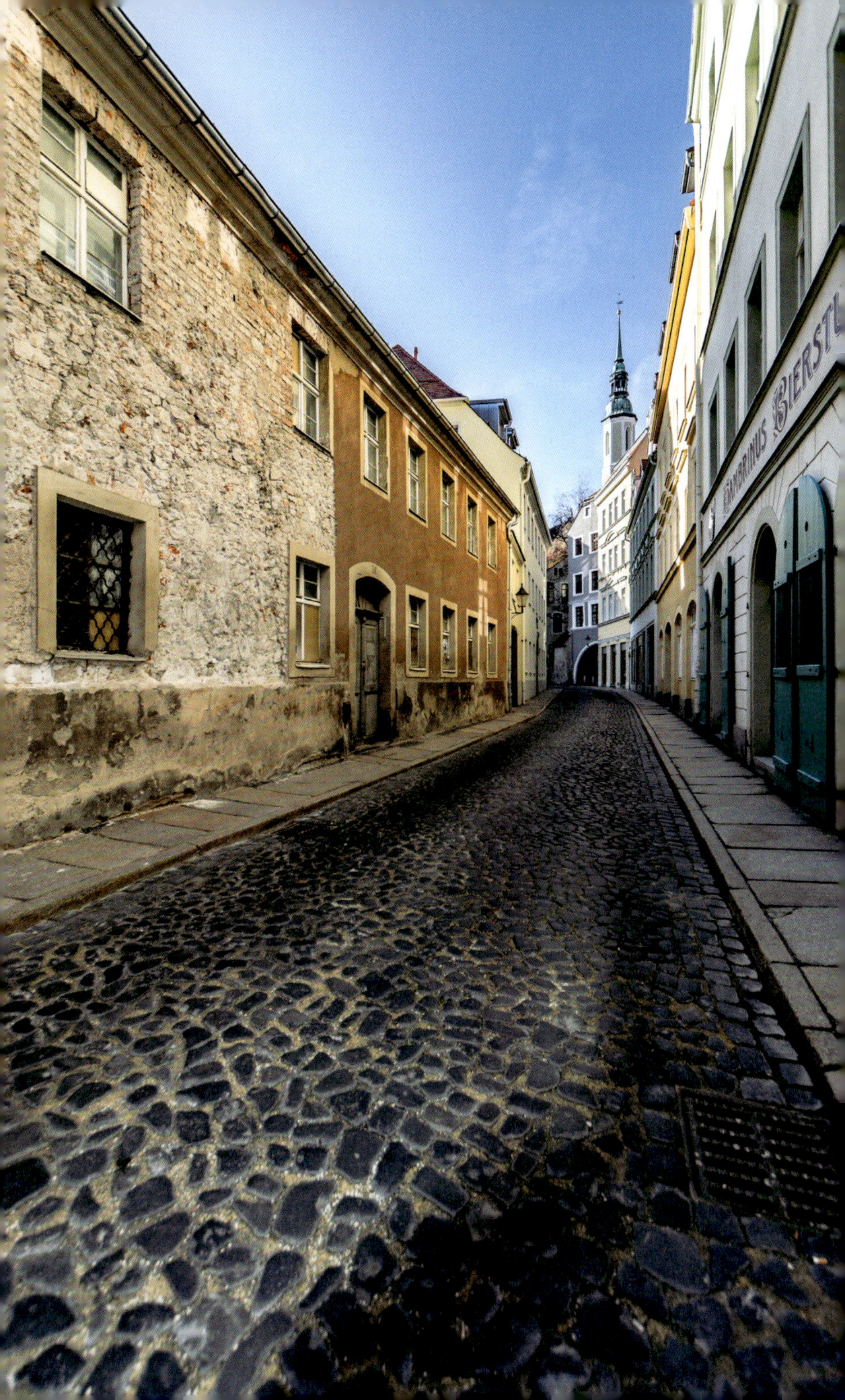

Ein Blick hinter die Träume

77 Das Filmmuseum Düsseldorf

Filme wollen uns in andere Welten und unsere eigenen Träume entführen. Dass ein Blick hinter die Kulissen aber nicht weniger verzaubernd sein kann, zeigt das Filmmuseum Düsseldorf. Auf über 2200 Quadratmetern und vier Etagen präsentiert die Dauerausstellung des Museums jede Menge: Kostüme, Requisiten und sogar Preise von Stars wie Chaplin, Eisenstein, Fellini oder Hitchcock, außerdem einige Modelle, darunter vom größten Stummfilmkino der Welt oder Modelle für Trickaufnahmen. Und es gibt historische Einblicke in die Kunst des visuellen Erzählens vor der Entwicklung der ersten Kinotechniken oder in den Produktionsablauf mit Skizzen, Drehbüchern, Entwürfen und einem Abriss über die schwierige Erfindung des Farbfilms. Zum Angebot gehört auch die umfangreiche Sammlung einer lokalen Legende, des Düsseldorfer Kinomoguls Fritz Genandt (1882–1963). Und wer einmal testen will, ob ein Filmset wirklich der magischste Ort der Welt ist, kann es in einem originalen Nachbau herausfinden oder in der „Blue Box" einfach unsichtbar werden.

Begleitet wird das Angebot von wechselnden Sonderausstellungen, die sich oft Einzelpersonen wie Peter Ustinov, Roman Polanski oder Karl Valentin widmen, aber auch zentriert sind auf Themen wie Wildwest-Filme, Vampirstreifen oder visuelle Effekte. Im museumseigenen, kommunal betriebenen Kino, dem Black Box, das mit einer 1928 gebauten Welte-Kinoorgel ausgestattet ist, werden Retrospektiven, moderne Filme und Klassiker aus allen Jahrzehnten gezeigt – Stummfilme sogar mit musikalischer Begleitung. Für Schulklassen bieten sich neben Führungen auch die speziellen Workshops an, die den Jugendlichen die Grundlagen des Filmemachens oder der Kameraarbeit nahebringen. Außerdem gibt es schulgerechte Seminare zur Einführung in die Film-/Fernsehanalyse oder zur Medienkompetenz und sogar ganze Projektwochen. Kitagruppen können sich historische Schattenspiele anschauen oder in einer speziellen Vorschulführung schon erste Blicke hinter den Vorhang der Kinomagie werfen.

- Filmmuseum Düsseldorf, Schulstraße 4, 40213 Düsseldorf, Tel. (02 11) 8 99 22 32 www.duesseldorf.de/filmmuseum
- ÖPNV: Bus 726, Haltestelle Maxplatz

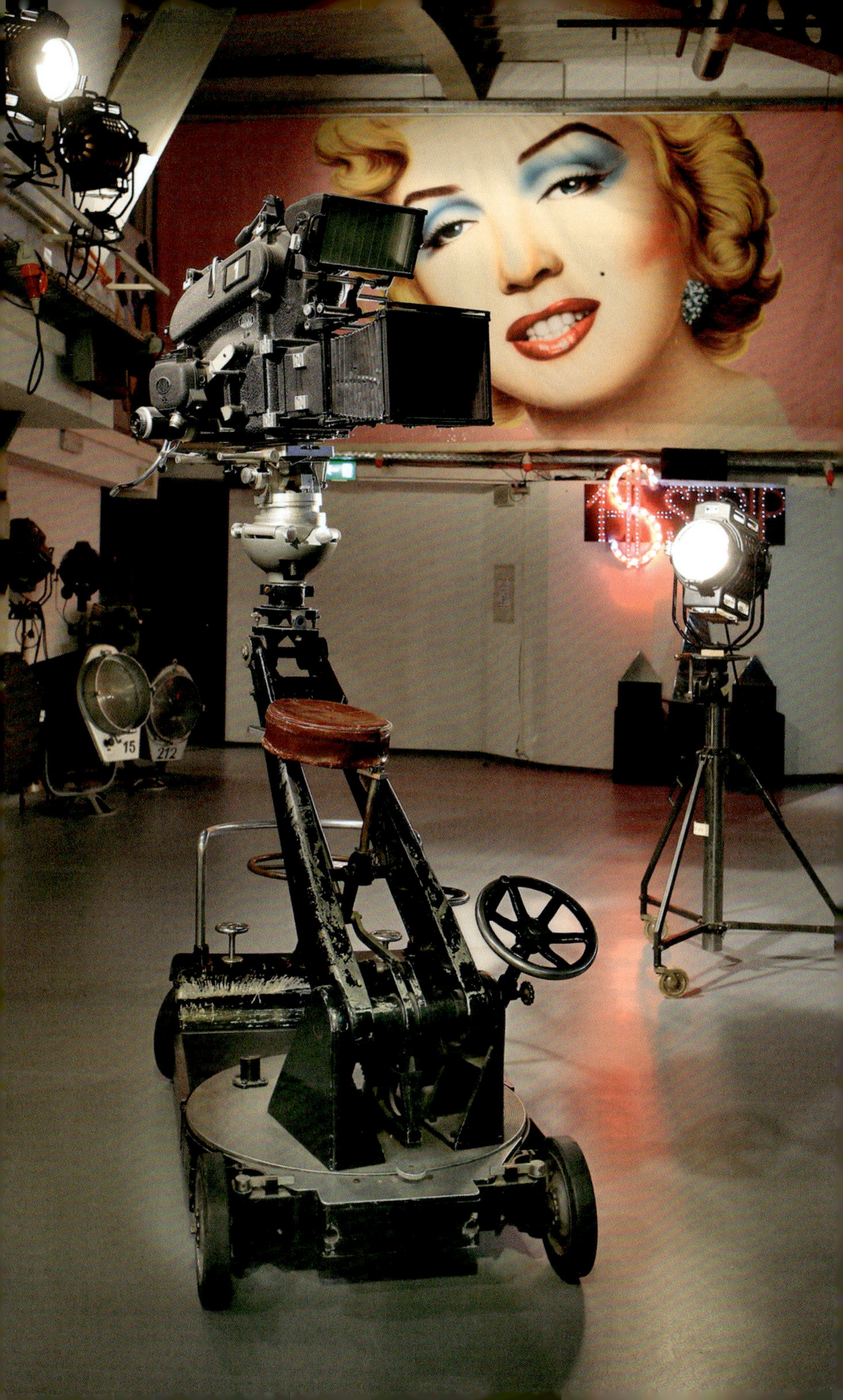
15
212

Kinohistorie im Osten

78 Das Filmtheater Weltspiegel in Cottbus

Dieses Kino ist seit Langem einer der Konkurrenten um den Titel des ältesten deutschen Kinos, und tatsächlich handelt es sich um den zweitältesten Filmtheater-Zweckbau Deutschlands und den ältesten in Berlin und Brandenburg. (Das Moviemento, Glücksort 33, in Kreuzberg von 1907 ist kein Zweckbau, sondern im Obergeschoss eines Wohnhauses untergebracht.) Ende 1910 präsentierte der Architekt Paul Thiel der Cottbuser Lichtspiel-Gesellschaft Weltspiegel Pläne für ein Kinogebäude, und der Bau begann. Trotzdem dauerte es noch fast ein Jahr, bis der Magistrat der Stadt die offizielle Baugenehmigung erteilte – da war das wunderschöne Jugendstilgebäude mit der aufwendigen Fassade mit zahlreichen Verzierungen und Schmuckelementen schon so gut wie fertig. Keine zwei Wochen später, am 4. Oktober 1911, fand die erste Vorstellung statt. Mit seinen knapp 800 Plätzen in Parkett, Rang und Logen war das Filmtheater Weltspiegel eines der größten der Region.

Seither hat der Saal mehrere bauliche Veränderungen erfahren. Die Schäden durch den Zweiten Weltkrieg hielten sich glücklicherweise in Grenzen und die Fassade ließ sich Ende der 1940er-Jahre rasch renovieren. Nur einige der aufwendigeren Deko-Elemente gingen verloren. In den Fünfzigern wurde der Innenraum saniert und umgebaut, aber das mit Rosémarmor ausgestattete Jugendstiltreppenhaus blieb erhalten. Was die Technik betrifft, waren die Cottbusser immer auf der Höhe der Zeit: Schon im Mai 1929 lief im Weltspiegel erstmals ein Tonfilm, über ein halbes Jahr, bevor der erste deutsche Tonfilm in die Kinos kam. Und 1956 war der Weltspiegel eines der ersten Kinos in ganz Deutschland, dessen Bühne dafür eingerichtet wurde, anamorphe Breitwandfilme zu zeigen. Heute gibt es neben dem großen Saal, der einen mit seiner historischen Kassettendecke direkt in die goldene Zeit des Kinos zurückversetzt, noch zwei kleinere Säle. Ein wunderbarer Ort für schönsten Filmgenuss!

TIPP

Die Bühne von Saal 1 wird auch für Lesungen, Kabarett, Theatergastspiele, Jugendweihen und Abiturzeugnis-Übergaben benutzt.

- Filmtheater Weltspiegel, Rudolf-Breitscheid-Straße 78, 03046 Cottbus, Tel. (03 55) 4 94 94 97, www.weltspiegel-cottbus.de
- ÖPNV: Bus 21, Tram, 2, 3, 4, Haltestelle Stadtmuseum

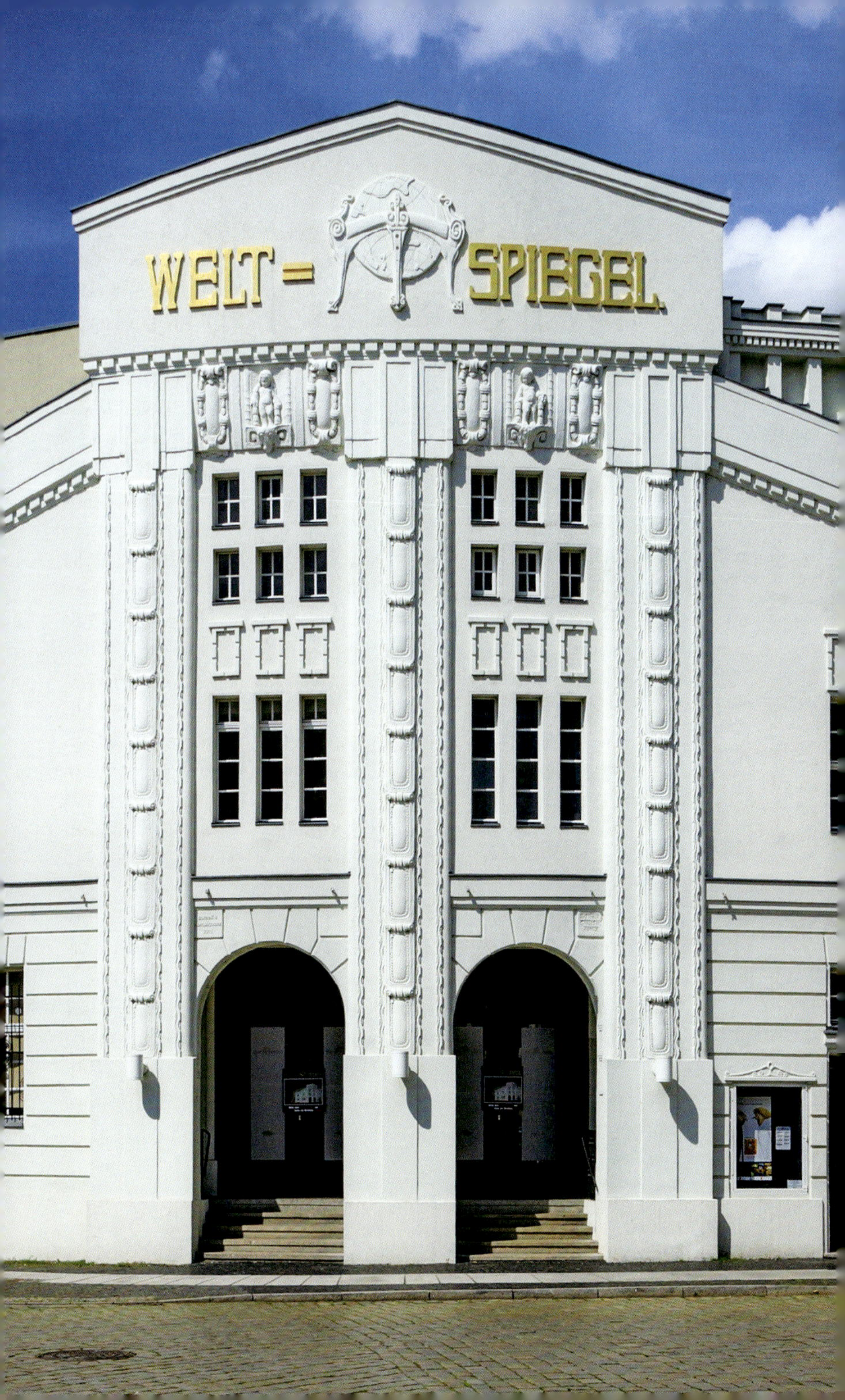
WELT=SPIEGEL

Selbermachen erwünscht!

79 Mo & Friese – Junges Kurzfilm Festival Hamburg

Im Rahmen des Internationalen Kurzfilmfestivals Hamburg findet seit 1998 auch das auf Kinder und Jugendliche ausgerichtete Mo & Friese Festival statt. Namensgeber sind die beiden Maskottchen, das Mädchen Mo und ihre Katze Friese, die dem Festival ihre Gesichter leihen. Im Mittelpunkt des rund einwöchigen Festivals stehen natürlich die Filme, die dort gezeigt werden. Zuletzt liefen 67 Filme an verschiedenen Spielorten. Dabei gibt es keine Begrenzungen für Genres, Gattungen oder Formen, solange es kindgerechte Kurzfilme sind, die eingereicht werden. Über die Filmvorführungen hinaus liegt dem Festival jedoch viel daran, den Kindern das Filmemachen selbst begreifbar und vor allem erlebbar zu machen, darum gibt es viele moderierte Veranstaltungen, bei denen das Publikum mit den Filmschaffenden in Austausch treten kann. Noch praktischer wird es durch das wechselnde Angebot an Filmworkshops für Kinder und Jugendliche, bei denen diesen die wichtigsten Aspekte des Filmemachens nahegebracht werden. Dazu werden in Kleingruppen, zusammen mit erfahrenen Künstlern, die Grundlagen erarbeitet und Einblicke in die kreative und künstlerische Arbeit der Filmgestaltung ermöglicht, was auch die eigene Kreativität der Kinder und Jugendlichen anregt. Und die jungen Nachwuchskünstler werden auch direkt animiert, ihre neu erworbenen Kenntnisse einzubringen, denn der vielleicht schönste Aspekt des Festivals ist der „Gib mir 5“-Wettbewerb, bei dem Kinder und Jugendliche in zwei Kategorien (bis 13 und ab 14 bis 18 Jahre) aufgefordert sind, eigene Kurzfilme von 5 Minuten Länge einzureichen.

Für Schulklassen bietet sich das Festival ganz besonders an, denn gemeinsam mit Freunden und im pädagogisch betreuten Rahmen erlebt es sich noch spannender, weshalb das Festival insbesondere Schulklassen auffordert, sich zu melden und für einen Besuch zu bewerben. In dem Falle übernimmt das Festival sowohl die Organisation als auch die anfallenden Kosten. Die Gelder werden über Förderspenden generiert.

● Post am Kaltenkircher Platz (Festivalzentrum), Ecke Augustenburger Straße/ Kaltenkirchener Straße (Eingang), 22769 Hamburg
https://moundfriese.shortfilm.com
● ÖPNV: Bus 3, 180, Haltestelle Kaltenkircher Platz

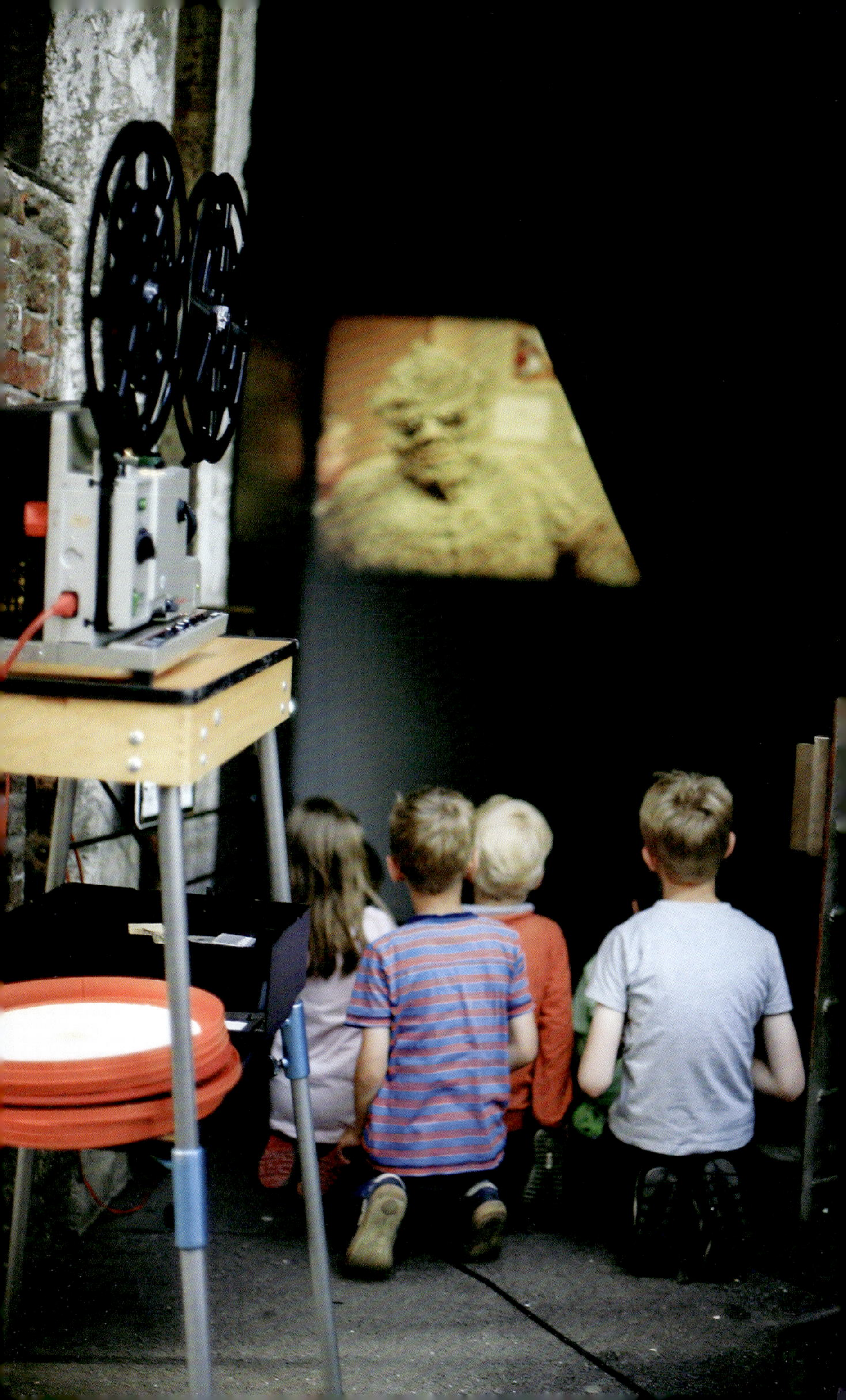

Perle des Sauerlands

80

Der Filmpalast Lüdenscheid

Die Fassade und das Foyer mit dem Charme der Fünfziger, die Säle mit dem Komfort und der Technik des 21. Jahrhunderts – diese Kombination macht den Filmpalast zu einem ganz speziellen Glücksort. Dabei ist er ein echter Familienbetrieb: Ende der 1970er-Jahre übernahm Familie Lubba das 1956 vom Lüdenscheider Kino-Magnaten Hermann Müller eröffnete Haus, heute leitet André Lubba den Filmpalast in dritter Generation. Da nur das Foyer unter Denkmalschutz steht, nicht aber der Kinosaal, war es kein Problem für ihn, kreativ zu werden und an- und umzubauen. Der Film-Enthusiast investierte Millionen in die Modernisierung, baute neue Sessel ein und vergrößerte sein Haus, indem er ein geräumiges Nebengebäude integrierte.
Heute verfügt der Filmpalast über vier Säle, und er besitzt nicht nur extrem moderne Technik, auch was den Besucherkomfort betrifft, hat der Filmpalast die Nase ganz weit vorn. Allein der große Saal 1 bietet vier verschiedene Logen: Die „VIP Loge" ist mit Designersesseln mit verstellbaren Rückenlehnen und Fußauflagen bestückt, in der „Cloud Lounge" finden sich über 2 Meter lange superbequeme Liegen, die „Pärchen Lounge" mit abgetrennten Nischen bietet ganz ungestörten Filmgenuss, und die „Seiten Lounge" eignet sich besonders für Kleingruppen und Familien, mit breiter Sofaliege und eigenem Kühlschrank.
Der Lüdenscheider Kino-Fan und Podcaster Sebastian Göttling (bekannt von „Trek am Dienstag") hat in seinem Lieblingskino zahllose unvergessliche Stunden erlebt: „Als Dötz mit meinem im Kino immer einschlafenden Papa in ‚Die unendliche Geschichte' und ‚Das letzte Einhorn', mit elf mit meinem besten Freund ohne erwachsene Begleitung ins Kino. Volljährig, lange Schlangen und ausverkauftes Haus bei ‚GoldenEye' und ‚Star Trek: Der erste Kontakt'. Immer war es der Filmpalast, die größte Leinwand weit und breit." Und er ist seinem Kino bis heute treu geblieben: „Hier begegnet mein sechsjähriges Ich dem großen Sebastian."

TIPP

Im Podcast „Zauberlaterne" sprechen die Cineasten Sebastian Göttling und Simon Fistrich über ihre Lieblingsfilme quer durch alle Genres.

- Filmpalast Lüdenscheid, Werdohler Straße 68 b, 58511 Lüdenscheid, Tel. (0 23 51) 67 19 64, www.filmpa.de
- ÖPNV: Bus 61, Haltestelle Kluser Platz

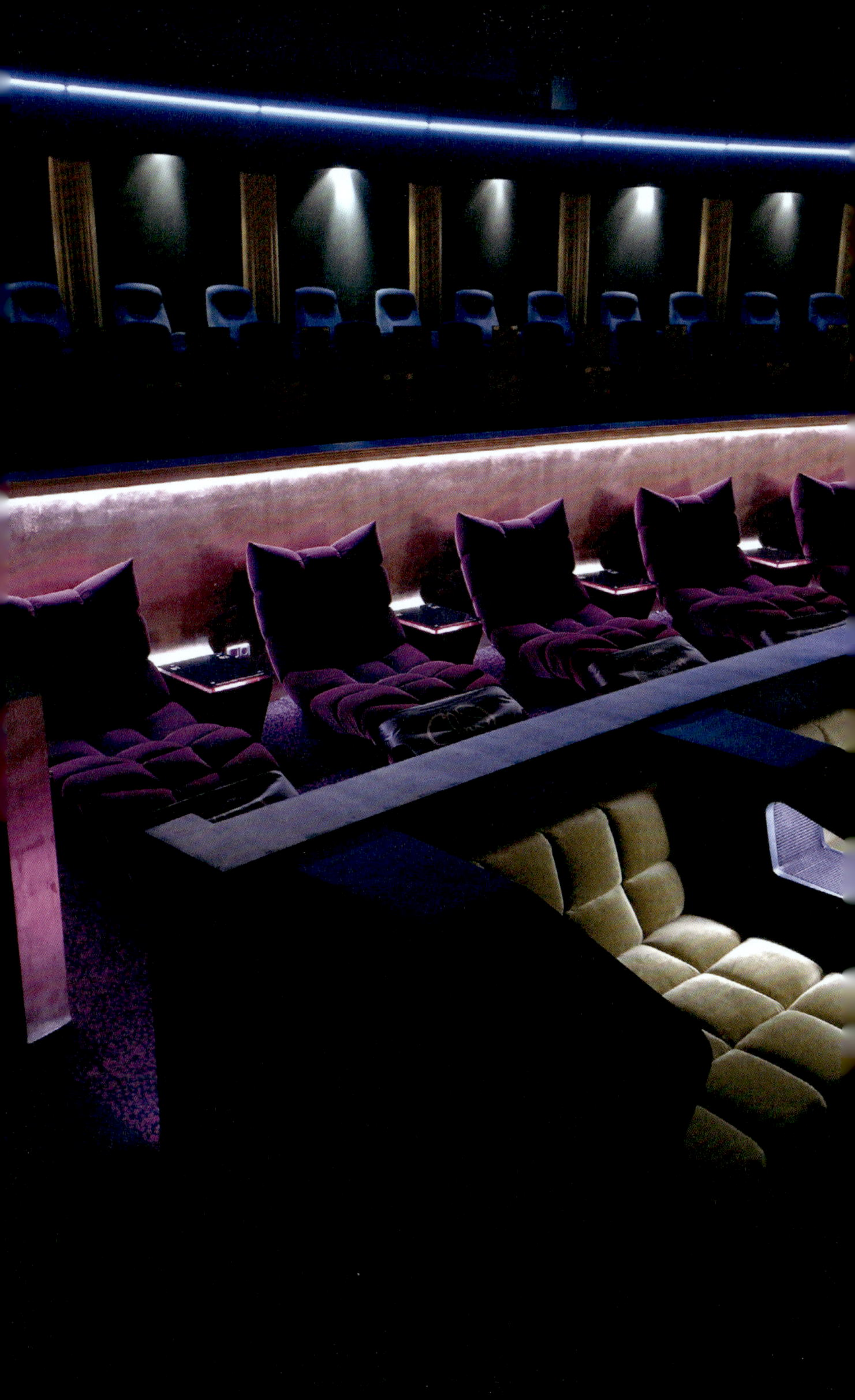

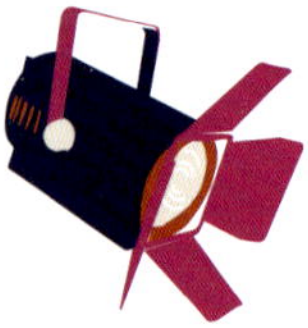

Bibliografische Informationen der Deutschen Nationalbibliothek
Die Deutsche Nationalbibliothek verzeichnet diese Publikation in der Deutschen Nationalbibliografie; detaillierte bibliografische Daten sind im Internet über http://dnb.d-nb.de abrufbar.

Konzeption/Satz: Droste Verlag, Düsseldorf
Einbandgestaltung und Illustrationen: Britta Rungwerth, Düsseldorf, unter Verwendung von Bildern von © Fotolia.com: jd – photodesign.de; © iStock: Plociennik Robert
Fotos: S. 9: Shutterstock/Mario Hagen; S. 11: 3F-Museum; S. 13: Nordische Filmtage Lübeck, Olaf Malzahn; S. 15: Andreas Schwarzkopf, CC BY-SA 3.0 (https://commons.wikimedia.org/w/ index.php?curid= 39339223); S. 17: www.stock.adobe.com/ Darren Baker; S. 19: Paul Korecky, CC BY-SA 2.0 (https://commons.wikimedia.org/w/index.php?curid=110792090); S. 21: Burkhard Mücke, CC BY-SA 4.0 (https://commons.wikimedia.org/w/index.php?curid=109457455); S.23: Kleines Filmmuseum – Karl Kofler; S. 25: Lichtburg/Fotograf: Thomas Herrmann; S. 27: Werner Damboeck; S. 29, 97: Marco Mewes; S. 31, 47, 73, 125, 155: Catrin Prange; S. 33: Dennis Albrecht; S. 35: Schilthornbahn, CC BY-SA 4.0 (https://commons.wikimedia.org/w/index.php?curid=87851712); S. 37: Simon Bierwald; S. 39: Christophe95, CC BY-SA 4.0 (https://commons.wikimedia.org/w/index.php?curid=94112354); S. 41: Elspe Festival; S. 43: United Cinemas International Multiplex GmbH; S. 45: Bubbles Incorporated/Foto: C. Recourat; S. 49: Silke Mayer Photography; S. 51: www.stock.adobe.com/franke 182; S. 53: Laurel & Hardy Museum/Wolfgang Günther; S. 55: DHM/Thomas Bruns; S. 57: Kurzfilmtage/Daniel Gasenzer; S. 59: Tilman2007, CC BY-SA 3.0 (https://commons.wikimedia.org/w/index.php?curid=42882595); S. 61: Sven Simonsen; S. 63: Michael A. Döring, CC BY-SA 2.0 (https://commons.wikimedia.org/w/index.php?curid=24555606); S. 65: Fantasy Filmfest/Rosebud Entertainment GbR; S. 67: www.stock.adobe.com/laranik; S. 69: IMAGO/Future Image, Foto: Christoph Hardt; S. 71: Epizentrum, CC BY-SA 3.0 (https://commons.wikimedia.org/w/index.php?curid=26516790); S. 75: Annika Börn; S. 77: Third Man Museum; S. 79: Pathé Küchlin; S. 81: Toni Kretschmer; S. 83: Milagros aal, CC BY-SA 4.0 (https://commons.wikimedia.org/w /index. php?curid=124745650); S. 85: PantheraLeo1359531, CC BY-SA 4.0 (https://commons.wikimedia.org/w/index.php? curid= 83336374); S. 87: Christoph Nösig; S. 89: www.stock.adobe.com/Oliver Gerigk; S. 91: Österreichisches Filmmuseum © Eszter Kondor; S. 93: J.-H. Janßen, CC0 (https://commons.wikimedia.org/w/index.php? curid=81966788); S. 95: T Meltzer, CC BY-SA 4.0 (https://commons.wikimedia.org/w/index.php?curid=118112150); S. 99: Archiv Filmtheater Sendlinger Tor; S. 101: Karl-May-Museum Radebeul; S. 103: Filmpark Babelsberg/© Mathwig; S. 105: Aileen Pinkert; S. 107: Burg Theater; S. 109: Peter Schade-Didschies; S. 111: Thomas Wolf, www.foto-tw.de, CC BY-SA 3.0 de (https://commons.wikimedia.org/w/index.php?curid=27758130); S. 113: René Löffler; S. 115: Matthias Süßen, CC BY-SA 4.0 (https://commons.wikimedia.org /w/index.php?curid=109782957); S. 117: Carschten, CC BY-SA 3.0 de (https://commons. wikimedia.org/w/index.php?curid=16528285); S. 119: Steffi di Pasquale; S. 121: The National Ptg. & Eng. Co. (New York, Chicago, St. Louis); restored by Adam Cuerden (https://commons.wikimedia. org/w/index.php?curid=92678093); S. 123: www.stock.adobe.com/Kazu; S. 127: Obscura Filmfest; S. 129: Raimond Spekking, CC BY-SA 4.0 (https://commons.wikimedia.org/w/index. php?curid=6503428); S. 131: www.stock.adobe.com/tugolukof; S. 133: Alf van Beem, Public Domain (https://commons.wikimedia.org/w/index. php?curid=60044505); S. 135: Bavaria Filmstadt; S. 137: Jann Wilken/ Metropolis Kino; S. 139: Oberlausitzerin64, CC BY-SA 4.0 (https://commons.wikimedia. org/w/index.php?curid=50569958); S. 141: Chris55toph, CC BY-SA 4.0 (https://commons.wikimedia.org/w/index.php?curid=73037734); S. 143: H.C Miner Litho Co., Public Domain (https://commons.wikimedia.org/w/index.php? curid= 64970733); S. 145: Orfeos Erben; S. 147: Pepo Schuster; S. 149: Daniel Schwen, CC BY-SA 2.5 (https://commons.wikimedia.org/w/index.php?curid=1282938); S. 151: SDK/M. Stefanowski; S. 153: Claudia Steiger, Caligari FilmBühne; S. 157: Matthias Süßen, CC BY-SA 4.0 (https://commons.wikimedia.org/w/index.php?curid=82653591); S. 159: www.stock.adobe.com/textag; S. 161: Filmmuseum Düsseldorf/Foto: Chris Göttert; S. 163: A. Savin – eigenes Werk, FAL (https://commons.wikimedia.org/w/index.php?curid=64117985); S. 165: Katrin Brunnhofer; S. 167: André Lubba
Textlektorat: Brigitte Lotz, Essen

MIX
Papier aus verantwortungsvollen Quellen
FSC www.fsc.org
FSC® C011279

Druck und Bindung: LUC GmbH, Greven
ISBN 978-3-7700-2471-1

www.droste-verlag.de